新质生产力

何谓与何为

曹立 阎荣舟◎编著

中央党校出版集团 大有书局

图书在版编目（CIP）数据

新质生产力：何谓与何为 / 曹立，阎荣舟编著．北京：大有书局，2025. 5. -- ISBN 978-7-80772-206-9

Ⅰ. F120.2-44

中国国家版本馆 CIP 数据核字第 2025YV3344 号

书　　名　新质生产力：何谓与何为
作　　者　曹　立　阎荣舟　编著

策划编辑　李瑞琪
责任编辑　李江燕
责任印制　耿中虎
出版发行　大有书局
（北京市海淀区长春桥路6号　100089）
综 合 办　（010）68929273
发 行 部　（010）68929805　68922233
经　　销　新华书店
印　　刷　北京盛通印刷股份有限公司
版　　次　2025年5月第1版
印　　次　2025年5月第1次印刷
开　　本　710mm×1000mm　1/16
印　　张　18.75
字　　数　222千字
定　　价　52.00元

序言

发展新质生产力是创新命题更是改革命题

曹　立*

高质量发展是全面建设社会主义现代化国家的首要任务，发展新质生产力是高质量发展的内在要求和重要着力点。习近平总书记关于新质生产力的重要论述是习近平经济思想的最新成果，是对马克思主义生产力理论的创新和发展，凝聚了我们党领导推动经济社会发展的深邃理论洞见和丰富实践经验。新质生产力是以新技术深化应用为驱动，以新产业、新业态和新模式快速涌现为重要特征，进而构建起新型社会生产关系的生产力。2024年1月31日，习近平总书记在主持中共中央政治局第十一次集体学习时强调，发展新质生产力，必须进一步全面深化改革，形成与之相适应的新型生产关系。党的二十届三中全会通过的《中共中央关于进一步全面深化改革、推进中国式现代化的决定》（以下简称《决定》）对健全推动经济高质量发展体制机制作出了全面部署，提出"要健全因地制宜发展新质

* 中共中央党校（国家行政学院）经济学教研部副主任、教授，中共青海省委党校（青海省行政学院）副校长（挂职主持工作）。

生产力体制机制”必须“健全相关规则和政策，加快形成同新质生产力更相适应的生产关系，促进各类先进生产要素向发展新质生产力集聚，大幅提升全要素生产率”。显然，发展新质生产力是一个发展命题、创新命题，更是改革命题。

一、健全因地制宜发展新质生产力体制机制的逻辑理路

生产力和生产关系相互依存、相互作用的辩证关系是历史唯物主义的基本原理。生产力和生产关系是社会发展的基本矛盾，它们之间的相互作用和依存关系构成了社会发展的基本动力。生产力是推动社会进步的最活跃、最革命的因素。生产力是具有劳动能力的人同生产资料相结合而形成的利用和改造自然的能力。生产力是由各类客观的要素构成的复杂系统，一般包括劳动者、劳动资料、劳动对象三要素。其中任何要素发生变化，以及生产要素的组合方式出现新变化都会引起生产力发生新变化新变革。劳动者是生产力中最活跃、最主要的因素，生产力的提高是劳动者劳动经验积累的结果，劳动者素质会极大地影响物质创造的速度与质量；劳动资料是生产力发展的测量器，特别是其中的生产工具是生产力发展水平的主要标志；劳动对象的数量、质量和种类对于生产力的发展有很大的影响，随着科学技术的进步，劳动对象的范围进一步扩大，劳动对象更加多样化。生产关系是人们在直接生产过程中结成的相互关系，它是社会关系中最基本的关系。生产力的发展状况决定着生产关系的产生及其变化发展的方向和形式，而生产关系则反作用于生产力，当生产关系适合生产力的状况时，对生产力发展起着促进作用，反之则起着阻碍作用。这种相互作用和依存的关系，构成了社会发展的基本矛盾运动，支配着整个社会的发

展进程。马克思曾通过对“蒸汽机”“珍妮走锭精纺机”的描述，深刻分析了技术进步对生产要素与劳动过程进行的革命性改造，进而构建起新的生产方式，并阐释了生产力变革引发社会关系变革的内在机理。

新质生产力具有新的要素构成及新的发展路径，需要新型生产关系与之相适应。2024年1月31日，习近平总书记在主持中共中央政治局第十一次集体学习时强调，新质生产力是创新起主导作用，摆脱传统经济增长方式、生产力发展路径，具有高科技、高效能、高质量特征，符合新发展理念的先进生产力质态。它是由技术革命性突破、生产要素创新性配置、产业深度转型升级而催生，以劳动者、劳动资料、劳动对象及其优化组合的跃升为基本内涵，以全要素生产率大幅提升为核心标志，特点是创新，关键在质优，本质是先进生产力。一方面，新质生产力的要素构成发生了转变。随着科学技术的创新发展，生产力三要素呈现新质态，即新质劳动者（更高素质的劳动者）、新质劳动资料（更高技术含量的劳动资料）、新质劳动对象（更广范围的劳动对象）。由此，使生产力具有了更高水平的创新性、虚拟性、流动性、渗透性和协同性，这就需要创造出新的更有利于知识形成和汇聚的制度；另一方面，生产力发展路径发生了转变。新质生产力中的“质”，体现的是生产力在信息化、数字化、智能化条件下，产业转型升级衍生的新质态，其主要特征之一就是数据要素带来的变革性影响。与其他生产要素相比，数据具有可复制、非消耗、边际成本接近于零等新特性，打破了自然资源有限供给对增长的制约，能够为经济转型升级提供不竭动力。数字生产力的快速发展要建立与之适应的生产关系，需要构建数据基础制度体系，明确数据产权、流通、分配、治理等规则规范，解决数据谁能用、怎么用等关键问题，推动数据要素市场规范化、制度化建设，提升数据要素市场化配置效率，激活数据要素价值。由此可见，传统生产力发展路径下的制度安排不能适应新质生产力发展的要求，新质生产力快速发展需要形成与之相适应的新型生产关系。

适应新一轮科技革命和产业变革趋势、赢得发展主动权，必须健全促进新质生产力发展的体制机制。当今世界正置身于大发展大变革大调整为特征的大变局中，全球科技创新进入空前活跃时期，新一代信息技术、生物科技、新材料、新能源等广泛渗透，重构全球经济格局，竞争格局，甚至政治格局。世界主要国家都在大力发展新兴产业和未来产业，抢占新一轮科技革命和产业变革制高点。谁能创新出更具有竞争优势、更符合科技发展趋势的制度规则，谁就有望成为引领世界经济发展方向的主导性力量。未来产业和战略性新兴产业代表了科技发展的方向，处于科技和经济发展的前沿，具有巨大发展潜力。当前，面对世界主要国家间的激烈竞争，我国未来产业发展面临“不进则退，慢进亦退”的局面。技术创新和未来产业孵化具有高不确定性、发展具有高成长性、市场具有高风险性等特点，迫切需要加强前瞻谋划和政策引导，构建创新策源、转化孵化、应用牵引的体制机制，需要加大新领域新赛道制度供给。与此同时，美国等西方国家不遗余力对我国打压遏制，力图同我“脱钩断链”。面对世界之问、历史之问、时代之问，以健全因地制宜发展新质生产力机制体制聚集有效资源，进行核心技术突破，解决“卡脖子”问题，才能应对各种风险挑战，保障国家安全，将发展主动权牢牢掌握在自己手中。

二、健全因地制宜发展新质生产力体制机制的原则方法

党的二十届三中全会通过的《决定》明确指出，进一步全面深化改革

要完整准确全面贯彻新发展理念，坚持稳中求进工作总基调，坚持解放思想、实事求是、与时俱进、求真务实，进一步解放和发展社会生产力、激发和增强社会活力。并且强调，深化改革要“更加注重系统集成，更加注重突出重点，更加注重改革实效”。因此，健全因地制宜发展新质生产力体制机制，要把握正确的原则和方法。

一是坚持从实际出发，注重“因地制宜”。习近平总书记强调因地制宜发展新质生产力。“因地制宜”体现了马克思主义认识论和方法论，为我国不同地区结合自身优势发展新质生产力指明了方向。“因地制宜”既是基于对中国国情的深刻把握，也是基于新质生产力的丰富内涵。各地发展新质生产力的资源禀赋、产业基础、科研条件等各不相同，要坚持一切从实际出发，实事求是，探索符合自身实际的新质生产力发展之路。因此，因地制宜发展新质生产力，在体制机制上要体现差别化，精准施策，分类考核。发展新质生产力，要尊重发展的特殊性、差异性、多样性。要在遵循统一要求的基础上，把握不同地域、不同部门、不同行业的特点，形成可操作、能落实的办法。不能简单套用单一体制机制，而应根据各地区、各产业的已有基础，在全面审视区位产业优势的基础上，循着不同产业的发展规律，具体产业具体分析，具体地区具体布局，为各地的发展提供有针对性的政策引导和制度支持，实现生产力的精准化发展、精进式变革。

二是坚持动态调整、注重激发活力。健全因地制宜发展新质生产力体制机制是一项积时成势的系统工程。历史经验表明，体制机制是否科学先进，不在于生产关系与生产力的“机械匹配”，而在于两者的“动态适应”[①]。没有一项政策是恒定不变的，它必须与所在地区的发展现状相适应。在因地制宜的同时也要注重因时制宜的政策调整，让政策制定逐步向动态化倾斜。政策制定的动态化既体现了对社会发展客观规律的尊重，又能够避免“一刀切”带给产业发展的弊端。在实践过程中，既要敢于突破，又要稳中求进，不能违背规律一哄而上，也不能套用一成不变的模板。因此，健全因地制宜发展新质生产力体制机制，必须遵循社会主义市场经济运行规律、产业结构演进规律，发挥市场在资源配置中的决定性作用，根据实际情况进行及时调整，确保制度政策的有效性和针对性。

三是坚持系统观念，注重系统集成。《决定》提出要坚持系统观念，改革要更加注重系统集成，坚持以全局观念和系统思维谋划推进，加强各项改革举措的协调配套，推动各领域各方面改革举措同向发力、形成合力，增强整体效能，防止和克服各行其是、相互掣肘的现象。健全因地制宜发展新质生产力体制机制，要用系统化的思维，做好顶层设计，做好共性要素、共性制度的供给。同时，要根据不同地区的发展特点和需要，出台相应有针对性的制度和政策，包括财政、税收、金融、土地等方面的支持，以及人才、技术等方面的引导，为新质生产力的发展提供有力支持。各项制度导向既要各有侧重，又要统筹谋划、有的放矢、增强合力。实际工作中，既要提高单一制度政策针对性，也要增强多领域组合性制度政策的一致性，在政策实施上强化协同联动、放大组合效应。要确保各项制度和政策之间的协调性和一致性。按照《决定》要求，围绕发展以高技术、高效能、高质量为特征的生产力，提出加强新领域新赛道制度供给，建立未来

---

① 王平：《新质生产力条件下的新型生产关系：塑造与调适》，《当代经济研究》2024年第7期。

产业投入增长机制，以国家标准提升引领传统产业优化升级，促进各类先进生产要素向发展新质生产力集聚。新兴产业、未来产业、传统产业各自特点不同，因地制宜发展新质生产力的体制机制也各有侧重。对于传统产业，要以数智化、高端化、绿色化为方向推动优化升级，强化制度约束和标准引领，健全支持引导企业开展技术改造的有效机制，鼓励面向传统制造业重点领域开展共性技术研究，持续优化支持绿色低碳发展的经济政策工具箱，促进技术改造、消费提质和循环畅通，有效释放传统产业所蕴含的新质生产力；对于战略性新兴产业，要加强新领域新赛道制度供给，需要完善以科技创新引领产业创新的机制、鼓励和包容产业发展的机制，深入推进国家战略性新兴产业融合集群生态化发展，着力破除各种形式的地方保护和市场分割，规范地方招商引资法规制度，着力提升产业发展的整体竞争力；对于未来产业，要盯牢行业最新发展动向，积极谋划超前布局，孵化培育需要可持续的投入，要建立未来产业投入增长机制。

三、健全因地制宜发展新质生产力体制机制的重点任务

健全因地制宜发展新质生产力体制机制，必须进行创新性、深层次、系统性的体制机制变革。从完善要素市场化配置体制机制，畅通教育、科技、人才的良性循环的体制机制，深化财税金融体制改革，创新制度型开放体制机制等方面进一步深化改革，为因地制宜发展新质生产力提供制度保障。

一是完善要素市场化配置体制机制，驱动要素向先进生产力集聚。发展新质生产力要引导劳动、资本、土地、知识、技术、管理、数据等要素向先进生产力集聚。因此，必须深化要素市场化配置改革，完

善要素市场制度和规则，促进要素自主有序流动，提高要素配置效率，进一步激发全社会创造力和市场活力。推动生产要素在市场机制作用下便捷化流动、网络化共享、系统化整合、协作化开发和高效化利用，让市场要素不断流向效率更高、效益更好的环节。第一，加快建设全国统一大市场。打破区域壁垒和行业垄断，破除各种形式的地方保护和对市场的分割，打造统一的要素市场。构建城乡统一的建设用地市场，完善资本市场规范发展基础制度，培育全国一体化技术和数据市场，促进各种生产要素畅通流动，推动各类资源高效配置，充分释放市场潜力。第二，健全要素参与收入分配机制。激发各类生产要素的活力。建立劳动、土地、资本、知识、技术、管理、数据等生产要素共同参与收益分配的体制机制。完善市场评价要素贡献并按贡献分配的机制，健全技术入股、股权期权激励、分红奖励等激励政策，完善科研人员职务发明成果权益分享机制，充分调动人才积极性、主动性、创造性。落实《决定》要求，允许科技人员在科技成果转化收益分配上有更大自主权，建立职务科技成果资产单列管理制度，深化职务科技成果赋权改革。深化高校、科研院所收入分配改革。允许更多符合条件的国有企业以创新创造为导向，在科研人员中开展多种形式的长期激励。

二是畅通教育、科技、人才良性循环的体制机制，夯实全面创新的基础制度。2024年1月31日，习近平总书记在主持中共中央政治局第十一次集体学习时强调：“要按照发展新质生产力要求，畅通教育、科技、人才的良性循环，完善人才培养、引进、使用、合理流动的工作机制。要根据科技发展新趋势，优化高等学校学科设置、人才培养模式，为发展新质生产力、推动高质量发展培养急需人才。”[1]要准确把握坚持科技自立自强、人才引领驱动、教育优先发展的相互关系，按照《决定》要求，统筹推进教育科技人才体制机制一体改革，强调深化教育综合改革、深化科技体制改革、深化人才发展体制机制改革，提升国家创新体系整体效能。科技体制改革旨在强化国家战略科技力量，发挥国家作为重大科技创新组织者的作用，整合政府、市场、社会各方面力量形成推进科技创新的强大合力。教育体制改革要根据科技发展新趋势，优化高等学校学科设置、人才培养模式，超常布局急需学科专业，完善高校科技创新机制，提高成果转化效能。人才体制改革要加快建设国家战略人才力量，提高各类人才素质；完善青年创新人才发现、选拔、培养机制，更好保障青年科技人员待遇；强化人才激励机制，坚持向用人主体授权、为人才松绑；完善海外引进人才支持保障机制。

三是深化财税金融体制改革，建立有利于全要素生产率提升的体制机制。按照《决定》要求，健全因地制宜发展新质生产力体制机制，关键是推动要素优化配置和全要素生产率的提升。通过深层次改革，建设和完善体制机制，让各类先进优质生产要素向发展新质生产力顺畅流动。这就要深化财税体制改革，深化金融体制改革，完善实施区域协调发展战略机制。第一，深化税制改革，健全有利于高质量发展、社会公平、市场统一的税收制度，优化税制结构。研究同新业态相适应的税收制度。建立对新产业税收支持政策体制。第二，鼓励和规范发展天使投资、风险投资、私募股权投资，更好发挥政府投资基金作

① 《加快发展新质生产力　扎实推进高质量发展》，《人民日报》2024年2月2日。

用，发展耐心资本。第三，畅通货币政策传导机制。积极发展科技金融、绿色金融、普惠金融、养老金融、数字金融，加强对重大战略、重点领域、薄弱环节的优质金融服务。完善金融机构定位和治理，健全服务实体经济的激励约束机制。发展多元股权融资，加快多层次债券市场发展，提高直接融资比重。优化国有金融资本管理体制。

四是创新制度型开放体制机制，营造良好国际合作交流环境。2024年1月31日，习近平总书记在主持中央政治局第十一次集体学习时强调："要扩大高水平对外开放，为发展新质生产力营造良好的国际环境。"[①]第一，实施定制化的产业开放策略。根据不同产业的实际情况，系统设计产业开放政策和制度，实施具有针对性的开放策略。第二，促进国内外要素自由流动、资源高效配置和市场深度融合。引进先进生产要素资源，提升和优化产业支撑技术和管理模式，实现高质量的"引进来"和高水平的"走出去"，加速形成高水平开放合作的战略高地。第三，推动构建新型价值链合作机制。着力维护产业链供应链的全球公共产品属性，助力我国企业成为全球产业链供应链规则体系的支持者、维护者，并参与、引领和主导新兴产业标准、技术标准、产品标准和监管标准等经贸规则的制定，推进我国产业链供应链规划、机制与国际接轨。第四，加强与周边国家和区域的合作，促进技术和资本的流动，建立区域间高层次协同发展机制，培育合作新增长点，共同营造创新生态，为新质生产力的形成塑造融合互惠的开放式创新优势。

---

① 《加快发展新质生产力　扎实推进高质量发展》,《人民日报》2024年2月2日。

目　录

第一部分 价值论 001

问题 1 如何认识发展新质生产力是马克思主义生产力理论的最新成果 3

问题 2 如何深刻认识高质量发展是新时代的硬道理 13

问题 3 如何认识发展新质生产力是推动高质量发展的内在要求和重要着力点 21

问题 4 如何深刻理解发展新质生产力是适应新一轮科技革命和产业变革趋势的必然选择 29

问题 5 如何深刻理解发展新质生产力是提升全球竞争力的本质要求 38

问题 6 如何认识世界百年未有之大变局全方位、深层次加速演进的趋势 47

问题 7 如何认识我国一些领域关键核心技术受制于人的局面 55

问题 8 当前制约我国高质量发展的主要因素是什么 68

第二部分 内涵论 079

问题 1 如何深刻理解马克思主义生产力理论 81
问题 2 如何深刻理解新质生产力的新发展理念内涵 88
问题 3 如何理解新质生产力中创新的主导作用 96
问题 4 如何认识新质生产力的“三高”特征 105
问题 5 如何认识新质生产力的本质 116
问题 6 如何深刻理解新质生产力的催生路径 124
问题 7 如何深刻理解发展新质生产力的关键 133
问题 8 如何深刻理解新质生产力的核心标志 140
问题 9 如何深刻理解发展新质生产力的方法论 149

第三部分 实践论 157

问题 1 如何全面把握我国高质量发展具有的显著优势 159
问题 2 如何优化重大生产力布局，加强国家战略腹地建设 169
问题 3 如何推动形成同新质生产力更相适应的生产关系 177
问题 4 如何更好推动原始创新 186
问题 5 如何以科技创新引领产业创新 194

问题 6 ▶ 如何推动各类先进生产要素向发展新质生产力集聚 204

问题 7 ▶ 如何更好促进数字经济和实体经济深度融合 214

问题 8 ▶ 如何推动形成绿色生产力 223

问题 9 ▶ 如何畅通教育、科技、人才的良性循环 232

问题 10 ▶ 如何统筹推进深层次改革和高水平开放 240

问题 11 ▶ 如何统筹高质量发展和高水平安全 251

问题 12 ▶ 如何完善推动高质量发展的考核评价体系 260

问题 13 ▶ 如何健全因地制宜发展新质生产力体制机制 270

参考文献 279

后　记 281

1

第一部分

价 值 论

问题 1

如何认识发展新质生产力是马克思主义生产力理论的最新成果

自2023年7月以来，习近平总书记创造性地提出了“新质生产力”这一科学术语，围绕什么是新质生产力、为什么要发展新质生产力、怎么发展新质生产力等问题发表了一系列重要讲话，深刻阐释了新质生产力的重要特征、基本内涵、核心标志、发展路径等重大问题，形成了系统化的理论表达。习近平总书记强调，“高质量发展需要新的生产力理论来指导，而新质生产力已经在实践中形成并展示出对高质量发展的强劲推动力、支撑力，需要我们从理论上进行总结、概括，用以指导新的发展实践”[①]。习近平总书记关于新质生产力的重要论述，是对我国生产力发展实践作出的理论概括，是对马克思主义生产力理论的创新和发展，开拓了马克思主义生产力理论中国化时代化新境界，是中国特色社会主义政治经济学的重大理论成果。

一、新质生产力创新和发展了马克思主义生产力标准论

坚持生产力标准是历史唯物主义的重要原则。历史唯物主义认为，物质生产力是全部社会生活的物质前提，同生产力发展一定阶段相适

① 习近平：《发展新质生产力是推动高质量发展的内在要求和重要着力点》，《求是》2024年第11期。

应的生产关系的总和构成社会经济基础。生产力是推动社会进步的最活跃、最革命的要素，生产力发展是衡量社会发展的带有根本性的标准。列宁指出，生产力的发展是“整个社会发展的主要标准”[①]，是“社会进步的最高标准”[②]。毛泽东同志指出，“中国一切政党的政策及其实践在中国人民中所表现的作用的好坏、大小，归根到底，看它对于中国人民的生产力的发展是否有帮助及其帮助之大小，看它是束缚生产力的，还是解放生产力的”[③]，“根据生产力迅速发展的要求，对生产关系和上层建筑进行不断的改革，就为生产力的不断发展开辟了广阔道路”。改革开放后，邓小平同志指出，判断改革和各方面工作的是非得失，归根到底要以“是否有利于发展社会主义社会的生产力，是否有利于增强社会主义国家的综合国力，是否有利于提高人民的生活水平”[④]为标准。邓小平同志回答了“什么是社会主义、怎样建设社会主义”这个根本问题，主要回答了社会主义的根本任务是什么，“社会主义的任务很多，但根本一条就是发展生产力”[⑤]。

习近平总书记高度重视发展生产力，强调以经济建设为中心是兴国之要，发展是党执政兴国的第一要务，是解决我国一切问题的基础和关键，提出发展新质生产力是推动高质量发展的内在要求和重要着力点。党的十八大以来，我国全面贯彻新发展理念，不断深化对经济发展阶段性特征和规律的认识，更加强调发展的高质量，党的十九大报告宣告，我国经济已由高速增长阶段转向高质量发展阶段，党的

① 《列宁选集》第4卷，人民出版社1995年版，第466页。

② 《列宁全集》第16卷，人民出版社1988年版，第209页。

③ 《毛泽东选集》第3卷，人民出版社1991年版，第1079页。

④ 《邓小平文选》第3卷，人民出版社1993年版，第372页。

⑤ 《邓小平文选》第3卷，人民出版社1993年版，第137页。

二十大报告强调，高质量发展是全面建设社会主义现代化国家的首要任务。新时代以来，以习近平同志为核心的党中央作出一系列重大决策部署，推动高质量发展成为全党全社会的共识和自觉行动，高质量发展成为主旋律。近年来，我国科技创新成果丰硕，创新驱动发展成效日益显现，城乡区域发展协调性、平衡性明显增强，改革开放全面深化，发展动力活力竞相迸发，绿色低碳转型成效显著，发展方式转变步伐加快，高质量发展取得明显成效。

习近平总书记明确指出，“高质量发展是新时代的硬道理”，“发展新质生产力是推动高质量发展的内在要求和重要着力点”[①]。只有紧紧围绕发展这个第一要务来部署各方面改革，以解放和发展社会生产力为改革提供强大牵引，才能更好推动生产关系与生产力、上层建筑与经济基础相适应。我国改革开放以来的实践充分证明，紧紧扭住解放和发展社会生产力，就能为其他各方面改革提供强大推动，影响其他各个方面改革相应推进。这些重要论述，是在新的历史条件下对历史唯物主义基本原理作出的创造性阐释，深刻阐明坚持生产力标准的重大意义和实践要求，深化和发展了对生产力决定性作用的认识。

二、新质生产力创新和发展了马克思主义生产力系统论

生产力理论是马克思主义的重要内容。马克思主义认为，生产力是全部社会生活的物质前提，是推动社会进步的最活跃、最革命的因素，生产力标准是衡量社会发展的带有根本性的标准。马克思主义认为，生产力在社会发展中起决定性作用，“人们所达到的生产力的总和

---

① 习近平：《发展新质生产力是推动高质量发展的内在要求和重要着力点》，《求是》2024年第11期。

决定着社会状况”[①]。马克思在《资本论》中指出，生产力，是“生产能力及其要素的发展”[②]，“始终是有用的、具体的劳动的生产力”[③]。基于劳动二重性，劳动过程的实质在于生产使用价值的有用劳动，其包括基础的“三要素”，即“有目的的活动或劳动本身，劳动对象和劳动资料”[④]，“劳动资料和劳动对象二者表现为生产资料，劳动本身则表现为生产劳动”[⑤]，但也会受其他因素影响，比如，“工人的平均熟练程度，科学的发展水平和它在工艺上应用的程度，生产过程的社会结合，生产资料的规模和效能，以及自然条件”[⑥]。人和自然或物是生产过程的最一般要素，劳动是人类生产活动中的能动的、具有创造性的要素，物的因素只有通过人的劳动才能成为实际的生产要素。在劳动过程中，作为社会的人自身也得以发展。人类生产过程不但是人及其劳动与物相结合的过程，而且具有社会性。

新质生产力是以劳动者、劳动资料、劳动对象及其优化组合的跃升为基本内涵。多种要素能够推动“三要素”实现优化组合的跃升，特别是科技创新。然而，劳动过程的“三要素”是一切社会发展形式所共有的，但其一定历史形式会发展成其物质基础和社会形式。新质生产力是相较于传统生产力发生了“质变”的生产力质态，是劳动者、劳动资料、劳动对象这三要素及其优化组合实现了“跃升”的生产力，既继承了马克思主义生产力三要素的理论框架，又纳入了新一轮科技

---

① 《马克思恩格斯选集》第1卷，人民出版社1995年版，第80页。
② 《马克思恩格斯全集》第25卷，人民出版社1974年版，第999页。
③ 《马克思恩格斯选集》第2卷，人民出版社1995年版，第123页。
④ 《马克思恩格斯选集》第2卷，人民出版社1995年版，第178页。
⑤ 《马克思恩格斯选集》第2卷，人民出版社1995年版，第215页。
⑥ 《马克思恩格斯选集》第2卷，人民出版社1995年版，第118页。

革命和产业变革深入发展、数字经济蓬勃兴起等时代特征，实现了对马克思主义生产力理论的继承和发展。在生产过程中，生产的物质发展及其社会形式是统一而不可分割的，是同一过程的两个方面，对应于生产力和生产关系。因此，我们要充分运用生产力和生产关系的矛盾运动规律，把握“三要素”及其优化组合的跃升，推动更大规模的劳动过程协作形式，塑造与新质生产力相适应的新型生产关系，正确认识和把握“如何培育和发展新质生产力”。

三、新质生产力创新和发展了马克思主义生产力核心要素论

马克思指出，“生产力中也包括科学”①，是“随着科学和技术的不断进步而不断发展的”②。生产力的发展，最终归结为发挥着作用的劳动的社会性质，归结为社会内部的分工，归结为脑力劳动特别是自然科学的发展。从工业革命以来，生产过程就日益呈现科学化趋势，科学技术日益成为最具革命性的生产力要素。

马克思、恩格斯认为“科学是一种在历史上起推动作用的、革命的力量”③，“作为独立的力量被并入劳动过程”④，是极其重要的生产力。随着科学技术的不断进步，劳动生产力不断提高，推动社会向前发展。从基本内涵上讲，新质生产力是创新起主导作用，摆脱传统经济增长方式、生产力发展路径，具有高科技、高效能、高质量特征，符合新发展理念的先进生产力质态。它由技术革命性突破、生产要素创

① 《马克思恩格斯文集》第8卷，人民出版社2009年版，第188页。

② 《马克思恩格斯选集》第2卷，人民出版社1995年版，第243页。

③ 《马克思恩格斯选集》第3卷，人民出版社1972年版，第575页。

④ 《马克思恩格斯选集》第2卷，人民出版社1995年版，第259页。

新性配置、产业深度转型升级而催生，以劳动者、劳动资料、劳动对象及其优化组合的跃升为基本内涵，以全要素生产率大幅提升为核心标志，特点是创新，关键在质优，本质是先进生产力。科技创新是培育发展新质生产力的核心动力引擎，特别是形成原创性、颠覆性科技创新成果。只有依靠科技创新特别是具有革命性的科技创新，才能开辟发展新领域新赛道，塑造发展新动能新优势，推动生产力大发展。历史和现实证明，关键核心技术是要不来、买不来、讨不来的，所以必须加快实现高水平科技自立自强，打好关键核心技术攻坚战，把科技创新成果牢牢掌握在自己手中，充分保障我国发展的生存权、安全权、发展权。同时，科技创新之所以成为发展新质生产力的核心要素，主要在于科技创新与产业创新深度融合，催生出新产业、新模式、新动能。提高生产力的关键，不仅在于科学的发展水平，还在于科学“在工艺上的应用程度”。科学创新不能成为“空中楼阁”，而要“落到地面”，瞄准市场需求，及时将科技创新成果应用到具体产业和产业链，围绕发展新质生产力布局产业链，实现“三要素”优化组合的跃升，围绕国家战略任务，大力发展数字经济，推动科技和经济紧密结合，坚决破解科技创新与产业发展“两张皮”这一大痼疾。

科技创新的表现高度集中在生产资料上。马克思主义认为，利用生产工具生产物质产品来满足自己的需要，是人类区别于动物的根本标志。人类物质生产过程首先表现为人通过劳动运用劳动资料改造自然从而创造出能够满足自身需要的物质产品的过程。马克思指出：“各种经济时代的区别，不在于生产什么，而在于怎样生产，用什么劳动资料生产。”[①]生产力的进步，决定了社会化生产和生产力社会占有的发展趋势，重要特征之一是生产资料社会化使用。以劳动的协作形式和社会结合为前提的生产资料集中和大规模应用会产生节约，这是因为，劳动力在劳动过程中是同生产资料的使用价值发生关系，而不是价值。因此，资本积累和积聚，也是提高生产力的物质手段。在数字时代，数据作为特殊的生产要素，具有可复制性、非排他性、标准化、统一化等特点，形成了生产资料社会占有和共同使用的可能趋势。从以商品流通为主的平台到以生产加工为主的工业互联网，以数字技术为基础的人工智能和制造设备会产生海量数据。当前，这些数据大多仍是单个企业或平台所占有，未来发展趋势将是社会占有。培育发展新质生产力，未来要建设集中数据的共享平台，促进数据资源的全社会共同占有，统一分析和运用数据，进一步改进生产工艺、加快流通速度，形成全社会生产成本的节约。

四、新质生产力创新和发展了马克思主义生产力发展规律

党的二十届三中全会明确指出，健全相关规则和政策，加快形成同新质生产力更相适应的生产关系。习近平总书记强调，生产关系必须与生产力发展要求相适应。我国要以全面深化改革破除体制机制障碍，着力打通束缚新质生产力发展的堵点卡点，进一步解放和发展社会生产力，更好激发全社会内生动力和创新活力，推动生产关系和生产力、上层建筑和经济基础、国家治理和社会发展更好相适应，为推动经济高质量发展、推进中国式现代化提供强大动力和制度保障。

---

① 《马克思恩格斯全集》第44卷，人民出版社2001年版，第210页。

历史唯物主义认为，生产力和生产关系、经济基础和上层建筑相互作用、相互制约，支配着整个社会发展进程。生产关系一定要适应生产力状况，上层建筑一定要适应经济基础状况，它们的共同作用构成整个社会的矛盾运动。只有把生产力和生产关系的矛盾运动同经济基础和上层建筑的矛盾运动结合起来观察，把社会基本矛盾作为一个整体来观察，才能全面把握整个社会的基本面貌和发展方向。基于生产力和生产关系的矛盾运动规律，新质生产力的发展离不开生产关系的推动，更相适应的生产关系是新质生产力发展的根本动力。新质生产力的快速发展，要进一步全面深化改革，改革体制机制中不适应新质生产力发展的因素，加快形成同新质生产力更相适应的生产关系，推动劳动者、劳动资料、劳动对象优化组合和更新跃升。

新质生产力既需要政府超前规划引导、科学政策支持，也需要市场机制调节、企业等微观主体不断创新，是政府“有形之手”和市场“无形之手”共同培育和驱动形成的。因此，我国要形成更适应新质生产力发展的生产关系，要进一步全面深化改革，既要把握全面深化改革的系统性、整体性和协同性，也要把握重要领域和关键环节的局部改革，以重点带动全局，特别是经济体制、科技体制等改革，促进新质生产力快速发展。

以改革形成更适应生产力发展的生产关系，是我们党始终坚持发展生产力的必由之路。生产力和生产关系、经济基础和上层建筑相互作用、相互制约，支配着整个社会发展进程。邓小平同志指出，要发展生产力，经济体制改革是必由之路。经济体制、科技体制，这两方面的改革都是为了解放生产力。新的经济体制，应该是有利于技术进步的体制。新的科技体制，应该是有利于经济发展的体制。习近平总书记强调，我们要勇于全面深化改革，自觉通过调整生产关系激发社会生产力发展活力，自觉通过完善上层建筑适应经济基础发展要求，让中国特色社会主义更加符合规律地向前发展。

自改革开放以来，特别是党的十八大以来，以习近平同志为核心的党中央扭住完善和发展中国特色社会主义制度这个关键，冲破思想观念束缚，突破利益固化藩篱，敢于突进深水区，敢于啃硬骨头，敢于涉险滩，坚决破除各方面体制机制弊端。从改革实效性上看，我国制度优势不断增强，社会活力充分激发，社会生产力快速发展，中国特色社会主义制度更加成熟、更加定型，国家治理体系和治理能力现代化水平显著提高，实现改革由局部探索、破冰突围到系统集成、全面深化的转变，各领域基础性制度框架基本建立，许多领域实现历史性变革、系统性重塑、整体性重构。总体而言，随着全面深化改革的不断推进，高质量发展取得明显成效，新质生产力已经在实践中形成并展示出对高质量发展的强劲推动力、支撑力。我国经济社会发展的实践充分证明了，适应生产力的生产关系是生产力发展壮大的根本动力。

社会基本矛盾要作为一个整体来观察，要把生产力和生产关系的矛盾运动同经济基础和上层建筑的矛盾运动结合起来观察，才能全面把握整个社会的基本面貌和发展方向。我们要深刻把握和运用生产力和生产关系、经济基础和上层建筑矛盾运动规律，突出问题导向，坚持系统观念，处理好经济和社会、政府和市场、效率和公平、活力和秩序、发展和安全等重大关系，以进一步全面深化改革推动生产力和生产关系更相适应。从实践上看，当前，束缚新质生产力发展的体制机制还存在不少堵点卡点，如市场体系仍不健全，创新能力不适应高质量发展要求，产业体系整体大而不强、全而不精，科技创新组织化协同化程度不高，科技资源分散、重复等问题，体制机制改革的潜力还没有充分释放出来。这些问题都是社会主要矛盾变化的反映，是发展中的问题，必须进一步全面深化改革，从体制机制上推动解决。对此，我们要进一步全面深化改革，推动形成同新质生产力更相适应的生产关系，构建高水平社会主义市场经济体制，健全推动经济高质量发展体制机制，构建支持全面创新体制机制，既要注重发挥经济体制改革的牵引作用，也要统筹推进教育科技人才体制机制一体改革的促进作用，通过调整生产关系激发和增强社会活力，充分调动广大干部群众干事创业的积极性和主动性，充分释放新质生产力发展的潜能。

当前，我国发展进入战略机遇和风险挑战并存、不确定难预料因素增多的时期，要继续大力推进改革开放，进一步全面深化改革，解放和发展生产力，奋力开创中国式现代化建设新局面。我国要深化体制机制改革，既发挥社会主义制度的优势，又发挥市场经济的长处，推动有效市场和有为政府更好结合，充分发挥体制优势、需求优势、供给优势和人才优势，强化科技同经济对接、创新成果同产业对接、创新项目同现实生产力对接、研发人员创新劳动同其利益收入对接，推动新质生产力快速发展。

问题2 如何深刻认识高质量发展是新时代的硬道理

新时代以来，推动高质量发展成为全党全社会的共识和自觉行动，高质量发展成为主旋律。[①]新时代新征程上，必须把坚持高质量发展作为新时代的硬道理，不仅要注重经济增长的速度，更要注重经济发展的质量和效益。[②]这意味着进一步全面深化改革，完整、准确、全面贯彻新发展理念，加快形成和发展新质生产力，推进中国式现代化，为实现中华民族伟大复兴而奋勇拼搏。

一、新时代的历史方位与新发展理念

当今时代，发展不仅是一个基本的命题，更是衡量国家进步的关键指标。对于中国而言，追求的不仅是发展的速度，更重要的是发展的质量和效益。随着社会主义初级阶段迈入新发展阶段，这一转变不仅标志着历史的重要转折点，也预示着中国在全球化背景下的新角色和新使命。新时代的提出，不仅为中国的现代化进程设定了明确的战略目标，也为实现国家的长远愿景——中华民族的伟大复兴，提供了

---

① 习近平：《发展新质生产力是推动高质量发展的内在要求和重要着力点》，《求是》2024年第11期。

② 习近平：《开创我国高质量发展新局面》，《求是》2024年第12期。

具体的时间框架和行动指南。

在新时代的背景下，中国社会的主要矛盾已经发生了深刻的转变，已经转化为人民日益增长的美好生活需要和不平衡、不充分的发展之间的矛盾。人民的期望不再是单一地聚焦于物质层面，而是向着更高层次的精神和文化需求拓展，包括对民主参与、法治保障、社会公正、环境质量等方面提出了更高的要求。这种需求的多元化和个性化，对经济发展模式提出了新的挑战，促使中国经济从速度型增长向质量效益型增长转变。这一转变强调了创新的核心地位，要求经济结构更加优化，生产效率和资源配置效率得到提升，以确保经济的长期可持续发展。为了适应这一转变，中国必须全面深化改革，包括经济、政治、文化、社会和生态文明等领域。这些改革旨在打破制约发展的体制机制障碍，释放市场和社会的创新潜力。通过这些措施，可以更好地满足人民日益增长的多样化需求，同时促进社会和谐与稳定，实现经济社会发展的新跨越，以适应社会主要矛盾的变化和经济社会发展的新要求。

在新时代新征程中，贯彻新发展理念，推动中国经济转向高质量发展阶段。创新作为首要驱动力，要求科技领域探索突破，在产业升级和结构优化中发挥创新引领作用。协调发展则强调了解决发展不平衡问题的重要性，通过区域和城乡的均衡发展，促进各领域共同进步。绿色发展理念倡导人与自然和谐共生，推动经济活动与环境保护“双赢”，以实现可持续发展目标。开放被视为国家繁荣的关键，通过深化国际合作和参与全球竞争，中国致力于构建一个更加开放和包容的经济体系。共享是社会主义的本质要求，发展过程中要更加关注民生，推动共同富裕，并通过完善分配制度和增加公共服务供给，确保全体人民都能公平享受发展成果。同时，新时代的发展也强调了风险管理和国家安全的重要性，注重防范和化解各种风险，保障经济安全、社会安全、生态安全等，推动经济社会发展与国家安全相互促进。这些特征和矛盾变化要求中国在新时代的发展中必须坚持新发展理念，牢牢把握高质量发展这一新时代的硬道理。

二、高质量发展是体现新发展理念的发展

高质量发展意味着经济增长模式的重塑，从单纯追求规模扩张和速度提升转向更加重视增长的质量和效益。全要素生产率的提升和经济结构的优化成为关键，旨在推动产业链升级和经济内涵式增长。在此过程中，创新成为提升生产力和竞争力的关键驱动力，新产业、新业态和新模式的培育显得尤为重要。协调性是高质量发展的另一重要维度，它要求我们在区域发展、城乡融合，以及社会各阶层之间寻求平衡，以构建一个包容性更强的发展格局。绿色发展的理念则强调了经济增长与生态环境保护的和谐统一，旨在实现可持续发展。开放发展的理念进一步强调了国际合作的重要性，通过形成全面开放的新格局，促进国内外资源的有效整合和利用。共享发展成果要求我们在发展中注重社会公平正义，确保全体人民都能享受到发展红利，提高整体生活质量。注重在发展中防范和化解风险，确保经济持续健康发展，维护国家经济安全和社会稳定。

高质量发展是新时代中国发展的硬道理。这意味着对传统发展方式的深刻变革，对发展目标、路径和模式的全面革新。这一战略不仅追求经济增长的数量，更强调增长的质量和效率，追求公平性、可持续性及安全性。它标志着从依赖资源和资本投入的扩张型增长，向依

靠创新、管理和人力资本提升的质量效益型增长的转变。在这一转型过程中，通过发展高技术产业和战略性新兴产业，提高产业链的附加值，提升产品和服务的质量，从而增强经济的核心竞争力。创新是这一转型的引擎，它要求我们从传统的要素驱动模式转向以创新为主导的发展模式，培养创新人才，构建企业主导的创新体系，加速科技成果转化，推动产业结构向高端化、智能化发展。协调性是通过缩小地区发展差距，推动区域协调发展和城乡一体化，实现资源的合理配置和有效流动。同时，能源结构转型和生态环境保护也是高质量发展的重要组成部分，共同促进人与自然的和谐共生。开放性是通过扩大开放和深化国际合作，积极参与全球经济治理。坚持以人民为中心的发展，推动社会全面进步和人的全面发展。高质量发展是对传统发展模式的超越，要求我们在经济发展的各个方面实现质的飞跃，推动中国经济转型升级。

推动高质量发展要求全面深化改革，以确保经济持续健康发展。党的领导是确保改革方向和政策实施的关键，为经济社会发展提供了坚强的政治保证。经济体制改革旨在构建高水平社会主义市场经济体制，市场在资源配置中发挥决定性作用，而政府扮演着更加积极的角色，以促进公平竞争和提高供给体系的效率。行政体制改革着重于政府职能的转变，减少不必要的行政审批，同时加强监管，以提升政府服务的质量和效率，优化营商环境。国资国企改革意在提升其效率和竞争力，同时促进多种所有制经济共同发展。市场准入的降低和融资渠道的拓宽，旨在激发民间投资的活力，增强资本市场的包容性和服务能力。保护知识产权是激发创新创造活力的关键，财税体制和金融体制的改革致力于优化税收结构，提高财政资金的使用效率，同时增强金融服务实体经济能力，并防范金融风险。科技体制改革着眼于建立一个以企业为主体、市场为导向、产学研深度融合的技术创新体系。生态文明体系的建立和社会保障体系的完善，反映了对环境保护、资源节约，以及社会公平和可持续性的重视。加强法治建设则是为了确保经济社会发展在法治轨道上运行，提高法治对改革发展的引领和保障作用。这些改革措施共同构成了推动高质量发展的持续动力，推动中国经济实现质的有效提升和量的合理增长。

三、推动高质量发展要求加快发展新质生产力

新质生产力的兴起标志着生产力发展进入了一个新阶段，是一种更高级、更先进的生产力形态。这一阶段的生产力以创新为驱动力，融合了高科技、高效能和高质量的特点，成为引领经济向更高层次发展的主导力量。在这一过程中，新质生产力扮演着解决经济发展中结构性问题的关键角色。这些问题包括供需不匹配、产业结构不合理、能源利用效率低下、区域发展不平衡及内外需失衡等。通过发展新质生产力，可以有效地破解经济发展中的瓶颈问题。技术创新促进产业升级，产业结构调整优化供需关系，清洁能源的推广改善能源结构，区域协调发展战略促进城乡均衡发展，扩大内需和优化外需结构增强经济的内生增长动力。通过这些措施共同作用于国民经济的循环体系，消除经济发展中的障碍，促进经济体系的高效运转，从而推动经济实现更高质量、更有效率、更加公平、更可持续的发展。

当前，我国正处于经济转型的关键时期，面对劳动力成本上升、资源环境制约及传统发展方式局限性，面临着一系列结构性挑战。为应对这些挑战，必须采取一系列措施来优化经济结构，以实现更高质

量的发展。为适应消费者对个性化和多样化需求的增长，需要提升供给体系的质量和效率，提高产品和服务的适应性。产业结构的优化要求发展战略性新兴产业，推动传统产业智能化、绿色化改造，以提升产业竞争力和可持续性。在能源结构方面，大力发展新能源和清洁能源，推广循环经济，减少环境污染。区域和城乡结构优化则要求重新考虑产业布局，促进要素双向流动，以实现区域协调发展和城乡融合发展。为了平衡内需和外需，需要从过度依赖投资和出口的模式转向扩大内需，同时优化外贸结构，促进国内大循环的畅通，带动国内国际双循环。

针对当前面临的结构性矛盾，推动高质量发展的核心在于培育和发展新质生产力。创新是新质生产力发展的引擎，能催生多样化、个性化的产品和服务，满足消费结构升级的需要，有效促进供需之间平衡。技术革新和产业融合是推动传统产业升级的关键，它们促使产业向高端化、智能化和绿色化方向转型，从而推动产业结构向更高级的阶段发展。同时，新能源和清洁能源技术的发展对减少对化石燃料的依赖至关重要，这不仅有助于优化能源消费结构，推动向清洁、低碳的能源体系转变，还能促进循环经济和生态经济的发展，实现经济与环境相协调。合理规划新质生产力的布局，对于促进产业转移、加强区域协同发展，以及实现城乡资源双向流动具有重要意义，有助于缩小不同地区间的发展差距，还能推动区域和城乡的均衡发展。此外，引入先进的技术和管理方法，对提升产业链的效率和价值至关重要，将进一步增强产品和服务的国际竞争力，使中国的产品和服务在全球市场中占据更有利位置。

实现高质量发展的目标，关键在于加快发展新质生产力。一方面，加快培育数字经济、人工智能、生物技术等战略性新兴产业；另一方面，推动传统产业的技术革新和转型升级，创设数字技术应用场景，整合人工智能、大数据、物联网等前沿技术，对传统产业进行深度的智能化改造，从而显著提升生产效率和产品质量。另外，建立与新质生产力发展相匹配的教育和培训体系，对培养具备高技能和创新能力的人才至关重要，也将吸引全球优秀人才的加入。进一步深化经济体制和科技体制的改革，旨在打破限制新质生产力发展的体制机制障碍，为创新活动提供坚实的制度基础和良好的生态环境。这包括政策支持、资金投入和创新平台的建设，以激励企业成为创新主体，激发企业和个人的创新潜力。构建国家创新体系，加强基础研究和应用研究，支持关键核心技术攻关突破，培育生成新动能。通过市场需求引导，推动供给侧结构性改革，增加有效供给，满足人民对高品质产品和服务的需求，以此促进供需循环的畅通，提高企业对发展前景的信心，扩大就业和创造新的就业机会。这对解决结构性就业问题，提高大学毕业生、高技能人才、退役军人、农村转移人口等重点群体的就业质量具有重要意义，从而带动居民可支配收入增加，扩大中等收入群体的比例。这是实现共同富裕、促进社会稳定和谐的重要途径，也有助于国民经济更加稳固地立足于实体经济，防范和化解金融风险，维护产业链供应链的安全稳定。加强国际科技合作和交流，在开放环境中进一步培育和发展新质生产力，提升在全球经济中的竞争力。

总之，新质生产力是推动经济向高质量发展转型的关键因素。它通过提升生产效率和产品质量，促进经济结构的优化升级，以确保经济循环畅通，从而提高整体经济效益并促进可持续发展。新质生产力的培育和应用，使企业能开发出具有高附加值的创新产品，更精准地满足市场需求，提升产业技术水平，开辟新的增长机会，增强市场竞争力。这种生产力的提升，不仅为企业带来更稳定的客户基础和更高的市场份额，还通过促进供需匹配和有效互动，减少库存积压和产能过剩，提高经济运行效率和企业盈利能力。随着生产效率提高，企业利润增长，员工收入水平也相应提升，这有助于构建一个更加公平合理的税收体系，增强税基活力，扩展税收来源，增加国家财政收入，实现员工、企业和国家的共赢局面。这不仅体现了经济高质量发展的目标，也是社会主义现代化强国建设的基石。通过在发展中实现速度、质量、结构、效益和安全的有机统一，推动经济、政治、文化、社会和生态文明的全面进步，为推进中国式现代化奠定更加坚实有力的物质技术支撑。

问题 3 如何认识发展新质生产力是推动高质量发展的内在要求和重要着力点

高质量发展是新时代的硬道理，是全面建设社会主义现代化国家的首要任务，需要新的生产力理论来指导。在世界百年未有之大变局加速演进、我国迈上全面建设社会主义现代化国家新征程之际，习近平总书记深刻总结我国先进生产力发展经验，对推动高质量发展进行把脉定向后提出了新质生产力，为开辟发展新领域新赛道、塑造发展新动能新优势提供了科学指引。加快发展新质生产力是新时代新征程解放和发展生产力的客观要求，是推动生产力迭代升级、实现现代化的必然选择。2024年1月31日，习近平总书记在主持中共中央政治局第十一次集体学习时强调，发展新质生产力是推动高质量发展的内在要求和重要着力点，并从理论和实践结合上系统阐明新质生产力的科学内涵，深刻指出发展新质生产力的重大意义，对发展新质生产力提出明确要求。党的二十届三中全会《决定》进一步强调："健全因地制宜发展新质生产力体制机制。推动技术革命性突破、生产要素创新性配置、产业深度转型升级，推动劳动者、劳动资料、劳动对象优化组合和更新跃升，催生新产业、新模式、新动能，发展以高技术、高效能、高质量为特征的生产力。"

一、新质生产力的关键特征

新质生产力的提出是马克思主义生产力理论的发展和创新，区别于与传统生产力相匹配的劳动者（普通工人和技术工人）、劳动资料（普通的机器设备和电子计算机），以及劳动对象（以物质形态存在的未经加工的自然物及加工过的原材料），与新质生产力相匹配的则是以知识型、技能型、创新型劳动者为代表的智力工人，以“高级、精密、尖端”设备为代表的新型劳动资料，以及在传统劳动对象基础上增加的伴随科技进步新发现的自然物、注入更多技术要素的原材料以及数据等非物质形态的对象。[①]而这样的质变必然会引发社会各生产部门的系统变革和社会分工大变革，使生产的社会化程度达到新高度，为未来经济增长注入强大新动能。

与传统生产力形成鲜明对比，新质生产力是创新起主导作用，摆脱传统经济增长方式、生产力发展路径的先进生产力，具有高科技、高效能、高质量特征。第一，新质生产力是以创新为第一动力的高科技生产力。科技创新深刻重塑生产力基本要素，催生新产业新业态，推动生产力向更高级、更先进的质态演进。新质生产力是科技创新在其中发挥主导作用的生产力，要以重大科技创新为引领，推动创新链产业链资金链人才链深度融合，加快科技创新成果向现实生产力转化。第二，新质生产力是以战略性新兴产业和未来产业为主要载体的高效能生产力。产业是生产力变革的具体表现形式，主导产业和支柱产业持续迭代升级是生产力跃迁的重要支撑。作为引领产业升级和未来发

① 参见周文、许凌云:《论新质生产力：内涵特征与重要着力点》,《改革》2023年第10期。

展的新支柱、新赛道，战略性新兴产业和未来产业的效能更高，具有创新活跃、技术密集、价值高端、前景广阔等特点，为新质生产力发展壮大提供了巨大空间。第三，新质生产力也是以新供给与新需求高水平动态平衡为落脚点的高质量生产力。供需有效匹配是社会大生产良性循环的重要标志。社会供给能力和需求实现程度受生产力发展状况制约，依托高水平的生产力才能实现高水平的供需动态平衡。当前，我国大部分领域“有没有”的问题基本解决，“好不好”的问题日益凸显，客观上要求形成需求牵引供给、供给创造需求的新平衡。一方面，新需求对供给升级提出更高要求，牵引和激发新供给，撬动生产力跃升；另一方面，基于新质生产力形成的新供给，能够提供更多高品质、高性能、高可靠性、高安全性、高环保性的产品和服务，更好满足和创造有效需求。

二、发展新质生产力是推动高质量发展的内在要求

高质量发展是注重科技创新的发展。高质量发展强调科技创新、绿色发展和人的全面发展，需要依靠关键性颠覆性技术创新为其提供坚实的物质技术基础。推动经济高质量发展，就是要将科技创新作为内在动力，实现由以劳动力投入、资本投入，以及资源消耗驱动的粗放型经济增长方式向以提质增效、结构升级和创新驱动的集约型经济增长方式转变。同时，科学技术的突破是推动旧生产力体系逐步瓦解和新生产力体系逐步形成的必要条件。自改革开放以来，科技领域取得的巨大成就、竞相涌现的重大科技创新成果，以及持续提升的科技整体能力，都为经济健康可持续发展提供了强大动能。一方面，随着当前全球新一轮科技革命和产业变革深入发展，哪个国家率先在关键

性颠覆性技术方面取得突破，形成新质生产力，哪个国家就能率先塑造未来发展新优势，赢得全球新一轮发展的战略主动权。历史和现实都摆在眼前，面向新征程，只有坚定不移提高自主创新能力，加快形成新质生产力，才能在激烈的国际竞争中真正掌握发展主动权。另一方面，新时代推动高质量发展对科技创新能力提出了新的更高要求。我国发展不平衡不充分问题仍然突出，推动高质量发展还面临许多堵点卡点，科技创新能力有待进一步提高。作为以科技创新为主导、实现关键性颠覆性技术突破而形成的新质生产力是突破这些堵点卡点的关键。加快形成新质生产力过程中，关键性、颠覆性技术的突破，能有效促进传统产业转型升级及战略性新兴产业、未来产业的形成和发展，提高生产效率、优化产品和服务质量，补齐产业发展短板，突破技术“卡脖子”环节，进而实现经济增长方式转变，充分满足推动高质量发展的目标要求。

高质量发展是体现绿色发展理念的发展。绿色发展是高质量发展的底色，经济社会发展绿色化、低碳化要求加快推动产业结构、能源结构和交通运输结构的优化调整，这对当前的生产力发展提出了新的要求。首先，产业结构的优化需要依托绿色产业发展，以及产业绿色化技术升级改造来实现。其次，能源结构的优化要求降低对化石能源的依赖，提高能源利用效率，有序发展风电、水电、核电等非化石能源，从而减少环境污染，实现人与自然和谐共生。同时，交通运输结构的优化需要科技赋能，现代化综合交通运输体系建设是交通运输结构优化的重要内容，这一目标的实现以各类运输方式基础设施的有效衔接为基础。而新质生产力本身就是绿色生产力。从产业结构升级角度来看，加快形成新质生产力过程中的科技创新是推动绿色产业发展的关键支撑，以关键性颠覆性技术突破形成新质生产力的过程，将带动节能降碳先进技术研发及其在绿色环保、新能源汽车等战略性新兴产业的应用，有力推动产业结构绿色转型；从能源结构调整的角度来看，由于新质生产力的形成必然伴随着人类认识自然、改造自然能力的提升，加快形成新质生产力能够有效提升对自然资源的可持续利用能力、加快清洁能源取代化石燃料的速度，换而言之，能源结构的调整本身也是加快形成和发展新质生产力的题中之义；从交通运输结构优化角度来看，大数据、人工智能等技术的大范围应用，以及全社会综合生产效率的大幅度提升，能够进一步提高铁路、航道、公路等干线通道的建设水平，推动加快补齐基础设施短板和智能交通运输网络的加快建设，实现在各个运输环节的整体优化调配，从而不断提升枢纽场站的集疏运效率。因此，通过促进绿色产业发展、提升资源利用效率、助力现代化综合交通运输体系建设等具体举措，发展新质生产力是推动经济社会发展绿色化、低碳化，打通高质量发展的关键环节，是体现高质量发展绿色发展特征的内在要求。

高质量发展强调促进人的全面发展。习近平总书记曾指出，高质量发展是对经济社会发展方方面面的总要求。人是生产力中最具活力的能动要素，也是生产关系的主体。在新发展阶段，人的全面发展必然是高质量发展的应有意蕴和价值指向，需贯穿于经济社会高质量发展全局。相应地，新质生产力是符合以人为核心发展要求的生产力[①]，作为新质生产力的形式体现，适合新质生产力发展的生产关系也无疑应符合以人为核心这项准则。换而言之，如若所适应的生产关系在特

① 参见姜长云：《新质生产力的内涵要义、发展要求和发展重点》，《西部论坛》2024年第2期。

定阶段并不符合以人为核心的发展特征，那这样的生产力就算不上新质生产力，因此，发展新质生产力是体现高质量发展，促进人的全面发展的内在要求。与此同时，作为推动新质生产力发展的重要保障，高素质劳动者不仅是发展新质生产力的主体，也是承担现代化建设任务的主体，是推动中华民族伟大复兴的中坚力量。随着新质生产力替代传统生产力，关键性颠覆性技术创新包含的新知识、新方法和新理念逐渐被劳动者所掌握，劳动者的知识储备、文化素质、劳动技能得以不断提高，高质量发展的高素质劳动力要素支撑才能得到有效保障。

三、发展新质生产力是推动高质量发展的重要着力点

近年来，世界经济整体复苏动力不足，外部环境对我国发展的影响持续恶化。作为能够催生新产业、新模式、新动能的不二法门，科技创新是发展新质生产力的核心要素。无论是在未来发展和国际竞争中赢得战略主动，还是在当前进一步推动经济回升向好，关键都在发挥好科技创新，实现关键性颠覆性技术突破的同时，培育发展新质生产力的新动能，进一步加快形成新质生产力，为实现高质量发展提供强大支撑。

一是发展新质生产力有助于培育竞争新优势。随着新一轮科技革命和产业变革的持续深入深化演进，科学技术的进步与经济社会的发展也在进一步加速融合。在这个过程中，我国产品出口贸易的成本也在不断增高，原有以资源禀赋为基础的比较优势逐渐减弱，迫切需要转向以核心技术为基础的竞争优势，进一步发展战略性新兴产业和未来产业。目前，我国在新产业、新业态、新领域、新赛道上具备较好的基础和条件，积累了较多发展经验，并已经取得一定的发展成就。

如果要进一步保持良好的发展态势，持续推动高质量发展，以确保我国在激烈的国际竞争中处于有利地位，就需要推动加快形成新质生产力，坚持深化改革开放，强化体制机制创新，提升产业经济的整体竞争力，从而在已有优势的基础上形成竞争新优势。

二是发展新质生产力有助于蓄积发展新动能。在新一轮科技革命和产业变革的进程中，新动能呈现以知识流动、技术扩散、产业升级等为需求牵引，以信息、数据、技术等为基础要素，以数字经济、生物经济、共享经济等为主要方向的典型特征。与之相对应地，新质生产力产生于关键性颠覆性技术的突破，注重与以高端装备、航空航天、信息技术、未来网络、类脑智能等为代表的战略性新兴产业和未来产业进行创新结合，具有知识技术密集、成长空间与潜力大、物质资源消耗少、综合效益好等特点，展现出与发展新动能相一致的技术与产业特征，能够为高质量发展提供源源不断的动力。因此，加快形成和发展新质生产力，关键在于坚持“两个毫不动摇”和“三个没有变”，破除民营企业面临的体制性、政策性障碍，从而进一步激发创新主体活力，并充分发挥企业特别是民营企业在科技创新和产业创新中的应有作用，推动其成为创新要素系统集成、创新成果高效转化的生力军，推动打造形成经济创新主体的多元格局，建设科技、产业、金融等紧密结合的创新体系，从而为实现高质量发展提供强大动力和支撑。

三是发展新质生产力有助于抢占发展制高点。只有进一步加快科技创新，才能占据全球产业链的高端位置，牢牢把握发展的主动权。一方面，新质生产力的发展和形成离不开技术创新和科学进步的支撑，也必然意味着国家科技水平的明显提高和科技实力的大幅跃升，不仅有利于我国占领创新链条的关键点，更能为抢占发展制高点提供技术支持。另一方面，新质生产力逐步形成于战略性新兴产业和未来产业的发展演进中，新质生产力的发展能够促使我国科技发展面向世界科技前沿，从而不断拓展科学技术广度和深度。因此，加快发展新质生产力必须进一步提高对高新技术研发及其应用的重视程度，加大对知识产权的保护力度，加快发展战略性新兴产业和前瞻布局未来产业，强化对人才这一科技创新的第一资源的大力培育，从而更好为科技创新提供必不可少的制度保障和人才支持。与此同时，要进一步拓宽推动科技创新的国际视野，推动扩大全球科技交流与合作，加强国际化科研平台建设和科研环境营造，积极处理好开放式创新与科技自立自强的关系，吸收学习来自全球各国的先进技术、管理经验和成功模式，不断提高我国自主创新能力，有效提升我国科技实力，助力加快形成新质生产力，从而实现推动高质量发展。

问题 4

如何深刻理解发展新质生产力是适应新一轮科技革命和产业变革趋势的必然选择

随着新一轮科技革命和产业变革的加速推进，新质生产力的发展成为适应并引领经济社会高质量发展的核心驱动力，它深度融合了大数据、人工智能、物联网等前沿科技，正深刻改变着全球经济格局和产业生态。在这一背景下，新质生产力的提出与发展，不仅是对传统生产力理论的丰富和完善，更是适应和引领经济高质量发展的内在要求。新质生产力是指以创新为主导，摆脱传统经济增长方式和生产力发展路径，具有高科技、高效能、高质量特征的符合新发展理念的先进生产力质态，源于对马克思主义生产力理论的深化理解和时代背景的准确把握。

新质生产力以科技创新为核心，特别是原创性技术和颠覆性技术的创新，是催生新产业、新模式、新动能的关键。这一特征使新质生产力在推动产业升级和经济发展中具有强大的引领和带动作用。新质生产力旨在实现生产要素投入少、资源配置效率高、资源环境成本低、经济社会效益好的高效能发展路径。这一特征使新质生产力在应对资源环境约束、提升全要素生产率方面具有显著优势。新质生产力是高质量发展的内在要求和重要着力点。它代表着社会生产能力的质变，通过创新驱动实现经济结构的战略性调整，推动经济实现质的有效提升和量的合理增长。

一、新质生产力与科技革命和产业变革的关系

（一）科技革命为新质生产力提供技术支撑

新一轮科技革命以信息技术为核心，推动了人工智能、大数据、物联网等前沿技术的快速发展。这些技术的突破和应用，为新质生产力的形成和发展提供了强有力的技术支撑。通过科技创新，新质生产力能够催生新产业、新模式、新动能，推动经济实现高质量发展。科技革命为新质生产力提供技术支撑的意义体现在多个方面，它不仅推动了生产力质的飞跃，还促进了经济结构的优化升级，为社会发展注入了强大动力。

科技革命可以推动创新技术体系的飞跃。人工智能、大数据、云计算、物联网、区块链等先进技术的涌现极大地提高了生产效率和产品质量，推动了生产方式的根本变革。例如，智能制造系统的引入，使生产过程更加智能化、自动化，大大提高了生产效率和灵活性。此外还可以提升生产要素的效能。科技革命优化了生产要素的配置和使用效率。通过科技创新，原本受限于自然资源、地理位置等因素的生产活动，现在可以借助技术手段实现跨越式发展。例如，远程控制技术、物联网技术等的应用，使生产过程中的信息流、物流、资金流更加顺畅，提升了整体生产效率。

（二）科技进步有利于促进生产方式的变革

科技革命不仅改变了生产方式，还推动了生产关系的变革。随着生产力和生产方式的进步，传统的生产关系逐渐暴露出不适应之处，需要通过科技创新来加以改进。例如，智能制造系统的引入，使劳动者与生产资料的关系更加紧密，同时也对劳动者的技能和素质提出了更高要求。这种生产关系的变革，有利于实现资源的优化配置和劳动者的全面发展。

科技革命不仅推动了经济增长，还改善了人民的生活条件和社会福祉。通过科技创新，人们可以享受更加便捷、高效、智能的服务和产品，提高了生活质量；同时，科技革命还促进了社会公平和可持续发展，为解决社会问题提供了有力的技术支持[①]。例如，智能医疗系统的引入，使医疗资源得以更加均衡地分配和利用，提高了医疗服务的可及性和质量。科技革命为新质生产力提供了坚实的技术支撑，推动了生产力质的飞跃和经济结构的优化升级，引领了社会全面进步。因此，高度重视科技革命的作用和意义，积极推动科技创新和成果转化应用，为经济社会发展注入了更强大的动力。

（三）产业变革为新质生产力提供应用场景

产业变革是科技革命的重要表现形式，也是新质生产力得以广泛应用的重要场景。随着数字经济、智能制造等新兴产业的兴起，新质生产力在推动产业升级和转型方面发挥了重要作用。通过优化资源配

① 参见贾利军、郝启晨：《新质生产力的生成逻辑：历史回溯、现实审视与政策实践》，《教学与研究》2024年第5期。

置、提升生产效率、降低环境成本等方式，新质生产力为经济高质量发展提供了有力支撑。产业数字化转型促进数字技术与实体经济深度融合。通过政策引导，推动云计算、大数据、物联网、区块链、人工智能等数字技术在传统产业中的广泛应用，提升产业智能化水平。发展数字经济新业态，鼓励和支持基于数字技术的新产业、新业态、新模式的发展，如数字金融、数字医疗、在线教育等。打造完善的数字生态体系，包括数字基础设施、数字平台、数字服务等，为产业数字化转型提供有力支撑。

科技革命加速了传统产业的转型升级和新兴产业的崛起。通过技术创新，传统产业得以焕发新生，实现技术升级和产品换代；同时，以高新技术产业为代表的新兴产业迅速崛起，成为经济增长的新动力。这种产业升级的过程，不仅提高了经济增长的质量和效益，还增强了国家的产业竞争力。科技革命打破了产业间的界限，促进了不同产业的深度融合。例如，数字技术与制造业、服务业等产业的融合，催生了智能制造、数字金融、智慧医疗等新兴业态，为经济发展注入了新的活力。这种产业融合的过程，不仅促进了产业链、供应链、价值链的重构，还提高了整个经济体系的运行效率。

（四）新兴产业的发展推动新质生产力的形成

新兴产业以其高技术、高效率、高质量的特点，成为新质生产力的主要载体。新兴产业的快速发展，不仅推动了生产力水平的显著提升，还为新质生产力的形成和加速发展提供了强大动力。新兴产业发展往往伴随着生产要素结构的升级。在新兴产业中，知识、技术、数据等要素的作用日益凸显，成为推动生产力发展的关键因素。这些新兴要素与传统生产要素如劳动、资本、土地等相结合，形成了全新的生产要素组合方式，促进生产要素的重组与优化配置，促进了生产方式的变革和生产力水平的提升。

在新兴产业中，生产关系的变革主要体现在企业组织形式、市场结构、产业链布局等方面。这些变革有助于优化资源配置、提高生产效率、激发市场活力，为新质生产力的发展提供更加广阔的空间和更加有利的条件。产业变革加速了科技成果的转化应用过程。通过加强产学研合作、建立科技成果转化机制等方式，可以推动科技成果从实验室走向市场、从理论走向实践。强化创新驱动与科技成果的转化。这不仅有助于提升产业的科技含量和附加值，还为新质生产力的形成和发展提供了源源不断的动力。

产业变革推动了现代化产业体系的构建和完善，构建了现代化产业体系与生态。通过优化产业结构、提升产业链水平、培育产业集群等方式，可以形成具有国际竞争力的现代化产业体系。这个体系不仅具有高效、绿色、智能等特点，还能够实现不同产业之间的协同发展和互利共赢，为新质生产力的全面发展提供有力支撑。尤其是在全球化和数字化背景下，产业变革带来的挑战与机遇并存。通过发展新质生产力，可以应对传统产业转型升级的压力、提升国际竞争力、实现高质量发展[①]。同时，新质生产力的发展还能够带动经济社会全面进步、提升人民生活水平、推动可持续发展等目标的实现。

① 参见令小雄、谢何源、妥亮等：《新质生产力的三重向度：时空向度、结构向度、科技向度》，《新疆师范大学学报（哲学社会科学版）》2024年第1期。

二、发展新质生产力的战略路径

（一）加强科技创新，提升核心竞争力

加强与国际科技界的交流与合作，共同应对全球性科技挑战，分享科技成果和经验。通过国际合作，引进国际先进技术和管理经验，提升国内科技水平和产业竞争力。加强与国际产能合作，推动国内企业“走出去”，参与国际市场竞争，提升国际影响力。科技革命和产业变革对新质生产力的推动作用显著，政府应加大政策支持力度，推动技术创新与研发、产业数字化转型、科技成果转化、生产关系变革，以及国际合作与交流等方面的工作，以加速新质生产力的形成和发展。

科技创新是新质生产力发展的核心驱动力。因此，要高度重视科技创新，特别是原创性技术和颠覆性技术的研发和应用。加强科研机构和企业的协同合作，推动科技成果的转化和应用。同时，加大对科研人员的支持和激励力度，激发其创新活力。加快完善新型举国体制，即聚焦关键核心技术问题，集成政府和私人部门资源共同攻克重大科技难题的组织模式和运行机制。在充分发挥国家战略导向作用时，形成以企业为主体的创新生态系统。一是要持续推动基础研究领域发展，加强对基础研究攻关和前沿技术研发相关投入，全面提升包括基础零部件（元器件）、基础材料、基础软件、高端芯片、工业软件等在内的产业能力，大力提升底层技术、关键核心技术自主供给能力和原始创新能力。二是要提升科技资源配置效率，构建由国家实验室、高水平科研院所、高效和创新型领军企业共同参与的科技创新体系。三是要以关键产业链为核心，推动部署创新链，充分发挥科技创新对产业发

展的驱动作用，对那些面临国外恶意打压的产品及所在产业链，既要增强自身产业在各产业链上的供给和配套能力，还要加大创新力度，推动产业不断向全球价值链中高端迈进。

（二）推动产业升级，优化产业结构

产业升级是新质生产力发展的重要途径。要加快传统产业的转型升级，推动制造业向智能化、绿色化、服务化方向发展。同时，大力发展战略性新兴产业和未来产业，培育新的经济增长点。通过优化产业结构，提升经济整体的竞争力和可持续发展能力。通过政策扶持和市场机制，推动传统产业转型升级，培育新兴产业和战略性新兴产业。

在未来产业领域，在百年未有之大变局之际，培育发展未来产业有助于我国形成先发优势，抢占产业发展的先机。但由于未来产业位处产业生命周期的初期阶段，其并不具备规模化生产和市场化运营条件，这要求我国对未来产业进行前瞻布局。一是要密切关注前沿技术发展动态。要以前瞻性技术创新应用培育发展战略新兴产业和未来产业，用硬科技赋能现代产业体系，为新质生产力的持续发展蓄力。二是要面向通用人工智能、元宇宙、人形机器人、脑机接口等重点方向，发掘培育一批优势企业和相关研究机构，加速推进新技术新产品落地应用。三是要坚持企业主体的创新地位，加快科技成果转化和产业技术创新，谋划和布局一大批高新技术产业落地，打造原始创新和产业创新高地，培育和发展新兴产业集群，以新兴产业发展引领新质生产力形成。

（三）深化改革，破除发展障碍

深化改革是发展新质生产力的制度保障。要进一步破除制约新质生产力发展的体制机制障碍，营造公平、高效、有序的市场环境。通过深化科技体制改革、优化科技成果评价体系、提高科研成果转化率等措施，有力推动新质生产力的发展。一是处理好政府和市场的关系，在基础研究领域，未来产业相关的前沿和重大技术创新面临着很大的风险和不确定性，充分发挥政府在动员、组织和协调全社会力量方面的优势；而在科技成果落地转化方面，需要更好发挥市场机制的作用。二是通过深化重点领域、关键环节改革，破除妨碍民营企业参与市场竞争的制度壁垒，支持民营领军企业组建创新联盟和创新联合体，营造公平竞争、容错宽松、充满活力的创新环境。三是持续深化知识产权保护、公平竞争、市场准入、社会信用等市场经济基础制度领域改革，深化数据要素市场化改革。

通过市场化手段，引导科技成果向现实生产力转化，提高科技成果的转化效率和成功率。完善知识产权法律法规，加大对知识产权的保护力度，激发企业和科研人员的创新积极性。此外，还应优化科技金融服务，发展科技金融，为科技成果转化提供资金支持，降低科技企业的融资成本和风险。通过市场机制和政策引导，优化资源配置，推动生产要素向高效益、高附加值领域流动。推动企业改革，特别是国有企业改革，完善现代企业制度，增强企业活力和竞争力。一是大力发展先进制造业，利用人工智能、物联网、大数据等新一代信息技术拓展生产和制造边界，全面提升资源配置效率、行业创新水平和竞争能力。二是畅通科技创新与产业创新循环，提升科技成果转化水平。

探索构建“产业创新+企业创新”平台体系，为科技型初创企业提供覆盖全生命周期的创新创业服务。三是要提升产业链韧性和安全水平，针对一些具有国际竞争力的领域产业链不完整的问题，采取有效措施补链强链。

（四）加强人才培养，提升人才素质

人才是新质生产力发展的关键因素。要加强人才培养和引进工作，完善人才培养、引进、使用、合理流动的工作机制。实施更加开放的人才政策，吸引全球顶尖科技人才，同时加强本土科技人才的培养和激励。特别是要加大对高质量人才的培养力度，优化高等学校学科设置和人才培养模式，为发展新质生产力提供坚实的人才支撑。

一是深化人才制度和体制机制改革，尤其是在关键领域人才培养方面，与“新质生产力”的“新产业”和“新要素”发展相适应，强化“数智化”人才队伍培育，补齐关键技术领域人才缺口。探索建立差异化、长周期、多元化的专业人才评价体系。二是深化高校、职业院校和企业之间的合作，推进高校学科建设和改革，尤其是与“新要素”和“新产业”相关领域的学科建设，强化人才自我培养，打通科研创新、科技成果转化、产业创新的“接口”。三是利用技术对传统人才培养体系进行数据化、信息化、智能化、数字化的转型升级。四是加强高端人才引进力度，通过健全法律制度、简化审批流程等为技术移民提供制度保障等。在基础学科人才培养方面，提高全面教育水平，促进劳动力“质变”。

问题 5

如何深刻理解发展新质生产力是提升全球竞争力的本质要求

当前，世界百年未有之大变局加速演进，世界之变、时代之变、历史之变正以前所未有的方式展开，国际力量对比深刻调整，大国博弈不断加剧，逆全球化思潮、单边主义、保护主义明显上升。我国推进高质量发展仍面临许多卡点瓶颈，传统竞争优势明显减弱，科技创新能力不够强，产业链供应链韧性和安全水平有待提升。面对严峻复杂的国内外形势，发展新质生产力，以科技创新推动产业创新，成为推动高质量发展的内在要求和重要着力点，为我国新一轮科技革命和产业变革下“换道超车”提供新动力，是我国在激烈的大国竞争中夺取制高点的战略举措，是中国提升全球竞争力的本质要求。

一、全球竞争力的概念内涵、评价体系与中国现状

（一）全球竞争力的概念内涵

随着经济全球化的深入发展，国际竞争日趋激烈。对各个经济体在全球范围内综合竞争力的研究备受关注，全球竞争力的概念应运而生。相关研究通过对全球经济体进行系统性、全方位、多层次的综合评价，研判其在全球竞争中的地位和发展潜力。

世界经济论坛（World Economic Forum，WEF）和瑞士洛桑国际管理发展学院（International Institute for Management Development，IMD）是评价全球竞争力最权威、最成熟的两大机构。WEF认为，全球竞争力是“决定一个国家或地区生产力水平从而决定其经济所能达到的繁荣程度的因素、政策和制度的集合”；IMD认为全球竞争力是“一个国家或地区创造增加值从而积累国民财富的能力”。

（二）全球竞争力的评价体系

WEF对全球竞争力的评价主要包含3个要素：基本条件、效率增强、创新与成熟度，其下又设有12个子项：制度体制、基础设施、宏观经济稳定、全民教育与健康、高等教育与培训、商品市场效率、劳动力市场效率、金融市场成熟度、技术成熟度、市场规模、商业成熟度、创新力。

IMD对全球竞争力的评价主要包含4个要素：经济表现、政府效能、商务效率、基础设施等，每个要素分别下设5个子项：国内经济、国际贸易、国际投资、就业、价格；公共财政、财政政策、体制框架、商业立法、社会框架；生产率、劳动力市场、财经、管理实践、态度和价值观；基本基础设施、技术基础设施、科学基础设施、卫生与环境设施、教育设施。

（三）中国全球竞争力提升的成就与挑战

党的十八大以来，我国通过全面深化改革、推进高水平对外开放和高质量发展，大幅提升了全球竞争力。根据IMD的评估，中国大陆的全球竞争力从2012年的第23位上升至2023年和2024年的第14位。

同时也要注意到，在经济表现、政府效能、商务效率、基础设施等部分指标上，我国与一些发达国家（地区）仍存在不小的竞争力差距。2024年，全球竞争力排名前十的国家（地区）分别是新加坡、瑞士、丹麦、爱尔兰、中国香港、瑞典、阿联酋、中国台湾、荷兰、挪威，美国排名第12位。当前，我国需要进一步提高全球竞争力，因此，深刻理解发展新质生产力是提升全球竞争力的本质要求，具有重要意义。

二、发展新质生产力是提升全球竞争力的时代要求

（一）生产力跃升是提升全球竞争力的关键要素

回顾人类社会生产力发展的历程可以发现，一个国家率先实现先进生产力的革命性变革是其全球竞争力跃升的本质原因。18世纪60年代，英国率先实现蒸汽动力技术突破，引发第一次工业革命。蒸汽机代替手工劳动，广泛应用于纺织、冶金、交通运输、煤炭等多个行业，大幅提高了生产效率，降低了生产成本，使英国实现了生产力的巨大提升，很快成为世界霸主。19世纪60年代后期，在第二次工业革命期间，德国等西方国家率先开启电力技术革命。电力在生产领域发挥了巨大作用，推动了发电机及电器、内燃机及现代交通工具、无线电技术的应用与普及，大幅提高了社会生产力，使德国确立了全球领先地位，美国、英国、法国、日本也成为全球领先国家。从20世纪四五十年代开始，美国在信息技术、集成电路及芯片技术、新能源技术、新材料技术、生物技术、空间技术和海洋技术等诸多领域发起技术革命，推动了原子能、电子计算机、空间技术和生物工程的发明和应用，使美国率先进入信息化时代，成为世界唯一的超级大国。

面对新一轮科技革命和产业变革，发展新质生产力是我国提升全球竞争力的时代要求。当前，全球科技创新进入空前密集活跃的时期，以人工智能、量子信息、移动通信、物联网、区块链为代表的新一代信息技术加速突破应用，以合成生物学、基因编辑、脑科学、再生医学等为代表的生命科学领域孕育新的技术变革，融合机器人、数字化、新材料的先进制造技术加速推动制造业向智能化、服务化、绿色化转型，以清洁高效和可持续为目标的新能源技术正在引发全球能源变革，空间和海洋技术持续拓展人类生存发展新疆域。我国必须加快发展以高科技、高效能、高质量为特征的新质生产力，从而抓住全球创新版图和全球竞争格局重构的历史机遇期，进一步提升全球竞争力。

（二）发展新质生产力是提升全球竞争力的现实需要

近年来，以美国为首的西方发达国家对我国开展了前所未有的遏制打压，部分发展中国家的劳动力优势、资源优势、市场优势不断突显，国际环境错综复杂、全球经济持续低迷，对我国加快提升全球竞争力带来较大挑战，发展新质生产力具有重要性和紧迫性。

第一，以发展新质生产力突破美西方国家的封锁打压。为遏制中国的科技进步并维护美国的科技主导地位，美西方国家对华科技遏制持续升级，将数百家中国企业、科研院所和高校列入“实体清单”，加强关键技术对华出口管制，限制中美研发机构进行国际科技合作，与盟友组建半导体联盟并将中国排除出全球半导体供应链。同时，部分西方国家对中国产品频繁开展反倾销和反补贴调查，采取加征关税等保护主义措施，以国家安全为由阻挠中国企业对外投资，鼓励在中国投资的本国企业撤离，以推动全球产业链供应链“去中国化”。面对以美国为首的西方国家在经济和科技等领域的打压，我国必须加快发展新质生产力，以创新为主导，加快实现高水平科技自立自强，推动传统产业转型升级，大力发展战略性新兴产业和未来产业，从而进一步提升全球竞争力。

第二，以发展新质生产力塑造新竞争优势。自改革开放以来，我国凭借廉价劳动力优势，吸引了大量劳动密集型产业的外商投资，并大力发展出口加工贸易，实现了经济的快速增长。然而，随着我国居民收入水平提高、人口出生率持续下降、人口老龄化进程不断加快，传统劳动力的低成本、大规模、年轻化的优势逐步减弱。相较下，东南亚和拉美部分国家的廉价劳动力和优惠政策等优势逐渐凸显，导致部分产业特别是劳动力密集型产业转移至其他地区。面对其他发展中国家愈发突出的竞争优势以及产业转移的压力，我国亟须发展新质生产力，推动劳动者提升对自然界、人类自身及其生产活动的认识、学习新的科学技术知识，掌握先进的劳动技术和劳动工具，具备高知识素养、强创新精神、高实践能力、宽国际视野，以及更高的创造力和能动性，形成一支知识型、技能型、创新型劳动者队伍，推动我国人口红利向人才红利转变，从而降低对传统经济增长方式和生产力发展路径的依赖，塑造新的竞争优势，以更高效能、更高质量的方式，进一步提升全球竞争力。

第三，以发展新质生产力应对世界百年变局的不稳定不确定性。当前，百年变局加速演进，国际局势变乱交织，国际政治纷争和军事冲突多点爆发，全球发展和安全形势错综复杂。同时，逆全球化思潮抬头，单边主义、保护主义明显上升，世界经济复苏乏力，全球性问题加剧，世界进入新的动荡变革期，诸多因素带来全球竞争格局的不稳定性和不确定性。我国发展进入战略机遇和风险挑战并存、不确定难预料因素增多的时期，各种“黑天鹅”“灰犀牛”事件随时可能发生。面对错综复杂的国际形势，必须加快发展新质生产力，在危机中育先机、于变局中开新局，推动全球竞争力的平稳提升。

三、发展新质生产力是提升全球竞争力的根本保证

新质生产力是创新起主导作用的先进生产力质态，包括科技创新、产业创新、制度创新、人才创新等多方面创新。发展新质生产力，是提升我国科技、产业、制度、人才等多方面全球竞争力的根本保证。

（一）以科技创新提升全球科技竞争力

科技创新对生产力的质态和产业变革具有决定性影响。党的十八大以来，我国不断加大研发投入，科技创新能力显著增强，部分领域实现了从跟跑向并跑甚至是领跑的转变。全社会研发投入从2012年的1.03万亿元增长至2023年的3.3万亿元，研发经费投入强度从1.91%增至2.64%。2023年，基础研究经费达2212亿元，占全社会研发投入比重提高到6.65%[①]。同时，我国重大科技基础设施和创新基地加快布局，国家战略科技力量持续壮大，中国特色国家实验室体系加快构建，高水平研究型大学、科研院所创新能力不断提升，构建了相对完备的基础条件平台体系，有力支撑了科学前沿探索和重大科技攻关。然而，当前我国科技创新同世界先进水平仍存在一定差距，特别是在芯片研制、操作系统开发等领域面临“卡脖子”问题，迫切需要以科技创新

① 参见阴和俊：《让科技创新为新质生产力发展注入强大动能》，《求是》2024年第7期。

提升全球科技竞争力。一方面，要提高科技支出用于基础研究的比重，加大对基础学科和交叉学科的长期稳定支持，以基础研究牵引技术应用和关键核心技术突破，实施一批前瞻性、战略性重大科技项目，提高基础研究和原始创新能力。另一方面，要打好关键核心技术攻关战，解决半导体、工业软件、人工智能、量子科技等关键核心技术领域的“卡脖子”问题。

（二）以产业创新提升全球产业竞争力

产业创新是形成新质生产力的重要支撑和途径。我国制造业已形成世界规模最大、门类最齐全、体系最完整、国际竞争力较强的发展优势，但仍存在“大而不强”“全而不精”等问题，迫切需要以产业创新提升全球产业竞争力。一是推动传统产业转型升级。要摒弃将传统产业等同于落后产业和低附加值产业的错误认识，广泛运用数智技术、绿色技术改造提升传统产业，推动传统产业高端化、智能化、绿色化发展。二是加快发展战略性新兴产业。战略性新兴产业具有知识技术密集、成长潜力大、综合效益好等特点，对经济社会全局和长远发展具有引领带动作用。要推进新一代信息技术、人工智能、生物技术、新能源、新材料、高端装备等国家战略性新兴产业集群发展。三是全面布局未来产业。未来产业由前沿科技创新驱动，当下处于萌芽时期或者产业化初期，未来具有巨大发展潜力，是全球创新版图和经济格局变迁中最活跃的力量，也是全球主要国家竞争最激烈的领域。要加强前瞻性、引领性布局，开辟未来网络、量子信息、类脑智能、生命科学、基因技术、深海空天开发等未来产业新赛道。

（三）以制度创新提升全球制度竞争力

制度创新是破除制约科技创新和产业发展顽瘴痼疾的重要保障。通过各项体制机制改革，有助于减少制约生产力发展的障碍，调动各类市场主体的积极性。要构建高水平社会主义市场经济体制，更好发挥市场机制作用，创造更加公平、更有活力的市场环境，实现资源配置效率最优化和效益最大化，既“放得活”又“管得住”，激发全社会内生动力和创新活力。要坚持和落实“两个毫不动摇”。毫不动摇巩固和发展公有制经济，毫不动摇鼓励、支持、引导非公有制经济发展，保证各种所有制经济依法平等使用生产要素、公平参与市场竞争、同等受到法律保护，促进各种所有制经济优势互补、共同发展。要构建全国统一大市场，推动市场基础制度规则统一、市场监管公平统一、市场设施高标准联通，完善要素市场制度和规则，推动生产要素畅通流动、各类资源高效配置、市场潜力充分释放，完善产权制度、市场信息披露制度、市场准入制度等多项市场经济基础制度。此外，健全包括因地制宜发展新质生产力体制机制、实体经济和数字经济深度融合制度、现代化基础设施建设体制机制、产业链供应链韧性和安全水平制度等在内的推动经济高质量发展体制机制，并构建和完善全面创新体制机制、城乡融合发展体制机制、高水平对外开放体制机制。

（四）以人才创新提升全球人才竞争力

人才是创新的第一资源，人才竞争已经成为综合国力竞争的核心。没有强大的人才队伍做后盾，自主创新就是无源之水、无本之木。我国人才红利正进入加速释放期，我国拥有全球规模最大的理工科毕业生，有超过2.4亿受过高等教育的人才，新增劳动力平均受教育年限达14年，全社会受教育程度明显提升。据国家统计局资料显示，研发人员全时当量从2012年的325万人年增长到2023年的660万人年，总量位居世界第一。同时，我国还存在基础研究和关键核心技术领域的高层次人才短缺、全球的人才吸引力不足、本土人才大量流失、人才评价和激励机制不够完善等挑战，因此要推动全方位培养、引进、使用和激励人才，为发展新质生产力筑牢人才根基。一方面，加大人才培养和引进力度。完善人才自主培养机制，加快建设国家高水平人才高地和吸引集聚人才平台，着力培养造就战略科学家、一流科技领军人才和创新团队、卓越工程师、大国工匠、高技能人才，以及具有全球竞争力的青年科技人才，不断提高人才的自主供给能力。建立全球人才引进制度，探索高技术人才移民制度，多措并举引进顶尖人才，为全球各类人才搭建干事创业的平台，支持人才深度参与国家计划项目、开展科研攻关，让人才引得进、留得住、用得好。另一方面，完善人才评价和激励机制。建立以创新能力、质量、实效、贡献为导向的人才评价体系，加强对作出重大贡献人员和团队的奖励，强化科研人员待遇保障，形成并实施有利于科技人员进行长远规划和自主创新探索的评价制度。

问题6 如何认识世界百年未有之大变局全方位、深层次加速演进的趋势

2024年1月31日，习近平总书记在主持二十届中央政治局第十一次集体学习时指出，从外部环境看，世界百年未有之大变局全方位、深层次加速演进。习近平总书记关于世界百年未有之大变局的重要论述，较早可以追溯到在接见2017年度驻外使节工作会议与会使节时的讲话，习近平总书记指出："放眼世界，我们面对的是百年未有之大变局。新世纪以来，一大批新兴市场国家和发展中国家快速发展，世界多极化加速发展，国际格局日趋均衡，国际潮流大势不可逆转。"此后，习近平总书记在多个重要场合阐述论证了世界百年未有之大变局的内涵特征以及对我国发展环境的影响。2018年，习近平总书记指出："当前，我国处于近代以来最好的发展时期，世界处于百年未有之大变局，两者同步交织、相互激荡。做好当前和今后一个时期对外工作具备很多国际有利条件。"[①]2019年，习近平总书记指出，当今世界正面临百年未有之大变局，国与国的竞争日益激烈，归根结底是国家制度的竞争。2020年新冠疫情发生后，习近平总书记又指出，新冠疫情全球大流行使这个大变局加速变化，保护主义、单边主义上升，世界经济

① 《习近平谈治国理政》第3卷，外文出版社2020年版，第428页。

低迷，全球产业链供应链因非经济因素而面临冲击，国际经济、科技、文化、安全、政治等格局都在发生深刻调整，世界进入动荡变革期。今后一个时期，我们将面对更多逆风逆流的外部环境，必须做好应对一系列新的风险挑战的准备。习近平总书记关于世界百年未有之大变局的重要论述，不仅是立足中华民族伟大复兴战略全局，科学认识全球发展大势、深刻洞察世界格局变化而作出的重大判断，而且对指导我们开启全面建设社会主义现代化国家新征程、夺取新时代中国特色社会主义新胜利，具有重大而深远的意义。

一、世界百年未有之大变局的全方位

世界百年未有之大变局的全方位，主要表现在大变局席卷世界每个角落，全球范围的政治和经济领域都在发生不同以往的深刻变化。

从政治上看，国际力量对比深刻调整，国际秩序和格局进入深度调整时期。环顾全球，冲突战乱此起彼伏，极端天气危害全球，“黑天鹅”“灰犀牛”事件频发，国际产业链供应链危机重重，粮食危机、能源危机、通货膨胀蔓延，世界上问题成堆，和平与发展的时代主题遭遇逆风逆流的冲击。第一，部分国家顽固坚持冷战思维，推行霸权主义，主观设定假想敌进行排挤、制裁、打击，不遗余力地制造冲突，随心所欲地撕裂世界。特别是以中国为代表的新兴市场国家和发展中国家群体性崛起，从根本上改变了国际力量对比，与此同时，以美国为首的部分西方国家实力相对衰落，世界格局呈现出“东升西降”的趋势。但以美国为首的部分西方国家却无视国家间实力的此消彼长本是国际政治的正常现象，并将其延伸为国家间的竞争、对抗与冲突，不断渲染“中国威胁”，因此要同中国进行全方位的战略竞争[①]。第二，部分国家挑衅国际法和世界规则，干涉他国内政，策动“颜色革命”，搅乱被打击国家的政局，采取霸凌行动，甚至动用武力手段颠覆别国政权，以致局部战争频发，严重威胁地区安全。特别是美国主导的北约持续东扩和乌克兰加速倒向西方，加剧了欧洲地缘政治博弈和安全环境的恶化，最终形成了强度高、规模大、持续时间长的俄乌冲突，导致全球安全治理的需求急剧增加[②]。第三，霸权国家掀起逆全球化浪潮，保护主义抬头，单边主义横行。一些国家实施贸易保护、边境修墙、控制移民等政策，严重破坏世界秩序。特定大国单独或带头退出或挑战已制定或商议好了的维护国际性、地区性、集体性和平、发展、进步的规则和制度的行为在国际社会造成了恶劣影响[③]。近年来，美国接连退出跨太平洋伙伴关系协定、巴黎气候变化协定、联合国教科文组织、全球移民协议、伊朗核协议、联合国人权理事会、维也纳外交关系公约、万国邮政联盟以及世界卫生组织，并胁迫建立新的惠美的北美自由贸易协定[④]，在一定程度上增加了世界形势的波动性。

从经济上看，世界经济仍然处于深度调整期，既有复苏迹象，也面临基础不稳、动力不足、速度不均的问题。第一，国际经济格局发生深刻变化。回顾历史可以发现，19世纪英国是经济全球化的主要推

---

① 参见吴志成、徐晓芳：《论冷战思维与中国担当》，《现代国际关系》2023年第11期。

② 参见宋国新：《俄乌冲突背景下全球安全治理困境及其破解》，《俄罗斯研究》2024年第2期。

③ 参见齐卫平：《深刻认识百年未有之大变局加速演进的特征》，《人民论坛·学术前沿》2022年第19期。

④ 参见罗会钧、张维超：《美国“退出主义”导致的全球治理话语权变化以及中国的机遇》，《湘潭大学学报（哲学社会科学版）》2021年第45期。

动者，20世纪美国成为经济全球化“领头羊”，经济全球化发展都表现出典型的单极中心现象。但随着中国式现代化进程的加快，数百年来形成的“先进的西方”和“落后的非西方”国际经济格局正在逐步瓦解。就对世界经济增长的贡献率而言，新兴市场国家和发展中国家在世界经济总量中的比重虽然不足40%，但是对世界经济增长的贡献率却达到了约80%的水平。按照这一发展趋势，新兴市场国家和发展中国家的经济总量不久将会占世界经济总量的50%，实现与发达国家“平分秋色”[①]。第二，经济全球化遭遇逆流。“逆全球化”特指2008年国际金融危机爆发之后，西方资本主义国家中所发生的经济和外交政策调整、政治形势和社会思潮变化。近年来，国际贸易中保护主义盛行，全球治理中单边主义加剧，全球供应链出现被动断裂和主动脱钩，某些发达国家极端政治倾向加重、国家安全概念泛化、民粹主义和狭隘民族主义抬头。从根本上说，所谓“逆全球化”是“资本全球化”内在矛盾激化的产物。一方面，贸易和直接投资增长放缓趋势明显，2008—2018年，全球外商直接投资流入额的年均增长率仅为1.5%，相较而言，2008年国际金融危机爆发前30年间，全球外商直接投资流入额年均增速高达18.2%；另一方面，全球价值链呈停顿甚至回缩风险，而且民粹主义与贸易保护主义盛行，全球“以邻为壑”、自私狭隘的单边主义政策正在成为限制全球贸易增长的重要原因之一。

二、世界百年未有之大变局的深层次

当今世界变局乱局只是其表象，而其本质是人类社会发展规律在

① 张二震、戴翔：《经济全球化新变局与中国开放发展新思路》，《学习与探索》2024年第6期。

发挥作用，是国际力量对比在发生变化，是旧秩序的根基在发生动摇、新秩序在萌芽生长。特别是中华民族的伟大复兴，不但推动了世界百年未有之大变局的演变，而且向人类示范了一种新的文明形态，即在克服资本主义现代文明的内在矛盾和根本危机中走出的一条新道路，也就是中国式现代化在世界百年未有之大变局中创造人类文明新形态。习近平总书记指出，一个国家走向现代化，既要遵循现代化一般规律，更要符合本国实际，具有本国特色。中国式现代化既有各国现代化的共同特征，更有基于自己国情的鲜明特色。

从世界历史发展来看，16世纪以来人类逐渐告别农业文明，进入以工业化为代表的资本主义文明。在"历史向世界历史的转变"过程中，世界上的各个国家和各个民族被"世界市场的力量支配"，这也意味着资本逻辑是近代以来历史的"关键因素"，并且主导了现代化进程①。但大变局意味着世界历史出现了全局性和根本性的转变，对人类社会的存在样态和历史走向产生了重大而深远的影响，并在一定条件下指向更高的生存智慧、精神原则和文明理念。它必然需要越出以往以西方为中心的权力边界，形塑世界历史新的"关键变量"。因此，我们面对的世界百年未有之大变局，其内涵绝不是一般意义上的权力更替或霸主移位，它所表征的是旧的世界格局和价值体系的深刻危机与新的国际体系和文明样态的孕育生成。第一，就经济结构来说，随着新兴经济体尤其是中国的快速崛起，几百年来西方国家独霸世界权力中心的格局首次被打破，特别是改革开放和社会主义现代化建设新时期为中国式现代化提供了充满新的活力的体制保证和快速发展的物质条件，

① 参见周丹、兰洋：《世界百年未有之大变局的理论阐释》，《中国社会科学院大学学报》2022年第42期。

中国实现了从生产力相对落后的状况到经济总量跃居世界第二的历史性突破。第二，就动力机制来说，世界已经迎来第四次科技革命，全球化正在经历深度的动能转换和结构重组。特别是新质生产力的提出，摆脱传统经济增长方式、生产力发展路径，为中国式现代化注入了澎湃动力。第三，就制度构成来说，新自由主义的经济政策和金融化趋势造成资本在金融、地产、民生、娱乐、平台等领域无序扩张、野蛮生长，使社会贫富差距进一步扩大。而在社会主义市场经济中，没有自己特殊利益的中国共产党使资本在经济社会各领域服务于人民美好生活需要。第四，就本质特征来说，坚持人民至上的发展理念，坚持人民是历史的创造者、是历史的推动者，突破了过去“以物为本”的发展逻辑，转向“以人为本”或“以民为本”的发展逻辑，在理论上指明了中国要走一条不同于西方以资本为轴心的现代化道路。

三、以构建人类命运共同体应对世界百年未有之大变局

习近平总书记指出，构建人类命运共同体是世界各国人民前途所在。万物并育而不相害，道并行而不相悖。只有各国行天下之大道，和睦相处、合作共赢，繁荣才能持久，安全才有保障。当今世界，互联网、大数据、云计算、量子卫星、人工智能等迅猛发展，人类生活的关联程度前所未有，各国人民前途命运日益紧密联系在一起；同时，人类面临的全球性问题数量之多、规模之大、程度之深也前所未有，动荡变革成为常态。面对这种局面，国与国如何相处，是争权夺利、恶性竞争、兵戎相见，还是开放包容、同舟共济、合作共赢，两种选择的结局截然不同。前者必然重演你死我活、兵连祸结、文明浩劫的历史悲剧；后者则需要树立“天下一家”理念，放下成见，携手合作，

为建设美好世界共同努力。

引领世界大变局，世界各国必须选择站在历史正确的一边，顺应历史大势，推动构建人类命运共同体，人类才有光明未来。中国始终认为：世界大变局关乎全球化的走向，在全球化与逆全球化、保守主义与世界主义之间，坚定全球化的发展方向，建设美好世界才有希望；世界大变局涉及国际秩序的走向，在单边主义与多边主义、人类命运共同体与霸权秩序之间，坚持多边主义、致力于构建人类命运共同体，是各国唯一正确选择[①]。首先，构建人类命运共同体是和平与发展的统一。构建人类命运共同体，就要坚持对话协商、坚持共建共享、坚持合作共赢、坚持交流互鉴，世界之大，矛盾难免，差异必然，只有平等相待、以理服人，而不是威胁恐吓、强加于人，才能和睦相处、和谐稳定。特别是世界多极化和经济全球化的时代潮流不可能逆转，只有各国都摒弃狭隘的一己私利和种种算计，不搞双重标准，才能推动建设一个持久和平、普遍安全、共同繁荣、开放包容的世界。其次，构建人类命运共同体是利益共同体与价值共同体的统一。人类是一荣俱荣、一损俱损的命运共同体，没有哪个国家能独善其身，唯有携手合作，才能应对风险挑战。构建人类命运共同体，就要弘扬和平、发展、公平、正义、民主、自由的全人类共同价值，促进各国人民相知相亲，尊重世界文明多样性，以文明交流超越文明隔阂、文明互鉴超越文明冲突、文明共存超越文明优越，共同应对各种全球性挑战。全人类共同价值体现了各国人民共同追求的进步理念，凝聚了不同国家、不同民族、不同文明的价值共识，超越了意识形态、社会制度、发展

① 参见陈曙光:《世界大变局与人类的未来》,《求索》2021年第6期。

水平的巨大差异，为引领人类文明进步提供了价值遵循。最后，构建人类命运共同体是中国责任和中国方案的统一。当前形势下，世界再次面临和平还是战争、开放还是封闭、多边主义还是单边主义、合作共赢还是冷战对抗等重大历史性抉择。中国作为世界大国，既要在这动荡变革的世界中发展自身，又是推动世界走向美好未来的最大正能量。我们将坚定不移站在历史正确的一边，科学认识和牢牢把握我们自身的优势，将不同民族和国家视为平等互利、合作共赢的共同体，将中国与世界其他各国视为共享机遇、共谋发展的共同体，以“命运与共”为核心价值导向，用实际行动为建设美好世界作出应有贡献。

问题 7

如何认识我国一些领域关键核心技术受制于人的局面

关键核心技术是国之重器。习近平总书记指出，“要以关键共性技术、前沿引领技术、现代工程技术、颠覆性技术创新为突破口，敢于走前人没走过的路，努力实现关键核心技术自主可控，把创新主动权、发展主动权牢牢掌握在自己手中”[①]。党的十八大以来，我国的一些关键核心技术实现了历史性突破，但尚未根本改变我国一些领域关键核心技术受制于人的局面。在传统产业重点领域仍存在技术短板，战略性新兴产业还未实现完全自主可控，未来产业尚在谋划布局，我国在全球科技竞争中面临严峻考验。如何打赢关键核心技术攻坚战，将是我国未来发展的关键。

一、关键核心技术有助于推进中国式现代化进程

关键核心技术在推动经济高质量发展、实现科技自立自强、保障国家安全、提升国际影响力等方面具有不可替代的重要性。随着全球科技竞争日益激烈，战略性新兴产业及未来产业具有广阔的市场前景、巨大的发展潜力和重要的战略地位，关键核心技术的自主可控成为推

① 《瞄准世界科技前沿引领科技发展方向　抢占先机迎难而上建设世界科技强国》,《人民日报》2018年5月29日。

进中国式现代化进程的必然要求。

（一）关键核心技术是推动经济高质量发展的重要引擎

关键核心技术为经济高质量发展注入动力源泉。传统的要素驱动和投资驱动模式已经难以支撑经济的可持续增长，唯有依靠创新驱动，特别是关键核心技术的突破，才能实现产业升级和经济结构优化。例如，新一代信息技术和人工智能的快速发展为制造业、金融、交通等传统产业注入了新动能，推动了产业数字化、智能化转型。数字经济已成为全球经济发展的重要驱动力，而数字经济的发展离不开关键核心技术的支撑。关键核心技术不但推动互联网、大数据、人工智能与实体经济融合，而且引领战略性新兴产业和未来产业发展。新一代信息技术、人工智能、航空航天、新能源、新材料、高端装备、生物医药和量子科技等战略性产业，以及元宇宙、脑机接口、量子信息、人形机器人、生成式人工智能、生物制造、未来显示、未来网络和新型储能等未来产业，都是基于基础科学和核心技术的创新应用。我国在关键核心技术领域的布局，不仅有利于抢占经济新增长点，更有利于在未来科技版图中占据有利位置。

（二）关键核心技术是实现科技自立自强的根本保证

关键核心技术为科技自立自强提供核心支撑。面对新一轮科技革命和产业变革，关键核心技术的自主可控决定了一个国家能否抢占科技和产业的制高点，率先掌握关键核心技术的国家将引领全球技术标准制定和主导产业发展布局。在当前国际形势复杂多变、地缘政治冲突频发的背景下，掌握关键核心技术有助于增强产业链供应链韧性，降低对外部供应链的依赖。例如，芯片产业链的复杂性和全球化布局使得任何单一环节的断供都可能对整个产业产生巨大冲击。同时，掌握关键核心技术有利于提升全球价值链地位。我国从全球价值链的中低端向中高端跃升，必须打破国外在关键核心技术的垄断地位。例如，我国新能源汽车产业在全球市场占据了重要地位，2023年底全国新能源汽车保有量已超2000万辆，但动力电池、电控系统等核心零部件仍受制于日韩企业。只有突破关键核心技术瓶颈，才能在全球竞争中掌握话语权，提升产业附加值。

（三）关键核心技术是保障国家安全的基本前提

关键核心技术为国家战略布局保驾护航。世界科技正向“深空、深海、深地、深蓝”迈进，科技发展拓展了国家安全的时空领域，高端芯片、航空发动机和量子通信等关键核心技术已经与国家安全和战略利益紧密相关。以半导体为例，我国对美日等国的高端芯片依赖性强，曾多次面临技术封锁和断供的风险，这对国家信息安全和产业安全构成重大威胁。此外，技术滥用可能对生物安全、网络安全等带来极大挑战。“十四五”规划中，“打好关键核心技术攻坚战”成为强化国家战略科技力量的重要要求，在事关国家安全和发展全局的基础核心领域，制订实施战略性科学计划和科学工程。关键核心技术将成为全面建成社会主义现代化强国安全可靠的基础。各行业、各领域的高端化、智能化和绿色化都离不开关键核心技术的支撑，关键核心技术推动制造强国、质量强国、航天强国、交通强国、网络强国、海洋强国、数字中国建设。

（四）关键核心技术是提升国际影响力的重要手段

关键核心技术为高水平开放与国际治理奠定基础。拥有关键核心技术的企业更具备进入国际市场的能力，以5G技术为例，我国在技术标准、网络建设和设备制造上具备全球竞争力，华为、中兴等企业已成为全球5G市场的主力军。拥有关键核心技术的国家更具备与其他国家平等合作的基础，在全球科技创新网络中可以更主动地参与国际科技合作与交流，共享科技发展红利，助力全球可持续发展。掌握关键核心技术不仅是国家实力的体现，也是提升我国全球治理话语权的重要手段。5G技术、智能制造等领域的突破，使我国在全球标准制定中占据一席之地，有助于推动建立更加公平合理的国际规则体系。此外，关键核心技术有助于应对气候变化、能源危机、公共卫生等全球性挑战。新能源技术的发展为减少碳排放、实现碳中和目标提供了技术支撑，生物医药技术的进步为疫情防控和健康保障提供了重要手段。

二、一些领域关键核心技术短板突出

我国一些关键核心技术实现突破，战略性新兴产业发展壮大，然而在一些领域关键核心技术仍然面临技术封锁和市场垄断的困境。以新一代信息技术、人工智能、航空航天、新能源、新材料、高端装备、生物医药、量子科技等战略性产业为例，分析关键核心技术取得的重要突破，认清当前存在的关键核心技术短板。

（一）新一代信息技术

我国在新一代信息技术领域取得了重要突破，尤其在5G技术、云计算、大数据和网络安全等方面处于全球领先地位。例如，华为在5G领域拥有雄厚实力，其专利数量位列全球第一。在芯片领域，中芯国际和华为海思等国内芯片设计企业已具备相当的设计能力，但在光刻、刻蚀等关键环节缺乏自主能力，5纳米及以下制程技术的高端芯片制造被台积电和三星垄断，EUV光刻机等核心设备由荷兰ASML独家供应。我国作为全球最大的半导体消费国，2023年芯片进口额达3494亿美元（台积电2023年营收的5倍），其中存储芯片进口额度达900亿美元左右，暴露出国内芯片产业的脆弱性和依赖性。

（二）人工智能

我国在人工智能（AI）领域迅速崛起。我国拥有全球最多的AI研究人员和论文发表量。国内企业在语音识别、计算机视觉和智能机器人等应用技术方面具备世界级水平。在AI芯片研发、算法优化和大数据处理方面，百度、阿里巴巴和腾讯等企业取得了显著成就，但原始创新能力相对不足，美国的英伟达（NVIDIA）、超威半导体（AMD）等企业在高性能GPU芯片上占据垄断地位，谷歌、Meta等在算法和深度学习框架方面拥有巨大优势。此外，在深度学习框架方面主要依赖于美国的TensorFlow和PyTorch，国内框架如飞桨（PaddlePaddle）尚未被国际接受。

（三）航空航天

我国的航空航天产业近年来实现了跨越式发展。航空领域，我国自主研发的C919大型客机已完成多次试飞，在国内民航市场投放，打破欧美飞机制造巨头的垄断。航天领域，我国成功实施了“嫦娥”“天问”等多个探月探火任务，并建成了空间站“天和”核心舱。然而，我国在航空发动机、航电系统等高端核心技术领域仍然受制于人。我国目前仅有少数几款发动机达到实用化水平，如自主研发的CJ1000A商用发动机尚未完全达到国际先进水平，推力、燃油效率和使用寿命等关键指标仍落后于美国通用电气（GE）、普·惠（Pratt & Whitney），以及英国罗尔斯·罗伊斯（RR）。

（四）新能源

我国是全球最大的新能源投资国。风电、光伏等可再生能源装机容量连续多年全球第一。2023年，我国可再生能源累计装机规模突破15亿千瓦，占全国发电总装机比重的51.9%，在全球可再生能源发电装机中占比近40%，人均可再生能源装机规模突破1千瓦。在动力电池领域，宁德时代和比亚迪已成为全球领先的电池供应商。然而，我国在高效储能、氢能和核能等领域的关键材料和装备依赖进口。以氢能为例，大规模氢液化、高压力储氢容器、燃料电池等关键技术和零部件领域仍需进口。特别是绿氢，需加快质子交换膜、催化剂等材料创新，推进PEM制氢、储氢加注设备、氢内燃机等装备创新和应用。

（五）新材料

新材料是我国制造业和高科技产业的基础。我国在新材料领域的科研论文数量和专利申请量已位居世界前列。在碳纤维、高温合金和稀土材料等方面有了重要突破，部分材料性能接近国际先进水平。然而，在航空航天使用的超高温合金、碳化硅陶瓷和高纯度电子级等高性能材料上仍然依赖进口，航天级碳纤维复合材料的核心制造技术主要被美日垄断。

（六）高端装备制造

高端装备制造是衡量一个国家工业实力的重要标志。近年来，我国在高铁、船舶和大型机械设备方面取得了显著成就，成为全球最大的高铁技术输出国。然而，在精密加工设备和核心控制软件上难以与国际顶尖企业抗衡。德日在高精度数控机床方面长期处于垄断地位，尤其是在超高精度加工和智能控制系统上。我国连续11年成为全球最大工业机器人市场，2022年我国工业机器人装机量占全球比重超50%，制造业机器人密度达到每万名工人392台，但机器人产业中伺服电机、减速器和控制器三大核心零部件大多依赖德日供应。

（七）生物医药

我国是全球第二大医药市场。近年来，我国生物医药研发能力快速增强，部分国产创新药已进入国际市场，如恒瑞医药的PD-1抗体药物。然而，在原研药物、新型生物技术和高端医疗设备领域仍受制于人。我国医药企业在全球创新药市场的占有率仍然较低，抗体药物的开发平台、基因编辑工具和新型免疫疗法等关键核心技术主要由欧美国家掌握。在高端医疗器械的自主研发和生产上与发达国家仍有较大差距，计算机断层扫描（CT）、核磁共振成像（MRI）等高端医疗影像设备大多被西门子、GE和飞利浦等国际企业垄断。

（八）量子科技

我国在量子科技领域取得了世界瞩目的成就。2017年“墨子号”

量子卫星实现了世界首次星地量子通信，标志着我国在量子通信领域的全球领先地位。然而，在量子计算的硬件技术上，我国在量子比特数量和相干时间等指标上与美国和欧洲存在差距。量子芯片和超导材料等核心部件依然落后于欧美国家，氧化钌温度计等低温设备大多依赖进口。

三、多因素耦合制约关键核心技术自主可控

关键核心技术主要具有技术壁垒高、资本投入大、研发周期长、产业链依赖性强等特征，其受制于人的原因错综复杂，既有历史制度的积累问题，也有创新能力、人才短板、国际环境和市场机制等多方面的制约。

（一）历史积累不足，技术断层问题明显

自新中国成立以来，我国建立起全球最为完整的工业体系，但在高端制造业和尖端科技领域长期落后于欧美发达国家。20世纪90年代之前，我国在科技研发和工业发展上主要采取引进、消化、吸收再创新的模式，这种路径依赖导致了技术追赶式发展的长期局面。我国与欧美发达国家的差距不仅表现在技术本身，还体现在管理经验、产业链整合和高端制造工艺等多个方面。此外，长期以来，我国科研体系存在“重应用研究、轻基础研究”“重商业开发、轻学术探索”的问题，导致技术断层问题明显；科研资源分配在一定程度上受行政主导，导致科研项目设置与实际需求脱节，体制机制一定程度限制了创新创造能力；过去知识产权意识淡薄的问题抑制了关键核心技术的积累。

（二）自主创新能力不足，科技成果转化效率低下

科技创新能力是我国在多个领域关键核心技术受制于人的主要原因之一。我国在科技论文发表数量和专利申请数量上位居世界前列，但在技术原创性、突破性和前瞻性方面存在明显不足。近年来我国科研投入总量持续增长，已成为全球第二大研发经费支出国，但科研资金集中在应用研究和产业化领域，基础研究和前沿科技领域投入不足。科技成果转化效率低下，我国高校和科研院所的专利转化率远低于美日等发达国家。科技创新与市场需求的脱节、产学研合作机制不畅、技术标准不统一、知识产权保护不足等原因，造成科研成果难以实现产业化。尤其在高端装备制造、生物医药等领域，科研成果与市场对接的“最后一公里”问题突出，许多关键技术停留在实验室阶段，无法形成实际生产力。

（三）顶尖人才储备不足，人才培养结构失衡

我国虽有庞大的科技人才队伍，但在关键核心技术领域的顶尖人才储备仍然不足。根据全球人才竞争力指数（GTCI），我国远远落后于美国和瑞士等发达国家，其中在人才吸引力和人才留存方面尤为不佳。在新一代信息技术等前沿领域，领军人才短缺直接影响了技术突破的速度和质量。我国制定了多项政策以吸引海外高端人才，但受限于国际形势和国内制度环境，高端人才引进效果不甚理想。发达国家对我国人才的竞争策略不断升级，导致我国高端科技人才向海外流失。全球人才竞争加剧了我国在关键领域的人才瓶颈问题。此外，我国高等教育体系在科研与产业结合方面存在不足，缺乏国际化视野和跨学科

知识，培养的科技人才存在理论强于实践的问题，教育与科研需求相脱节。

（四）国际形势错综复杂，关键核心技术封锁加剧

随着中美科技竞争的加剧，国际科技合作环境日益复杂。我国在前沿科技领域的崛起，加剧引发了西方国家的警惕和抵制。我国多个涉及国家安全和战略利益的关键核心技术领域，长期面临垄断国家实施的技术封锁和限制。例如，美国等发达国家通过“瓦森纳协定”对高端芯片制造设备、航空发动机关键部件等实施严格的出口控制。技术封锁导致我国在这些领域无法获得关键技术和设备，且难以在短期内弥补技术差距。这种封锁不仅阻碍了技术的直接获取，也延缓了国内技术人员的学习和创新进程，加剧了技术依赖性。此外，全球化的科技供应链在地缘政治冲突中暴露出脆弱性，地缘政治冲突导致我国的国际科技合作受限，甚至已有的国际合作项目也受到影响。

（五）产业链布局不完整，市场机制不健全

关键核心技术领域涉及长而复杂的全球供应链，我国产业链虽然具备一定的规模优势，但在关键零部件、元器件、基础材料、基础软件等环节上仍依赖进口。关键核心技术和高附加值产品仍掌握在欧美企业手中，这种技术与市场的失衡导致国内企业在国际市场竞争中难以获得定价权和主导权。产业链的“不完整”使得我国在国际供应链中处于弱势地位，供应链的任何中断都可能对产业造成严重影响。同时，我国市场机制在支持企业创新方面存在激励不足的问题。虽然国家出台了多项鼓励科技创新的政策，但实际执行中资金和资源往往难

以有效落地到最需要的中小企业和创新团队中。由于关键核心技术高投入、高风险的特性导致一些企业不敢“啃硬骨头”，更多偏好低风险、短周期的技术改进。

四、打好关键核心技术攻坚战的总体思考

在大国博弈中，唯有抓住关键核心技术的制高点，才能在全球竞争格局中赢得主动权。面对纷繁复杂的国际国内形势，我国需从战略高度统筹规划，健全关键核心技术攻关新型举国体制，统筹推进教育科技人才体制机制一体改革，健全提升产业链供应链韧性和安全水平制度，为培育壮大战略性新兴产业和开辟未来产业新赛道提供良好的创新氛围，逐步实现关键核心技术自主可控。

（一）健全关键核心技术攻关新型举国体制

习近平总书记强调，“健全关键核心技术攻关新型举国体制，要把政府、市场、社会有机结合起来，科学统筹、集中力量、优化机制、协同攻关”[①]。一是有为政府和有效市场双向发力。发挥我国社会主义制度能够集中力量办大事的显著优势，“强化国家战略科技力量，以国家战略需求为导向，集聚力量进行原创性引领性科技攻关”[②]。充分借助市场机制，发挥我国的超大规模市场优势，培养良好的竞争生态和创新生态。二是目标实现与经济效益双重考量。瞄准事关我国经济、科技和国家安全的关键核心技术领域，重点布局具有先发优势的关键技术

---

① 《健全关键核心技术攻关新型举国体制　全面加强资源节约工作》，《人民日报》2022年9月7日。

② 习近平：《推进中国式现代化需要处理好若干重大关系》，《求是》2023年第19期。

和引领未来发展的基础前沿技术。三是创新主体与创新平台双向联动。依托优质创新平台，集中优势创新资源，部署一批关键核心技术重点攻关项目，把政府、市场、社会各创新主体有机结合起来。四是自主创新与开放创新双向结合。站在全球视野谋划关键核心技术攻关，统筹利用国内外创新资源，提升关键核心技术攻关速度。

（二）统筹推进教育科技人才体制机制一体改革

党的二十届三中全会通过的《决定》指出："教育、科技、人才是中国式现代化的基础性、战略性支撑。"教育科技人才要整体谋划、系统布局，三位一体深化体制机制改革。一是加快建设高质量教育体系。高校学科设置与产业需求接轨，建立国家战略需求牵引的学科设置调整机制和人才培养模式，超常布局关键核心技术攻关急需学科专业，加强基础学科、新兴学科、交叉学科建设和拔尖人才培养；完善产教融合机制，强化人才培养与产业需求的契合度，培养具有实践能力和创新意识的复合型人才。二是优化科研资源配置。加强国家重点实验室等各类科技创新平台建设，稳步实施关键核心技术攻关工程，构建跨学科、跨领域的协同创新体系；强化基础研究领域、交叉前沿领域、重点领域前瞻性、引领性布局，提高用于基础研究的科研支出比重；促进区域间的科技资源共享和协同创新，推动京津冀、长三角、粤港澳大湾区等科技创新高地的联动发展，形成创新资源聚集、科研成果转化的高效通道。三是完善高水平人才培养与引进机制。加快建设国家高水平人才高地和吸引集聚人才平台，健全具有国际竞争力的人才制度体系；建设国家战略人才力量，着力培养造就战略科学家、一流科技领军人才和创新团队，着力培养造就卓越工程师、大国工匠、高技能人才；建设一流产业技术工人队伍。

（三）健全提升产业链供应链韧性和安全水平制度

关键核心技术的产业链供应链韧性和安全水平，决定了其在受到外部冲击、封锁打压等极端情况下仍维持基本运行的能力。产业链供应链韧性和安全水平取决于关键核心技术自主可控和产业体系完整稳定。一是抓紧打造关键核心技术自主可控的产业链供应链。健全强化集成电路、工业母机、医疗装备、仪器仪表、基础软件、工业软件、先进材料等重点产业链发展体制机制，补齐产业链短板，打通科技成果从实验室到市场的“最后一公里”，打造从基础研究、技术攻关到产业化应用的完整产业链体系。二是加强关键核心技术领域产业链供应链的风险监测与评估。密切关注世界主要国家的战略意图和战略举措，分析研判其对我国产业链供应链的现实与潜在影响；推动供应链多元化布局，减少对单一国家或区域的过度依赖。三是建设关键核心技术备份系统。建立应急保障机制，制订原材料与关键部件的储备计划，立足我国各区域资源禀赋与比较优势，科学确定备份基地空间分布，以确保在极端情况下产业链的安全稳定运行。

问题8 当前制约我国高质量发展的主要因素是什么

习近平总书记在党的二十大报告中强调："高质量发展是全面建设社会主义现代化国家的首要任务。发展是党执政兴国的第一要务。没有坚实的物质技术基础，就不可能全面建成社会主义现代化强国。"这一论断进一步凸显了高质量发展的重要地位和关键作用。党的十八大以来，党领导人民接续奋斗，顺利实现了打赢脱贫攻坚战、全面建成小康社会的历史任务，使我国发展站在了更高的历史起点上；制定实施了一系列具有重大意义的经济发展战略，推动我国经济实力实现历史性跃升。新征程上，在充分肯定党和国家事业取得举世瞩目成就的同时也要清醒看到，实现高质量发展的奋斗目标是一个历史过程，具有长期性和艰巨性。当前，虽然我国拥有较好的发展条件，但也面临着一系列问题和挑战，推动高质量发展仍存在一些亟待突破的难点和卡点。必须坚持问题导向，深入分析这些难点卡点的内涵与表现，着力推动高质量发展。具体而言，当前制约我国高质量发展的主要因素有以下七个方面。

一、宏观经济供需结构性失衡

供给和需求是市场经济内在关系的两个基本方面，是既对立又统一的辩证关系。作为推动市场运行的基础性力量，供给决定增长能力、决定增长质量和效益，需求决定增长能力能否充分释放、使增长能力转化为现实增长，供给和需求结构性失衡是市场经济发展的主要矛盾。尽管我国宏观经济运行面临着周期性、总量性问题，但根源是结构性失衡。当前，我国供给侧存在无效供给、低端供给过剩而有效供给、中高端供给产能不足的问题，产品和服务的质量升级赶不上需求的升级，供给体系难以适应人民日益增长的多样化、优质化需求，成为制约高质量发展的重要因素。

当前，我国宏观经济供需结构性失衡主要表现在三个方面。第一，实体经济结构性供需失衡。我国拥有全世界最完整、规模最大的工业体系，供给体系产能雄厚，但主要集中在满足中低端、低质量、低价格的需求。在人民群众消费需求日益升级的趋势下，市场对高品质、多样化的商品和服务的需求不断增加，但供给侧未能及时进行技术革新和产品升级，使其难以满足公众日益升级的多层次、高品质、多样化消费需求，导致部分行业出现严重的产能过剩，进而影响了整个供给体系的适应性和灵活性。第二，金融和实体经济的失衡。实体经济是国民经济的基础和核心，能够为社会提供大量的就业机会，是社会稳定和经济发展的重要保障。近年来，我国经济运行中资金“脱实向虚”现象仍然存在，大量资金流入金融市场而非进行生产性投资，形成了资金在金融体系内的自我循环，不仅加大了金融体系风险，也加剧了实体经济的融资困难，影响了实体经济的发展。第三，房地产与实体经济的失衡。过去一段时期，大量资金涌入房地产市场，一度带动一线和热点二线城市房价上涨过快，不仅增加了居民的生活成本，也推高了实体经济的运营成本，如劳动力成本和商业租金等，从而影响实体经济的健康发展。

二、科技创新能力不强

长期以来，我国经济发展的动力很大一部分来源于国际市场，无论是国际资本对我国的大规模产业和商业投资，还是我国对其他国家的产业和技术引进，某种程度上都为我国的高速发展作出了巨大贡献。然而，随着我国经济的高速发展，一些西方发达国家对我国的态度发生了巨大逆转并对我国采取了极端的科技封锁和贸易制裁，严重危害了我国的经济、科技和产业发展安全。在此背景下，想要顺利实现高质量发展目标，就不可能继续延续依赖外力的发展模式，而必须坚持走独立自主的发展道路。其中，最为关键的是要不断增强我国经济发展的内生动力，不断提高我国的科技创新水平。

科技创新是推动经济发展质量的关键。在新一轮科技革命和产业变革中，科技创新能力已经成为一个国家综合竞争力的决定性因素。进入21世纪以来，虽然我国的科技事业已经取得了历史性突破、发生了格局性变化，并且在一些前沿领域走在了世界前列，但是从整体上看，我国科技创新综合实力与欧美发达国家仍存在较大差距。这主要体现在两个方面：第一，基础科学研究薄弱，原始创新能力不强。基础研究是新理论、新原理和新方法的摇篮。基础研究为原始创新提供了源源不断的理论和知识储备，而原始创新是基础研究成果转化为实际应用的关键一步。基础研究水平和原始创新能力薄弱，就难以支撑颠覆性技术、关键核心技术的突破，难以形成重大原创性成果，难以实现我国从科技创新“追随者”向“引领者”的转变。一旦外部环境发生变化，我国在关键领域被“卡脖子”的风险就会凸显，严重威胁我国经济的循环畅通和安全发展。第二，关键核心技术创新能力不强。虽然我国进出口贸易规模已经成为全球第一，外向型经济发展程度较高，但从发展格局的安全角度看，目前关键核心技术的短板与不足仍困扰着我国经济社会发展。例如，我国是全球最大的电子产品制造国，但“缺芯少魂”局面依旧，每年进口集成电路金额超过数万亿元；我国是医药大国，但仿制药占比仍然较高，多数高端医疗设备依赖进口，自身硬实力不强。即使是应用走在前列的人工智能产业，在底层算法、开源框架上基础仍较为薄弱，“地基”仍然不牢。

三、产业链供应链韧性不足

产业链供应链韧性主要指在面对各种内外部冲击和不确定性时，产业链供应链能否保持稳定运作、快速恢复、适应变化甚至达到更好状态的能力，是产业链供应链抗风险能力的直观反映。虽然我国是国际上少数几个具有完整产业体系的国家之一，但是由于自主创新能力不强、关键核心技术受制于人、产业发展融合度低等原因，导致我国的产业链供应链的韧性还不够强，“掉链子”的情况时有发生。在此背景下，当面对外部冲击和极端情况时，我国产业链供应链难以确保能够维持有效运转，也难以在关键时刻反制外部势力的封锁断供打压，这给我国的经济高质量发展带来安全隐患。

当前，我国产业链供应链还存在不少短板。一是产业基础还较为薄弱。主要表现在对关键核心零部件、核心软件、关键材料，以及关键检测设备的大量进口依赖上，国产的基础零部件、基础材料、基础工艺、基础技术普遍存在可靠性和稳定性不高的问题。这表明我国在高端制造领域还存在技术短板，不仅限制了产业的自主创新能力，也增加了经济运行的外部风险。二是产业链在全球分工体系中整体处于中低端环节。尽管我国制造业规模庞大，但整体实力并不强，产品种类虽全，但附加值不高，制造业大而不强、全而不精、宽而不深的问题明显。产业链上中下游配套衔接也不够紧密，导致资源配置效率不高，区域化、碎片化问题显著，这在一定程度上阻碍了产业升级和经济结构的优化。三是现代服务业发展水平不高，与农业、制造业融合发展不够。产业融合发展是现代化产业体系的重要特征，产业融合发展程度低不利于不同产业间的互联互通，会降低资源要素在产业间的配置效率，削弱产业体系的整体竞争力。四是流通体系的现代化水平有待提高。当前，物流体系效率低、成本高的矛盾较为突出，不同运输方式间的融合衔接不够顺畅，影响了物资的快速流转。此外，物流网络分布也不均衡，特别是在农村地区，物流基础设施建设滞后，影响了产业链供应链的流通效率。

四、区域发展不协调

在过去四十多年的发展历程中，地方政府围绕招商引资、产业培育、基础设施建设而展开的激烈竞争是促进我国经济保持高速发展的重要动力。然而，过于激烈的地方竞争也导致了大量的地方保护和限制公平竞争的现象，既导致了大量的重复建设和产能过剩现象，也严重制约了超大规模市场优势的充分发挥，对区域协调发展的实现产生了明显的阻碍，区域间的发展差距成为制约高质量发展的重要因素。

一方面，我国六大区域间的发展差距较大。2020年，我国华北、东北、华东、中南、西南、西北地区GDP占比分别为12.0%、5.0%、38.3%、27.5%、11.7%、5.5%，华东地区GDP占比是西北地区、东北地区的6倍以上，是华北地区与西南地区的3倍以上。从GDP增速来看，六大区域的GDP增速呈现非常明显的分化态势。华北地区GDP占比从2005年的峰值14.1%下降至2020年的谷值12.0%；东北地区GDP占比从1999年的峰值9.5%下降至2020年的谷值5.0%；华东地区GDP占比从2006年的峰值38.4%下降至2012年的谷值37.5%后，又上升至2020年的38.3%；西南地区GDP占比从2006年的谷值8.6%上升至2020年的11.7%；中南地区GDP占比从1999年的谷值25.8%波动上升至2020年的27.5%；西北地区GDP占比从1999年的谷值4.8%波动上升至2020年的5.5%。可见，西南、中南、华东地区是过去十几年里经济增速最快的三个地区，而这三个地区恰恰又是经济总量较大的地区，这就意味着这些地区不但经济总量大而且经济增速快，这无疑会继续拉大区域发展差距。

另一方面，我国南北区域差距也愈发明显。从GDP总量来看，1999—2013年南北地区的GDP差值在14年内增加了7.79万亿元，而2013—2020年南北地区的GDP差值在7年内就增加了20.57万亿元。南北地区的GDP占比分别从57.42%和42.58%快速变化至64.78%和35.22%。从人均GDP来看，1999—2003年，南北地区人均GDP差距从296.53元下降至75.64元，南北差距有所缩小。2004—2013年，北方地区人均GDP在这一时期高于南方地区。但自2014年起，南方地区人均GDP再次高于北方地区且南北差值迅速上升。2014年南北地区人均GDP差值仅为60.37元，而2019年就达到了18058.92元。可见，无论是基于总量视角还是均量视角，2013年后南北地区发展差距都呈现出扩大态势。[①]

五、城乡发展不平衡

党的十八大以来，以习近平同志为核心的党中央高度重视城乡协调发展尤其是农村地区的加快发展，城乡居民收入差距进一步缩小。2021年，全国居民人均可支配收入已经达到35128元，按常住地分，城镇居民人均可支配收入47412元，较上年增长7.1%，城镇居民人均可支配收入中位数43504元，比上年增长7.7%；农村居民人均可支配收入18931元，较上年增长9.7%，城乡居民人均可支配收入比值为2.50，较上年缩小0.06，持续缩小趋势继续保持。

然而，虽然整体上我国城乡发展差距在缩小，但我国各省内部的城乡发展差距仍较为明显。2020年，我国各省（区、市）的城乡居民可支配收入比值的均值为2.43，同年城乡居民可支配收入的比值小于2的省份只有天津、黑龙江和浙江，城乡居民可支配收入的比值分别是1.855、1.924和1.964。而贵州与甘肃的城乡居民可支配收入的比值均超过3，是城乡发展差距最大的两个省。其他26个省（区、市）的城乡居民可支配收入的比值则在2～3。可见，目前中国的城乡发展差距是较大的。与此同时，观察各个省份的城乡居民可支配收入比值变化可知，近四年城乡居民收入差距开始下降，如果考虑到2020年的疫情影响，只观察2016—2019年的城乡居民可支配收入比值变化，可以发现绝大部分省份的城乡居民可支配收入差距缩小极为缓慢，2016—2019年的城乡居民可支配收入比值降低幅度超过0.1的只有山西、内蒙古、

① 参见李晨:《以区域协调发展推动共同富裕的理论与实践》,《广东社会科学》2024年第1期。

黑龙江、广西、贵州、云南、新疆等7个省份，其他24个省份的城乡居民可支配收入比值的缩小幅度都在0.1以内。这也从侧面反映了城乡收入差距缩小的艰巨性。

六、要素高效流动存在梗阻

高质量发展的一个重要路径是加快构建新发展格局，实现国民经济循环的畅通无阻，其中很重要的一个方面就是生产要素循环流转的畅通无阻。改革开放四十多年来，我国商品市场发展迅猛，但是要素市场的建设却相对滞后，要素市场化配置范围较为有限，要素配置效率不高，导致各类生产要素难以高效流通，制约我国经济的高质量发展。

当前，我国经济发展中存在的阻碍生产要素高效流动的梗阻主要体现在以下四个方面。一是劳动力要素流动受限。虽然近年来我国户籍制度改革取得了一定进展，但城乡之间、不同城市之间的户籍壁垒仍然存在，限制了劳动力的自由流动。尤其是城市化进程中农业转移人口市民化仍面临诸多挑战，如稳定就业、子女教育、医疗、住房保障、社会保险等问题都限制了劳动力的充分流动。二是土地要素管理灵活性差。主要体现在城乡统一的建设用地市场尚未完全形成，集体经营性建设用地入市存在法律和实践障碍，宅基地产权权能不完整，农用地流转机制不完善，产业用地政策和使用方式不够灵活，土地征收中成片开发范围界定不清，潜在矛盾冲突等问题突出。三是资本要素市场分割。由于地方政府的保护主义政策、地方金融市场的封闭性，以及地区间的经济发展水平差异，不同地区的资本市场存在分割，资本流动受到一定限制，导致资本不能在全国范围内自由流动和有效配置，影响产业链供应链整合。四是技术要素市场产权制度不完善。目前，我国技术要素市场在创新资源配置中的作用不突出，市场化程度总体不高，技术市场的功能和结构尚不完善，影响了技术要素的有效流动和配置。而且不同地区的技术要素交易市场发展水平参差不齐，缺乏统一的交易机制和规则，导致技术要素在不同地区或平台间的流通交易存在障碍，产生技术资源浪费和信息差。

七、开放发展遭遇挑战

我国改革开放取得的历史性成就充分证明，对外开放是推动经济社会发展的关键动力和重要法宝。习近平总书记深刻指出："过去40年中国经济发展是在开放条件下取得的，未来中国经济实现高质量发展也必须在更加开放的条件下进行。"[①]然而，受国际政治经济局势深刻变动、新冠疫情后全球经济疲软的影响，经济全球化遭遇逆流，部分西方发达国家对我国的打压遏制持续加剧，我国高水平引进外资外技外智、构建国际化产业链供应链、参与国际循环面临更多困难。在此背景下，要进一步拓展我国对外开放的广度和深度，是对我国的开放发展提出的更高挑战。

具体而言，我国开放发展面临的挑战主要体现为三个方面。一是"引进来"的吸力有待增强。面对日益高涨的逆全球化浪潮，引进外资的重要性不仅不会下降，反而会进一步提高。然而，当前我国制度型开放有待深化，在贸易投资便利化、服务贸易、透明度等方面，与高标准国际经贸规则尚有差距，市场化、法治化、国际化的一流营商环

① 《习近平谈治国理政》第3卷，外文出版社2020年版，第202页。

境还不健全，这些问题都对我国推进高水平对外开放提出挑战。二是“走出去”的能力有待提升。相较于引进外资，我国企业整体“走出去”的能力还有待提高。例如，我国企业在熟悉海外不同国家法律和人文环境、保护自身合法权益、在海外与其他企业展开有效竞争等方面的能力均存在很大提升空间。三是“放得开、管得住”的内力有待增强。无论是“引进来”还是“走出去”，都离不开地区自身的发展能力和制度水平的不断提高。对于具有自由贸易试验区、自由贸易港等战略机遇的沿海开放地区而言，目前这些地区尚未建立健全与国际高标准经贸规则相衔接的制度体系和建管模式，开放体系建设还有待完善，整个地区的内生发展能力有待增强。对于中西部地区而言，在国际合作和交流方面的机会较少，国际经贸往来不够活跃，对外开放的潜力尚未充分发挥，对我国形成全面开放新格局带来挑战。

2

第二部分

内 涵 论

问题1 如何深刻理解马克思主义生产力理论

生产力理论是马克思主义理论的核心内容，也是历史唯物主义最根本的理论基石。从我国发展的历史阶段上看，生产力理论事关全局，社会主义的根本任务是解放和发展社会生产力，这一点任何时候都不能动摇。我们理解把握马克思主义生产力理论，主要从生产力的一般规定、构成要素及其与生产关系的矛盾运动规律等方面出发。

一、生产力的一般规定

生产力是唯物史观的核心范畴和基本理论。马克思主义政治经济学的发展离不开对生产力的科学定位和持续发展。根据马克思、恩格斯著作及后续学者的讨论，生产力的一般规定主要有历史性、主体性、社会性三种视角。

从历史性角度来看，生产力是一种既得的客观物质力量。马克思指出，“因此第一个历史活动就是生产满足这些需要的资料，即生产物质生活本身，而且，这是人们从几千年前直到今天单是为了维持生活就必须每日每时从事的历史活动，是一切历史的基本条件”[①]，“任何生

① 《马克思恩格斯文集》第1卷，人民出版社2009年版，第531页。

产力都是一种既得的力量……是人们应用能力的结果，但是这种能力本身决定于人们所处的条件，决定于先前已经获得的生产力”[①]。

从主体性角度来看，生产力是人创造社会历史的能力。马克思指出，“现实的人”的存在是历史的前提，“生产自己的生活资料，同时间接地生产着自己的物质生活本身”[②]。人是既有需要又有智慧的能动存在物，每个人都有其“个人的、他固有的力量，即他的智力和从事一定劳动的特殊素质或能力”[③]。恩格斯指出，“就单个人来说，他的行动的一切动力，都一定要通过他的头脑，一定要转变为他的意志的动机，才能使他行动起来”[④]。

从社会性角度来看，生产力是人们共同活动方式的社会合力。马克思、恩格斯指出，“一定的生产方式或一定的工业阶段始终是与一定的共同活动的方式或一定的社会阶段联系着的，而这种共同活动方式本身就是‘生产力’”[⑤]。马克思指出，不论在一定的情况下结合工作日怎样达到生产力的这种提高……结合工作日的特殊生产力都是社会的劳动生产力或社会劳动的生产力。这种生产力是由协作本身产生的。人类创造历史就是从生产物质生活本身开始的，而劳动作为人类物质生产活动的重要手段，表现为自然关系和社会关系的统一。生产力是被社会地组织起来的，组织是生成生产力、创造生产力的重要因素。生产技术只有在一定的组织中才能形成现实的生产力。

---

① 《马克思恩格斯文集》第10卷，人民出版社2009年版，第43页。

② 《马克思恩格斯文集》第1卷，人民出版社2009年版，第519页。

③ 《马克思恩格斯文集》第1卷，人民出版社2009年版，第241页。

④ 《马克思恩格斯文集》第4卷，人民出版社2009年版，第306页。

⑤ 《马克思恩格斯文集》第1卷，人民出版社2009年版，第532—533页。

二、生产力的构成要素

生产力的构成要素是理解马克思生产力理论的重要组成部分，生产主要分为劳动者、劳动工具、劳动资料三要素，同时对生产力概念进行了一定程度的拓展，将生产力分为物质生产力与精神生产力、社会生产力与个人生产力、自然生产力与劳动生产力。

生产力要素是一个理论界具有争议的历史性问题，根据争论内容，主要可分为三种观点：首先是“二要素论”，即认为生产力是由劳动者和劳动资料构成；其次是“三要素论”，也就是除上述两种生产力要素外，还包括劳动对象，也是目前学术界主张最多的理论；最后是“多要素论”，是指除三要素外，还包括其他的科学技术、分工协作、教育管理等。这里的问题是厘清“生产力”和“劳动生产力”等概念的界定。

马克思在《资本论》中指出，生产力是“生产能力及其要素的发展”[①]，“始终是有用的、具体的劳动的生产力”[②]。基于劳动二重性，劳动过程的实质在于生产使用价值的有用劳动，其包括基础的“三要素”，即“有目的的活动或劳动本身，劳动对象和劳动资料”[③]，“劳动资料和劳动对象二者表现为生产资料，劳动本身则表现为生产劳动”[④]，但也会受其他因素影响，比如，“工人的平均熟练程度，科学的发展水平和它在工艺上应用的程度，生产过程的社会结合，生产资料的规模和效能，

---

① 《马克思恩格斯全集》第25卷，人民出版社1974年版，第999页。

② 《马克思恩格斯选集》第2卷，人民出版社1995年版，第123页。

③ 《马克思恩格斯选集》第2卷，人民出版社1995年版，第178页。

④ 《马克思恩格斯选集》第2卷，人民出版社1995年版，第215页。

以及自然条件”[①]。其中“生产过程的社会结合”是指分工、协作和管理等。这里所讲的生产力的构成要素是多方面的，除了劳动、劳动对象、劳动资料这些劳动过程的简单要素，还包括生产的组织与管理、自然力及科学技术。劳动过程的“三要素”是一切社会发展形式所共有的，但其一定历史形式会发展成其物质基础和社会形式。因此，生产力要素应是以“三要素”为基础的多要素系统集成，特别是科技创新的关键因素。

新质生产力的内涵定义是基于“三要素”基础上的多要素系统，与马克思生产力理论是既一脉相承，又与时俱进的关系。新质生产力是创新起主导作用，摆脱传统经济增长方式、生产力发展路径，具有高科技、高效能、高质量特征，符合新发展理念的先进生产力质态。它由技术革命性突破、生产要素创新性配置、产业深度转型升级而催生，以劳动者、劳动资料、劳动对象及其优化组合的跃升为基本内涵，以全要素生产率大幅提升为核心标志，特点是创新，关键在质优，本质是先进生产力。新质生产力的显著特点是创新，既包括技术和业态模式层面的创新，也包括管理和制度层面的创新。

三、生产力和生产关系的矛盾运动规律

根据历史唯物主义，生产力决定生产关系，经济基础决定上层建筑，而生产关系和上层建筑又具有反作用。其中，生产力是最革命、最活跃的因素，而掌握先进科技和管理方式的人，对生产力起着核心作用。

---

① 《马克思恩格斯选集》第2卷，人民出版社1995年版，第118页。

生产力和生产关系、经济基础和上层建筑相互作用、相互制约，支配着整个社会发展进程。生产关系一定要适合生产力状况，上层建筑一定要适合经济基础状况，它们的共同作用构成整个社会的矛盾运动。马克思在《〈政治经济学批判〉序言》中指出，“人们在自己生活的社会生产中发生一定的、必然的、不以他们的意志为转移的关系，即同他们的物质生产力的一定发展阶段相适合的生产关系。这些生产关系的总和构成社会的经济结构，即有法律的和政治的上层建筑竖立其上并有一定的社会意识形式与之相适应的现实基础。物质生活的生产方式制约着整个社会生活、政治生活和精神生活的过程。不是人们的意识决定人们的存在，相反，是人们的社会存在决定人们的意识。社会的物质生产力发展到一定阶段，便同它们一直在其中运动的现存生产关系或财产关系（这只是生产关系的法律用语）发生矛盾。于是这些关系便由生产力的发展形式变成生产力的桎梏。那时社会革命的时代就到来了。随着经济基础的变更，全部庞大的上层建筑也或慢或快地发生变革”①。

历史唯物主义认为，生产力和生产关系、经济基础和上层建筑相互作用、相互制约，支配着整个社会发展进程。生产关系一定要适合生产力状况，上层建筑一定要适合经济基础状况，它们的共同作用构成整个社会的矛盾运动。只有把生产力和生产关系的矛盾运动同经济基础和上层建筑的矛盾运动结合起来观察，把社会基本矛盾作为一个整体来观察，才能全面把握整个社会的基本面貌和发展方向。基于生产力和生产关系的矛盾运动规律，新质生产力的发展离不开生产关系

① 《马克思恩格斯选集》第1卷，人民出版社1972年版，第10页。

的推动，更相适应的生产关系是新质生产力发展的根本动力。新质生产力的快速发展，要进一步全面深化改革，改革体制机制中不适应新质生产力发展的因素，加快形成同新质生产力更相适应的生产关系，推动劳动者、劳动资料、劳动对象优化组合和更新跃升。

新质生产力不能脱离生产关系单独存在和发展。物质生产力是全部社会生活的物质前提，同生产力发展一定阶段相适应的生产关系的总和构成社会经济基础。为了进行生产，人们相互之间必然发生一定的联系，在社会关系的范围内才会有生产，既没有离开生产力的生产关系，也没有离开生产关系的生产力。生产力和生产关系的矛盾运动推动了物质生产。马克思指出，“凡要进行生产，就必须使劳动者和生产资料结合起来。实行这种结合的特殊方式和方法，使社会结构区分为各个不同的经济时期”。劳动者、生产资料及其结合的特殊方式方法，也就是生产力和生产关系的结合，构成了现实的生产过程。新质生产力的快速发展，离不开生产关系的推动，因而要形成与之更相适应的生产关系。

更相适应的生产关系是新质生产力发展的根本动力。生产力是人类社会发展的根本动力，也是一切社会变迁和政治变革的终极原因。生产力决定生产关系，是生产关系形成的基础。但生产关系对生产力具有反作用，一定社会的生产关系是推动生产力发展的根本动力。适应生产力的生产关系，能够推动生产力快速发展。正如，资本主义生产关系在建立初期适应生产力的发展，极大推动了资本主义社会生产力的快速发展。然而，不适应生产力的生产关系，就会阻碍生产力发展。当生产力发展到一定阶段，资本主义生产关系就会成为生产力发展的桎梏。毛泽东同志指出，当着不变更生产关系，生产力就不能发展的时候，生产关系的变更就起了主要的决定作用。面对新的形势和任务，我国必须进一步全面深化改革，继续完善各方面制度机制，以生产关系的不断调整推动新质生产力快速发展。

新质生产力的发展要改革现有生产关系中不适应其发展的体制机制。一定的生产关系在推动生产力发展的过程中逐渐陈旧，从生产力的主要推动者变为重要阻碍者。完善中国特色社会主义制度是一个动态过程，必然随着实践发展而不断发展，生产关系也需要不断调整和完善，以适应新的生产力发展。新质生产力的发展，需要改革现有生产关系中不适应其发展的体制机制，已有制度需要不断健全，新领域新实践需要推进制度创新、填补制度空白。我们要善于运用生产力和生产关系的矛盾运动规律，充分发挥主观能动性，不断调整和完善生产关系。新质生产力的快速发展，要形成与其更相适应的生产关系，进一步推动全面深化改革，从体制机制中寻找病根、对症下药，着力打通束缚新质生产力发展的堵点卡点。

问题 2

如何深刻理解新质生产力的新发展理念内涵

高质量发展，是体现新发展理念的发展，是创新成为第一动力、协调成为内生特点、绿色成为普遍形态、开放成为必由之路、共享成为根本目的的发展。作为推动高质量发展的内在要求和重要着力点，新质生产力是区别于其他一切质态生产力的，符合生产力演进方向、契合生产力发展实际、牵引生产力整体跃迁的高级质态的生产力，就必须符合新时代先进生产力的内在要求，符合新发展理念的多维要求，是符合创新、协调、绿色、开放、共享的新发展理念的先进生产力质态。2024年1月31日，习近平总书记在主持中共中央政治局第十一次集体学习时强调，高质量发展需要新的生产力理论来指导，而新质生产力已经在实践中形成并展示出对高质量发展的强劲推动力、支撑力。新质生产力是创新起主导作用，摆脱传统经济增长方式、生产力发展路径，具有高科技、高效能、高质量特征，符合新发展理念的先进生产力质态。因此，深刻把握新质生产力的新发展理念内涵是推动加快形成新质生产力，实现推动高质量发展的重要基础。

一、符合创新发展理念的先进生产力质态

创新发展是加快形成新质生产力的动力来源。新质生产力充分遵

循科技是第一生产力、人才是第一资源、创新是第一动力的形成逻辑，抓住创新这个核心要素才能把握住新质生产力的内核。一方面，创新是提升全要素生产率的根源，是发展生产力过程中具有渗透性的要素，不仅能够充分促进资本积累、提高劳动者的劳动能力、改进劳动资料特别是生产工具的效率，还能够通过把先进科学技术融入生产过程，使生产过程更加科学高效，从而有效提高全要素生产率水平。另一方面，以科技创新引领现代化产业体系建设，是新质生产力发展的基本路径。新质生产力以劳动者、劳动资料、劳动对象及其优化组合的跃升为基本内涵，其发展过程本质是具备相应知识、技能和素质的新型劳动者通过新型劳动工具作用于新型劳动对象，能够通过生产要素及其优化组合的跃升，催生新产业、新模式，为经济发展注入新动能。与之相伴的是传统产业的深度转型，以及大量战略性新兴产业和未来产业的蓬勃发展，从而在整体上推动产业体系现代化水平不断提高。总体而言，发展新质生产力，可以摆脱单纯依靠要素数量扩张的粗放型增长方式，推动经济发展质量变革、效率变革、动力变革，实现经济增长从数量扩张向质量提升转变。

因此，要进一步发挥创新在发展新质生产力进程中的动力优势。一是要增强科技创新能力。深刻把握科技创新在发展新质生产力进程中的核心地位，集中力量“打通基础研究和技术创新衔接的绿色通道”[①]，进一步锻长板、补短板、筑新板，加快推动关键核心技术攻关的新型举国体制建设，不断提高自主研究、自主创新能力，强化原始创新和基础领域创新，并以此引领集成创新、开放创新，从而加快实现高

① 《习近平谈治国理政》第3卷，外文出版社2020年版，第307页。

水平科技自立自强，打好关键核心技术攻坚战，使原创性、颠覆性科技创新成果竞相涌现，培育发展新质生产力的新动能；二是提高产业创新水平。更好发挥科技创新对产业创新的促进作用，不断提高科研成果转化效率，推动科技成果转化和产业化水平提升，推进创新链产业链资金链人才链深度融合，以更好支撑战略性新兴产业和未来产业的规模扩张，加快推进传统产业的智能化、数字化、网络化转型，加快建设充分适配于新质生产力现代化产业体系；三是夯实全面创新基础。进一步推动以科技创新引领全面创新，加大科技创新整体投入水平，搭建科技创新通用平台，深化科技创新体制改革，以科技创新活力的释放带动产业、企业、市场、产品、业态、管理等多领域创新，完善科技创新服务体系，优化科技创新资源配置，在全社会建设良性创新氛围，培育和吸引科技创新人才，从而为加快形成新质生产力营造良好环境。

二、符合协调发展理念的先进生产力质态

协调发展是加快形成新质生产力的内在要求，注重解决在加快形成新质生产力进程中的发展不平衡不充分问题，强调发展的平衡且充分。坚持协调发展理念，要求学会“弹钢琴”，增强发展的整体性、平衡性、协调性，强调不同发展结构间的平衡协调和不同发展要素间的优化组合。注重协调发展是新质生产力的内在特征和要求，新质生产力是从普遍联系的角度处理好劳动者、劳动资料和劳动对象的关系的生产力，它之所以能够形成更高效率、更高水平的生产函数，推进全要素生产率的持续、快速提升，不仅在于其通过创新促进新型劳动者、新型劳动对象、新型劳动工具等新型生产力要素从量变向质变发展，

更对实现新型生产力要素合理匹配、优化组合的跃升等提出了明确的要求。新质生产力的协调发展内涵，一方面体现在产业结构承载的平衡性协调性上，充分把握现代产业体系的先进性、完备性、安全性要求，既重视加快培育壮大战略性新兴产业、布局建设未来产业，又强调推动传统产业的转型升级和改造提升；另一方面体现在全国空间格局的平衡性协调性。坚持围绕区域协调发展战略、区域重大战略、主体功能区战略、新型城镇化战略等国家重大战略，推动新质生产力的空间优化布局，建设优势互补、高质量发展的区域经济布局和国土空间体系。

因此，要进一步发挥协调在发展新质生产力进程中的特定优势。一是统筹城乡融合与区域协调发展。进一步畅通区域间城乡间人才、资金、技术等要素的自由流动，推动基础设施和公共服务均等化发展，缩小发展新质生产力的区域差距。同时，兼顾地区间发展基础差异，立足不同地区比较优势，推动形成分工合理、特色鲜明的产业布局，因地制宜发展新质生产力；二是促进产业结构协调发展。大力发展数字经济，加速推动数字经济和实体经济深度融合，协同推进数字产业化和产业数字化，发挥好新要素新技术在赋能传统产业、壮大新兴产业中的重要作用，进一步夯实加快形成新质生产力的实体经济根基；三是推进社会发展协调。生产力与生产关系的矛盾运动是社会发展的基本动力，随着新质生产力逐步取代传统生产力进程的加速，必然对生产关系的转变提出明确要求。因此，要进一步推动全面深化改革，破除束缚加快形成生产力的制度藩篱，建立健全有利于发展生产力的创新体制机制，加速形成与新质生产力发展相适应的新型生产关系。

三、符合绿色发展理念的先进生产力质态

绿色发展是加快形成新质生产力的根本底色。绿色发展要求在遵循自然发展规律的前提下开展生产活动，推动人类自身发展，人类社会生产活动必须尊重自然、顺应自然、保护自然。2013年4月，习近平总书记在海南考察时指出，保护生态环境就是保护生产力，改善生态环境就是发展生产力。2024年1月31日，习近平总书记在主持中共中央政治局第十一次集体学习时指出，绿色发展是高质量发展的底色，新质生产力本身就是绿色生产力。这一系列重要论述是对西方现代化理论以及人类发展与环境保护关系的科学反思，极大限度地丰富了新质生产力的绿色发展内涵，蕴含重大理论价值。以绿色发展理念培育和发展新质生产力，一方面是坚持大局观、长远观和整体观的发展。强调牢固树立并践行绿水青山就是金山银山的理念，并坚定不移走生态优先、绿色发展之路，高度重视自然资本增值和加快发展方式绿色转型；另一方面是强调经济社会全面绿色低碳转型的发展，要求推动加快绿色科技创新和先进绿色技术推广应用，要求做强绿色制造业、发展绿色服务业、壮大绿色能源产业，实现产业生态化和生态产业化，建设绿色低碳供应链并建成高效生态绿色产业集群，最终在全社会范围内形成绿色健康生活方式，实现为永续发展提供源源不断的强大动力。

因此，要进一步发挥绿色在发展新质生产力进程中的形态优势。一是实现绿色技术推动。坚持市场导向，构建绿色技术创新体系，推动绿色技术创新攻关行动，增加绿色技术资金支持，提高绿色技术成果产出效率，提升绿色技术成果转化水平，发展绿色低碳产业和供应

链，构建绿色低碳循环经济体系。二是增强绿色生态支撑。坚持绿水青山就是金山银山，进一步加强生态环境保护并积极寻求生态保护和资源开发的平衡，充分实现先进技术赋能丰富生态修复、提高灾害防范水平、强化生态保护能力，通过在获取资源总体存量、掌握资源损耗实况、指挥资源开发等环节的数字化和智能化建设，尽快实现新质生产力经济效益与生态效益双重增进的目标。三是强化绿色金融牵引。以市场机制为手段，以金融市场为载体，调节资金流向绿色低碳领域，引导更多经营主体主动进行生产方式绿色低碳转型，持续优化支持绿色低碳发展的经济政策工具箱，进一步发挥绿色金融的牵引作用，引导资金向绿色低碳领域倾斜，不断满足绿色生产的实际需求。

四、符合开放发展理念的先进生产力质态

开放发展是加快形成新质生产力的必由之路。经济全球化是社会生产力发展的客观要求和科技进步的必然结果，全球化的过程也是比较优势持续发挥、市场边界不断扩大的过程，并带来生产规模进一步扩大、细化分工协作、降低生产成本、提高产品质量并推动生产效率和产出的提升，在很大程度上推动了生产力水平的大幅提高。随着新一轮科技革命和产业变革深入发展，社会化大生产和生产力发展的全球化特征越发明显。只有坚持开放发展理念，不断拓宽生产力要素系统的边界，驱动生产力功能系统的整体协调与全面发展，才能推动我国在全球化的进程中加快实现新质生产力。我国旗帜鲜明地坚持开放发展理念，被认为是“世界上推动贸易和投资自由化便利化的最大旗手”，同时将实施更大范围、更宽领域、更深层次对外开放，积极参与全球治理体系改革和建设，建设更高水平开放型经济新体制，推动各

国携手打造人类命运共同体，构建广泛的利益共同体。

因此，要进一步发挥开放在发展新质生产力中的路径优势。一是以人员开放带动技术开放。加大创新人才交流平台建设力度，进一步推动引进高质量、高层次、高科技人才，依托人才交流推动技术交流，促进不同领域、不同行业的人才交流与合作，提升科技创新对生产力的升级推动作用。二是以要素开放促进市场开放。构建新发展格局，以国内统一大市场为支撑、国际市场为延伸，统筹国内、国际双循环，更好利用国内国际两种资源，畅通要素流动，打破贸易壁垒，引导进口出口协调发展，推进引进外资和对外投资协同发展，促进内需外需联动发展，在加快构建新发展格局的进程中保障并拓展新质生产力的广阔发展空间。三是以安全开放压实多维开放。习近平总书记指出："推动创新发展、协调发展、绿色发展、开放发展、共享发展，前提都是国家安全、社会稳定。没有安全和稳定，一切都无从谈起。"①新质生产力的发展离不开坚持底线思维，在强调开放安全问题的同时，一定要增强风险防范意识，提高风险化解能力，以新安全格局为新开放格局保驾护航。

五、符合共享发展理念的先进生产力质态

共享发展是加快形成新质生产力的引领目标。习近平总书记强调："共享理念实质就是坚持以人民为中心的发展思想"②。要实现共享发展的前提是具有高水平的生产力，推动共享发展必须坚持生产力标准是

① 《习近平谈治国理政》第2卷，外文出版社2017年版，第222页。

② 习近平：《在省部级主要领导干部学习贯彻党的十八届五中全会精神专题研讨班上的讲话》，《人民日报》2016年5月10日。

衡量社会发展带有根本性的标准。而加快形成新质生产力，正是新时代新征程坚持这一标准的体现。显而易见，共享发展与生产力发展一样都是一个动态过程。加快形成新质生产力进程中所要遵循的共享发展，不仅指在目标层面实现“全面共享”“全民共享”，更强调在实现过程层面的由低级向高级、从不均衡到均衡的“渐进共享”过程，最终形成人人参与、人人尽力、人人都有成就感的生动局面。

因此，要进一步发挥共享在发展新质生产力中的价值优势。一是要夯实共享基础。不断提高新质生产力发展的实际效能，既要提高新质生产力发展成果为人民所共享的比例，更要重视不断扩大新质生产力成果总量，以新质生产力自身的壮大夯实共享基础；二是要拓宽共享渠道。以数字技术为引领的先进技术为手段降低城乡、区域、个体之间的时空距离和认知鸿沟，拓宽不同地区和群体共享成果的渠道和途径，充分调动各地区各群体参与生产的主动性、积极性、创造性，从而不断为加快形成新质生产力注入源源不断的社会活力；三是要提高共享水平。坚持问题导向，面向突出民生问题，强化系统思维和宏观统筹，稳步提升重点领域的共享宽度、深度和高度，不断提高数据、设施、教育等多领域的共享水平，为加快形成新质生产力提供软件支撑、硬件支撑以及智力支撑，从而持续推动各领域高水平共享体系的建立健全，不断推动加快形成新质生产力创造价值引领优势。

问题 3

如何理解新质生产力中创新的主导作用

2024 年1月31日，习近平总书记在主持中共中央政治局第十一次集体学习时指出，“新质生产力是创新起主导作用，摆脱传统经济增长方式、生产力发展路径，具有高科技、高效能、高质量特征，符合新发展理念的先进生产力质态”[①]。深入理解创新在新质生产力中的主导作用，对于继续做好创新这篇大文章、加快发展新质生产力具有重要意义。

一、创新是新质生产力的显著特点

习近平总书记指出，新质生产力“由技术革命性突破、生产要素创新性配置、产业深度转型升级而催生，以劳动者、劳动资料、劳动对象及其优化组合的跃升为基本内涵，以全要素生产率大幅提升为核心标志，特点是创新，关键在质优，本质是先进生产力”。与传统产业相比，创新是新质生产力的显著特点。

在技术层面，与传统生产力的发展依靠渐进的技术进步不同，新质生产力依靠的是技术革命性突破带来的前沿性和颠覆性技术创新，

① 习近平：《发展新质生产力是推动高质量发展的内在要求和重要着力点》，《求是》2024年第11期。

如下一代移动通信技术、人工智能、量子计算、可再生能源等技术。这些技术能够为产业深度转型升级提供基础，并且进一步赋能劳动者、劳动资料和劳动对象。

在产业层面，传统产业往往存在生产方式落后、效率低、耗能高、污染重、附加值低等问题。新质生产力则以传统产业数字化、智能化和绿色化转型升级为突破点，以战略性新兴产业和未来产业为牵引，具有更先进的生产方式、更高的生产效率及更高的产品附加值。

在生产要素层面，新质生产力与传统生产力在劳动者、劳动资料和劳动对象上均有明显差异。在传统生产力中，劳动者以低技能和低素质为主，劳动资料是普通机器设备和公路、铁路、机场等传统基础设施，劳动对象是以物质形态存在的未经加工的自然物或经过简单加工的原材料。在新质生产力中，劳动者转变为掌握专业知识和先进设备的高素质劳动者，劳动资料升级为一系列“高级、精密、尖端”设备和智能设备，以及5G基站、新能源汽车充电桩、大数据中心、人工智能、工业互联网等新型基础设施，劳动对象拓展为伴随科技进步新发现的自然物、注入更多技术要素的原材料及数据等非物质形态。

二、创新在新质生产力中具有主导作用

纵观人类发展历史，创新始终是推动一个国家、一个民族向前发展的重要力量，也是推动整个人类社会向前发展的重要力量。创新是多方面的，包括科技创新、产业创新、发展方式创新、制度创新和人才创新。这些创新共同发挥作用并形成合力，在推动新质生产力发展中发挥主导作用。

科技创新是新质生产力发展的核心要素。党的十八大以来，以

习近平同志为核心的党中央坚持把科技创新摆在国家发展全局的核心位置，将科技创新的重要性提升到前所未有的高度。习近平总书记指出，“科技创新能够催生新产业、新模式、新动能，是发展新质生产力的核心要素”[①]，创造性地提出了发展以科技创新为核心要素的新质生产力。

人类生产力的发展历程表明，生产力的跃升离不开科技创新的突破。蒸汽动力技术的突破引发了第一次工业革命，蒸汽机的应用推动了纺织、交通、冶金、煤炭、机器制造等行业的迅速发展，生产动力发生巨大变革，蒸汽动力取代人力和畜力，人类由此进入蒸汽时代；电力技术突破促成了第二次工业革命，电力在生产领域发挥了巨大作用，通过机械化生产提高了生产效率，使大规模生产变得经济可行，显著提升了生产力，使人类进入电气时代；原子能、电子计算机、空间技术和生物工程的发明及应用催生了第三次科技革命，带动了信息技术、新能源技术、新材料技术、生物技术、空间技术等技术变革，科学技术在生产力发展中发挥着越来越重要的作用，推动人类进入信息时代。当前，新一轮科技革命和产业变革正在深入发展，全球科技创新进入密集活跃期，呈现交叉融合、高度复杂和多点突破的态势，科技创新在推动生产力发展中的主导作用愈发突出，成为发展新质生产力的核心要素。

产业创新是新质生产力发展的重要载体。将科技创新成果应用到具体产业和产业链上，改造提升传统产业，培育壮大新兴产业，布局建设未来产业，完善现代化产业体系，是新质生产力发展的重要载体。

---

① 习近平：《发展新质生产力是推动高质量发展的内在要求和重要着力点》，《求是》2024年第11期。

我国传统制造业位于全球价值链中低端，在关键核心技术、工业基础能力、高端产品供给等方面存在不足，面临创新能力薄弱、产业基础不牢、低端产能过剩等问题，迫切需要转型升级。数智技术、绿色技术等新技术的创新应用，有利于改造提升传统产业。例如，通过建设智能工厂、引入智能制造系统，传统制造业能够实现生产过程的自动化和智能化，大幅提升生产效率。

战略性新兴产业具有物质资源消耗少、知识技术密集、综合效益好、成长潜力大等特征，包括新一代信息技术、生物技术、新能源、新材料、新能源汽车、高端装备制造、节能环保等产业。这些产业面向重大发展需求，以重大技术突破为基础，对经济社会全局和长远发展具有引领带动作用，是推动经济高质量发展的重要力量。

未来产业由前沿技术驱动，是具有显著战略性、引领性、颠覆性和不确定性的产业，包括智能制造、量子信息、先进半导体、核聚变、细胞和基因技术等产业。未来产业代表新一轮科技革命与产业变革的发展方向，是重塑全球科技创新版图与产业格局的先导力量。

发展方式创新是发展新质生产力的重要途径。绿色发展是高质量发展的底色，新质生产力本身就是绿色生产力。传统的发展方式往往以资源的过度消耗和生态环境的破坏为代价，虽然在短期内提升了生产力，但从长期看破坏了自然资源的再生能力，严重阻碍生产力的可持续发展。发展方式创新强调推动发展方式绿色低碳转型，由高耗能高污染的生产模式向循环再生的可持续发展模式转型，由先破坏再治理的经济发展模式转向“生态、经济、社会”效益协同发展模式转型。

在能源结构上，风、水、地热等可再生资源和氢气、生物质能等清洁能源的加快利用，能够为绿色、循环、低碳发展提供有力的能源保障。在科技层面，绿色科技创新和先进绿色技术的推广应用，能够提高生产过程节能减排能力和工业废料循环利用能力，减少环境污染和生态破坏、推动环境保护和生态修复、提高要素利用效率、降低对自然资源的浪费与破坏。在产业层面，节能环保产业、清洁生产产业、清洁能源产业、生态环境产业、基础设施绿色升级、绿色服务等产业发展壮大，有利于构建绿色低碳循环经济体系，从源头解决生态环境与经济发展的矛盾，实现经济效益和生态效益的平衡，为新质生产力的可持续发展提供支撑。

制度创新是新质生产力发展的坚强保障。制度创新包括社会政治、经济和管理等制度的革新，是支配人们行为和相互关系的规则的变更，是组织与其外部环境相互关系的变更。制度创新有利于打破体制机制障碍，激发个人、企业、社会组织等各类市场主体的创造性和积极性，促使资源优化配置、科学技术进步、社会经济发展，为新质生产力的发展提供坚强保障。

以研发创新活动为例，由于新技术存在原创开发成本高、模仿学习成本低的特点，如果对知识产权的保护不够充分，则企业投入大量研发经费率先进行创新活动，就无法获得相应的市场回报，并且创新成果很容易被竞争对手以较低的成本模仿，从而打击企业研发创新的积极性。在这种情况下，大部分企业倾向于等待其他企业进行原始创新并进行模仿，而非自主创新。因此，必须加强制度创新，完善知识产权全链条保障体系，破解知识产权维权中遇到的举证难、周期长、成本高、赔偿低等问题，严厉打击知识产权侵权行为，以激发市场主体进行研发创新的积极性。

人才创新是发展新质生产力的必然要求。劳动者是生产力中最活跃的因素和最具有决定性的力量，人才是新质生产力最活跃、最具决定意义的能动主体。人才是推动科技创新、促进生产力跃升的基础支撑，人才引领和驱动是发展新质生产力的本质要求。

发展新质生产力要求劳动者提升对自然界、人类自身及其生产活动的认识、学习新的科学技术知识，掌握先进的劳动技术和劳动工具，需要具有高知识素养、强创新精神、高实践能力、宽国际视野，以及更高的创造力和能动性，形成一支知识型、技能型、创新型劳动者队伍。特别是作出原始性发现、颠覆性创新、“从0到1”技术突破的战略科学家、领军人才、卓越工程师和优秀青年创新人才等高水平人才，能够为新质生产力的发展提供强大的智力支持[①]。

三、以创新推动新质生产力发展

创新在新质生产力发展中具有主导作用，因此必须继续做好创新这篇大文章，以科技创新、产业创新、发展方式创新、制度创新、人才创新，推动新质生产力加快发展。

推动原创性和颠覆性科技创新。加强科技创新特别是原创性和颠覆性科技创新，加快实现高水平科技自立自强。一方面，提高基础研究和原始创新能力。优化基础学科建设布局，支持符合前沿科技领域的重点学科、新兴学科和薄弱学科发展，以高质量学科体系支撑基础研究和原始创新。加强有组织的基础研究，系统推进战略导向的体系化基础研究、前沿导向的探索性基础研究、市场导向的应用性基础研究。增加针对基础研究的资金支持，提高科技支出用于基础研究的比

---

① 参见周文、许凌云：《再论新质生产力：认识误区、形成条件与实现路径》，《改革》2024年第3期。

重，为基础前沿方向的重大原创成果提供充足的资金支持。另一方面，打好关键核心技术攻坚战。要坚持面向世界科技前沿、面向经济主战场、面向国家重大需求、面向人民生命健康的基本原则，统筹强化关键核心技术攻关，以关键共性技术、前沿引领技术、现代工程技术、颠覆性技术创新为突破口，聚焦芯片技术、高精度机床、纳米材料、工业软件、人工智能、量子科技、医疗器械等引领性技术，加快重大领域科研攻关，解决在关键核心技术领域的“卡脖子”问题。

促进经济社会发展全面绿色转型。在发展理念上，牢固树立和践行绿水青山就是金山银山的理念，坚定不移走生态优先、绿色发展之路，将绿色转型的要求融入经济社会发展全局，全方位、全领域、全地域推进绿色转型。在能源结构上，稳妥推进能源绿色低碳转型，加强化石能源清洁高效利用，大力发展风电、光伏、水电、核电等清洁能源，持续优化能源结构，加快规划建设新型能源体系。在技术研发上，加强绿色低碳领域应用基础研究，强化能源绿色低碳转型、低碳零碳工艺流程再造、新型电力系统、二氧化碳捕集利用与封存、资源节约集约与循环利用、新污染物治理等领域关键核心技术攻关，加快绿色低碳先进适用技术的示范应用和推广。在产业转型上，加快产业结构绿色低碳转型，推动钢铁、有色、石化、化工、建材、造纸、印染等传统行业绿色低碳转型，积极鼓励绿色低碳导向的新产业、新业态、新商业模式加快发展，推进产业数字化智能化同绿色化的深度融合。

统筹推进现代化产业体系建设。一是推动传统产业转型升级。摒弃将传统产业等同于落后产业和低附加值产业的错误认识，清理对传统产业“一刀切”的各类限制性政策，鼓励各地因地制宜改造升级传统产业，推动传统产业高端化、智能化、绿色化发展。支持打造工业互联网和智能制造服务平台，推动生产技术更新、工艺流程优化、生产效率提高，推动传统产业从生产低技术、低附加值产品向生产高技术、高附加值产品转变，促进商业模式创新和传统制造业服务化转型。二是加快发展战略性新兴产业。构建新一代信息技术、新能源、新材料、智能网联汽车、高端装备、航空航天、生物医药等一批新的支柱产业，优化战略性新兴产业布局，在部分地区率先打造一批具有国际竞争力的战略性新兴产业集群。三是全面布局未来产业。加强前瞻性谋划部署，根据全球科技创新和产业发展趋势，重点推进未来制造、未来信息、未来材料、未来能源、未来空间和未来健康等产业发展。引导地方结合产业基础和资源禀赋，合理规划、精准培育和错位发展未来产业。

以全面深化改革促进制度创新。构建高水平社会主义市场经济体制，必须更好发挥市场机制作用，创造更加公平、更有活力的市场环境，实现资源配置效率最优化和效益最大化，既“放得活”又“管得住”，更好维护市场秩序、弥补市场失灵，畅通国民经济循环，激发全社会内生动力和创新活力。坚持和落实“两个毫不动摇”，保证各种所有制经济依法平等使用生产要素、公平参与市场竞争、同等受到法律保护，促进各种所有制经济优势互补、共同发展。第一，构建全国统一大市场，推动市场基础制度规则统一、市场监管公平统一、市场设施高标准联通，完善产权制度、市场信息披露制度、市场准入制度等多项市场经济基础制度。第二，健全宏观经济治理体系，完善国家战略规划体系和政策统筹协调机制，加强宏观政策协调配合和政策取向一致性评估，促进财政、货币、产业、价格、就业等政策协同发力，健全国家经济社会发展规划制度体系，强化规划衔接落实机制。第三，健全包括因地制宜发展新质生产力体制机制、实体经济和数字经济深度融合制度、现代化基础设施建设体制机制、产业链供应链韧性和安全水平制度等在内的推动经济高质量发展体制机制，并构建支持全面创新体制机制、完善城乡融合发展体制机制、完善高水平对外开放体制机制。

深化人才工作机制创新。一是完善人才自主培养机制，提高人才培养质量。加快建设国家战略人才力量，着力培养造就更多战略科学家、一流科技领军人才和创新团队、卓越工程师、大国工匠、高技能人才，以及具有国际竞争力的青年科技人才。二是完善海外人才引进制度，加大国际人才引进力度。实施更加开放的人才政策，加大国家科技计划对外开放力度，持续扩大全球优秀科技人才引进规模，重点引进全球关键核心技术人才、实用型人才、优秀青年人才和科技创新团队。三是完善人才评价和激励机制。完善多层次、多元化的人才评价标准，建立以创新能力、质量、实效、贡献为导向的科技人才评价体系，形成并实施有利于科技人员进行长远规划和自主创新探索的评价制度，营造鼓励创新、宽容失败的良好氛围。完善人才激励机制，加强对作出重大贡献人员和团队的奖励，推动以增加知识价值为导向的分配政策，更好体现知识、技术、人才的市场价值，允许科技人员在科技成果转化收益分配上有更大自主权。

问题4 如何认识新质生产力的“三高”特征

新质生产力的“三高”特征是指“高科技、高效能、高质量”。2024年1月31日，习近平总书记在主持中共中央政治局第十一次集体学习时指出，“新质生产力是创新起主导作用，摆脱传统经济增长方式、生产力发展路径，具有高科技、高效能、高质量特征，符合新发展理念的先进生产力质态。它由技术革命性突破、生产要素创新性配置、产业深度转型升级而催生，以劳动者、劳动资料、劳动对象及其优化组合的跃升为基本内涵，以全要素生产率大幅提升为核心标志，特点是创新，关键在质优，本质是先进生产力。”习近平总书记的这一论述，为我们深刻理解和全面把握新质生产力的“三高”特征提供了根本遵循。

一、高科技

科学技术是第一生产力，它从根本上决定着生产力的质态，推动着生产力的发展。18世纪的机械化、19世纪的电气化、20世纪的信息化，无不是科技创新的结果。新质生产力正是在新一轮科技革命的推动下，在高新科技创新成果广泛深度应用的基础上形成和发展的。随着科学技术的不断发展进步，新质生产力必然不断实现新的飞跃。

（一）新质生产力的“高科技”属性

新质生产力的“高科技”属性，是指新质生产力以新一代信息技术、人工智能、生物科技、量子科技、新能源、新材料等高新技术为支撑的显著特征。它主要体现在：在基础性研究实现重大突破的基础上，原创性、颠覆性科技创新成果被广泛用于生产的全过程，在极大提升生产效率的同时，促进以数字化、智能化、绿色化为特征的新产业新模式的形成和发展。从新质生产力的产生和发展过程看，高新科技创新是根本动力，起着最为关键的作用，发挥着不断续航的功能。换言之，没有高新技术创新就没有新质生产力的范畴，没有高新技术的持续创新就没有新质生产力的持续发展。因而，发展新质生产力要以推动高新技术创新为抓手，通过高新技术的突破推动产业优化升级，以产业优化升级为动力引领新质生产力的发展，不断培育高新产业的突破点。从具体的生产过程看，原创性、颠覆性的高新技术应用于生产的各个环节，实现生产的高效化，为进一步的高新科技创新提供更多的需求和研发经费，因而，发展新质生产力要以培育产业新的生产技术变革需求为突破口，通过大力发展高新技术产业，为新质生产力的发展提供动力和经费支持。

（二）高科技：新质生产力的鲜明形态

高科技是新质生产力在形态上与旧质生产力的显著区别。“生产力中也包括科学”[①]，旧质生产力中也有“科学”的应用，然而，“劳动生

① 《马克思恩格斯选集》第2卷，人民出版社2012年版，第188页。

产力是随着科学和技术的不断进步而不断发展的”[①]，因此，作为新兴起来的新质生产力，其包括的“科学”远胜于旧质生产力中的“科学”。在当今时代，高科技犹如一股强劲的东风，吹遍了社会生产与人民生活的每一个角落。从互联网的普及到物联网的兴起，从云计算的崛起到智能化生产设备的广泛应用，高科技不仅催生了新的生产模式和工业趋势，更引领了一场跨界融合与创新驱动的变革。在这场变革中，新质生产力以其高科技形态，展现了强大生命力。

新质生产力的高科技特征，集中体现在其无与伦比的创新性、深厚的科技底蕴、资源的高度密集性，以及广泛而深入的应用性上，这些特质共同塑造了现代生产力的崭新面貌。就创新性而言，它是新质生产力的灵魂所在。新质生产力不仅追求技术的突破，更强调先进科学理论的引领和人们思维模式的革新。高等院校、科研院所、高科技企业等创新主体通过不断探索和实践，推动科学理论与技术创新的深度融合，催生一批批具有颠覆性的创新型企业与产品，为经济社会发展注入源源不断的活力。就科技底蕴而言，它是新质生产力高科技形态的另一大亮点。它融合了最新的科学理论和技术手段，以大数据、信息、算法、模型等为核心支撑，不仅重塑了传统产业的生产模式，还孕育出了一系列新兴领域和应用场景，如人工智能、物联网、量子通信等。这些新兴领域的兴起，不仅拓宽了经济社会的发展空间，更为人类社会的未来描绘出了一幅幅激动人心的图景。从资源的高度密集性方面看，新质生产力以前所未有的力度汇聚知识、技术、人才、资本、信息等要素，形成强大的合力，不仅提升了生产力的发展水平，

① 《马克思恩格斯全集》第44卷，人民出版社2001年版，第698页。

而且为相关产业的协同发展提供了有力保障。从科技的应用角度方面看，新质生产力的高科技更是展现出了其无与伦比的魅力。无论是工业、农业、服务业还是社会管理领域，高科技的应用都带来了翻天覆地的变化。智慧农业、数字化工业体系、智能化管理与私人订制服务、信息化管理与智慧城市建设等成功案例不断涌现，生动诠释了高科技在推动经济社会发展中的重要作用。同时，高科技还与其他生产要素深度融合，协同发挥作用，极大提升了生产效率和产品质量。

（三）“高科技”引领产业结构优化升级

在当今时代，科技已成为推动社会进步与产业发展的核心引擎。新质生产力以其鲜明的“高科技”特质，正逐步成为产业结构升级的重要驱动力。一是新质生产力的“高科技”力量为传统产业带来了焕然一新的机遇。面对生产效率与产品附加值的双重挑战，通过引入智能制造、物联网等前沿科技，传统产业得以实现生产流程的智能化改造，生产效率显著提升，产品质量与附加值也随之跃升。这一变革，不仅增强了传统产业的竞争力，更为其注入了持续发展的新动能。二是新质生产力的“高科技”属性成为培育与壮大新兴产业的肥沃土壤。在新兴产业的培育过程中，加大科技研发投入，引入先进技术与管理模式，是推动其快速成长的关键。同时，建立健全的科技创新体系，加速科技成果的转化与应用，更是让“高科技”与新兴产业深度融合，协同促进中国式现代化实体经济数字化转型。三是新质生产力的“高科技”属性还为未来产业的布局与建设奠定了坚实基础。未来产业的发展，离不开高科技的强力支撑。通过强化科技创新与高端人才培养，我们可以构建起具有全球竞争力的产业生态系统。人工智能、量子计算、生物技术等前沿领域，必将成为未来产业的璀璨明珠，加大对这些领域的科研投入及产业化推进，将有助于我们打造一批具有国际影响力的产业集群。

总之，新质生产力的“高科技”属性是推动产业结构优化升级的关键所在。科技创新使传统产业焕发新生，让新兴产业茁壮成长，随着科技创新不断深化，未来以高新技术为支撑的产业必将引领时代潮流。

二、高效能

新质生产力的核心在于劳动者、劳动资料和劳动对象三者间优化重组与持续升级。这不仅是一场简单的技术革新，更是对整个生产要素投入和生产流程的精心调配，于此，生产效率得以实现前所未有的飞跃。这种高效能如同催化剂一般加快创新成果的转化速度，使每一次技术的突破，都能迅速转化为实实在在的生产力，推动企业乃至整个行业不断向前迈进。这种由内而外呈现出的高效能特质，是新质生产力最为耀眼的标签。

（一）新质生产力的“高效能”属性

所谓“高效能”，简单来说，就是新质生产力通过精心规划资源的使用，使各种生产要素的组合更加高效，从而全面推动生产率的显著提升。这不仅是一个数字上的增长，更是经济发展新动力的源泉。

具体来说，新质生产力的高效能主要体现在三个方面。首先，新质生产力擅长创新生产要素的配置方式，就像智能调度员一样，它引导优质的资源快速流向那些需要它们的核心科技领域。如此，原创的、具有颠覆性的技术就能更快地获得资源支持，研发效率和科技创新效率也随之大幅提升。其次，随着经济体制和科技体制的不断深化改革，科技成果转化为实际生产力的路径变得更加顺畅。这就犹如为科研创新搭建了快车道，让从原始创意到产业应用的距离大大缩短，科技成果转化的效率显著提高。最后，原创性和颠覆性的技术产业化，促使劳动者、生产设备和劳动对象等各个生产要素都发生深刻的变革。这种变革不仅缩短了生产过程中的必要时间，还极大地提高了劳动生产率，为经济社会的发展注入了源源不断的活力。

（二）高效能：新质生产力的显著标志

高效能，简而言之，就是在最小的投入下实现最大的产出。生产效能的高低，是衡量新旧生产力先进程度的关键标志。低效能的生产力往往伴随资源的浪费、效率低下和竞争力不足，而高效能的生产力凭借先进的技术、科学的管理模式和优化的组织架构，能够实现资源的高效利用、生产效率的大幅提升，以及更强的适应性和创新能力。

新质生产力的高效能，尤为显著地体现在全生产过程的每一个环节，推动全要素生产率实现质的飞跃。从根本上讲，全要素生产率的提升源于要素质量的提升和要素组合方式的优化，通过更加高效的资源配置来实现额外的产出。就要素质量而言，作为生产力中最为活跃的因素，新质生产力所依赖的劳动者经过教育和培训，普遍拥有高于旧质生产力形态下的科学专业素养和技能水平，劳动生产率相对较高；随着科技创新成果应用于生产过程，劳动资料的科技含量有了质的提升，这是生产效率提高的关键。在要素组合方式方面，科技创新成果的广泛深入应用，使资源配置得以优化、产业结构得以调整、生产方式得以改进。各种生产要素的合理配置，使其各自的优势得以充分发挥，并形成协同效应，进而显著提升整体系统的功能。同时，在高科技的作用下，新质生产力能根据不同产业的要素需求和生产效率差异，对产业结构作出调整，将资源引导至效率更高的领域。此外，引入先进的生产技术和管理模式进而改进生产方式也是新质生产力提高全要素生产率和生产效能的有效途径。

（三）"高效能"运作：创新成果转化加速器

新质生产力的核心特征之一，便是其"高效能"的生产运作模式。这一模式如同桥梁，紧密连接科研与生产两端，对经济增长和产业升级具有不可估量的推动作用。在微观层面，高效能生产运作通过激活新技术对生产要素的赋能，实现生产效率的跃升，表现为精准调配各类资源，确保生产过程的流畅与高效。这种优化不仅提升了生产效率，更促进了生产要素的合理配置，为企业的稳健发展奠定了坚实基础。在宏观层面，高效能生产运作展现出其强大的连锁反应能力。它加速了创新成果的转化步伐，使科研成果能够迅速转化为实际生产力，推动经济效益的持续增长。

具体来看，高效能生产运作在加速创新成果转化方面发挥着多重作用。一是它增强了科技与产业的紧密联系，缩短了科研成果到实际生产的时间差，促进了科技创新与产业创新的深度融合。这种深度融合不仅提升了产业竞争力，更推动了新技术、新应用的不断涌现。二是高效能生产运作通过提高生产要素的利用效率，进一步加速创新成果的转化。通过优化生产流程、精简管理环节、提高设备利用率等措施，企业能实现生产成本的降低和生产效率的提升。这种高效生产模式不仅提高了企业的经济效益，更为创新成果的快速转化提供了有力支持。三是高效能生产运作提升了企业的市场反应速度。在竞争激烈的市场环境中，企业需要具备快速响应市场变化的能力。高效能生产运作通过提高运营效率、缩短生产周期等措施，使企业能够更灵活地应对市场需求的变化，抢占市场先机，赢得竞争优势。四是从产业和经济发展的角度来看，高效能生产运作通过带动产业链的协同发展和提高全要素生产率，进一步加速创新成果的转化。它促进了生产要素之间的有效协同配合，推动了整个产业链的高效运转。这种高效运转不仅提高了全要素生产率，更为创新成果的快速转化和经济效益的最大化提供了有力支撑。

三、高质量

新质生产力所蕴含的核心，在于那些颠覆性的技术飞跃与高效的生产模式，它们携手推动着产业结构的深刻重构与企业形态的显著变化。在这一过程中，产品的研发与制造愈发精细，质量也迎来质的飞跃，促使经济增长模式成功地从“粗放”转向“集约”。

（一）新质生产力的“高质量”属性

“高质量”这一概念的精髓源自新质生产力推动下的产业深度转型与产品品质的飞跃。新质生产力摒弃了以往依赖大量资源投入、高度消耗能源的老路，踏上了一条更加符合新发展理念的道路。它不仅是技术层面的革新，更是生产模式、管理理念、价值导向的全面升级。

“高质量”属性是新质生产力的核心体现。它不仅意味着产品质量的显著提升，更在“质”与“量”两个维度上实现了对传统生产力的全面超越。在“质”的方面，高质量产品以卓越的性能、可靠的品质、创新的设计赢得了市场的广泛认可；在“量”的方面，新质生产力通过提高生产效率、优化资源配置，实现了在保障质量的前提下，产量稳步增长。

“高质量”属性是新质生产力的又一显著标志，它代表着一种全新的生产力发展理念与实践路径，是推动经济社会高质量发展的强大动力。

（二）高质量：新质生产力的核心品质

高质量是新质生产力的鲜明标志，其品质特征主要体现在从生产、分配、交换到消费各环节的无缝衔接与整体优化。它不仅体现在产品的卓越性能与品质上，更贯穿从生产源头到消费终端的每一个细微环节中。

科技创新与产业升级是新质生产力引领高质量发展的两大引擎。在它们的共同作用下，生产环节实现了从制造到“智”造的飞跃，自动化、数字化、智能化、绿色化成为新常态，生产效率与产品质量并驾齐驱；分配环节借助大数据与智能算法的力量，实现了资源的精准配置与高效利用，促进了社会的公平与可持续发展；交换环节，电子商务与移动支付的普及，不仅消除了信息不对称，还极大降低了交易成本，提升了市场效率；消费环节则因在线购物、共享经济等模式的兴起，为消费者带来了前所未有的便捷与个性化体验，满足了日益增长的品质生活需求。

尤为重要的是，新质生产力还是一种绿色生产力。它强调资源的合理利用与环境保护的并重，通过优化生产流程、降低能耗排放，实现了经济效益与生态效益的双赢。这种发展模式不仅符合当今时代对于可持续发展的迫切要求，更为构建人与自然和谐共生的美好未来奠定了坚实基础。

（三）“高质量”产出：满足人民物质文化需求的基石

新质生产力的“高质量”产出，不仅体现在直观的产品和服务质量的飞跃上，更深层次地，它对社会产生了广泛而深远的积极影响。通过技术革新和效能提升，新质生产力坚实地支撑起人们对高质量物质生活和丰富文化生活的双重期待。

在物质层面，新质生产力构筑了满足人民高质量需求的重要基石。它聚焦于创新引领、高科技集成、高效能运作，不断推动产品和服务的品质升级。如，从鱼菜共生系统实现养殖密度的惊人增长，到智联植物工厂内“智慧大脑”精准操控的亩产飞跃，这些现代产业新模式如雨后春笋般涌现，极大丰富了物质生产，满足了人们对更高品质生活的渴望，同时也为经济的高质量发展注入了强劲动力。

在文化领域，新质生产力同样展现出了不可小觑的力量。它为文化产业的创新与发展铺设了技术快车道，并提供了广阔的市场空间，促进了高质量文化产品的不断涌现和广泛传播。以智慧文旅模式为例，它是新质生产力在文化领域“高质量”产出的典型。通过互联网技术和数字化的赋能，游客能够享受到更加个性化、便捷且高品质的旅游体验，文化产业的内涵和外延因此得以拓宽，社会效益显著提升。同时，传统文化与现代科技的深度融合，不仅让传统文化焕发新生，也满足了人们日益增长的对优质文化内容的需求，推动了社会文明的持续进步。

综上所述，新质生产力的“高科技”“高效能”“高质量”三大特征紧密交织、相互激励、彼此支撑，携手引领生产力从量的累积迈向质的飞跃。这一过程中，高科技为基石，提供源源不断的技术创新动力；高效能为核心，确保资源优化配置与产出效率的最大化；高质量则是目标，驱动产品和服务持续升级，满足社会的多元需求。三者协同作用，共同驱动经济社会不断向前发展。

问题5 如何认识新质生产力的本质

一、从先进生产力的角度把握新质生产力的本质

习近平总书记对新质生产力作出重要阐释指出，新质生产力的本质是先进生产力。作为科学范畴，这一重要论断深刻指明了新质生产力的理论本质、实践本质与核心要义，是把握新质生产力最重要、最根本、最基础的角度。从先进生产力这一重要要求看，新质生产力至少包括如下两个层面视角：现实范畴视角、相对范畴视角，这些特征表征着新质生产力作为先进生产力的实践内涵。

（一）新质生产力是一个现实范畴

习近平总书记明确强调，高质量发展需要新的生产力理论来指导，而新质生产力已经在实践中形成并展示出对高质量发展的强劲推动力、支撑力。就是说，新质生产力作为推动高质量发展实践的重要力量，是现实生产力。与理论层面的科学进步与科技成果的取得不同，现实生产力要求应用于实践并产生生产效应、解决生产难题。根据习近平总书记的阐述，新质生产力作为实践范畴，并不与一般性的科技创新画等号，而是有其明确的实践内涵和指向。

一是新质生产力的发展和探索必须面向现实重大需求展开。比如，

当前我国正处于新旧动能转换、产业转型升级的关键时期。人工智能、大数据、区块链等新兴数字产业、节能环保及相关产业、生物医药及相关产业和航空航天、高端装备制造及相关产业，是我国战略性新兴产业的重要组成部分，对高质量发展有重要的支撑和引领作用。发展新质生产力必须聚焦解决上述产业的痛点、卡点、堵点和重要难题，为形成具有国际竞争力的现代化产业体系作出贡献。又如，当下我国发展的外部环境极端复杂。以美国为首的西方国家对我国打压遏制不断升级，部分领域“卡脖子”矛盾尖锐，迫切需要攻克解决。新质生产力应聚焦实现高水平科技自立自强，提升我国关键环节和重要产业链供应链安全性。尤其是，构建形成以国内大循环为主体、国内国际双循环相互促进的新发展格局，助力重塑我国国际竞争新优势。

二是新质生产力必须着力推动科技创新和产业创新深度融合。产业发展是经济发展的主要支撑。以新质生产力推动高质量发展，归根结底要将高新技术用于生产实践。从实践的角度看，就是要以科技创新推动产业创新，实现科技创新和产业创新的深度融合。更加直白地说，就是要加速科技创新成果的落地转化，加快科技成果转化为现实生产力，表现形式为催生新产业、新业态、新动能、新模式，推动产业深度转型升级。

企业是生产的主体和产业的细胞，更是科学技术的主要需求方。推动科技创新和产业创新深度融合，必须发挥企业作为生产主体的科技创新能力，从而推动产学研一体化，着力实现科技创新资源与产业创新资源有效衔接和优化组合。党的二十届三中全会审议通过的《中共中央关于进一步全面深化改革、推进中国式现代化的决定》强调，要“强化企业科技创新主体地位，建立培育壮大科技领军企业机制，加强企业主导的产学研深度融合，建立企业研发准备金制度，支持企业主动牵头或参与国家科技攻关任务”。

（二）先进生产力是增长方式范畴

习近平总书记指出，新质生产力是创新起主导作用，摆脱传统经济增长方式、生产力发展路径，具有高科技、高效能、高质量特征，符合新发展理念的先进生产力质态。这就是说，新质生产力是相对传统生产力而言的。这是“新质”的核心内涵。改革开放以来的一段时间内，我国形成了高投资、高能耗、高污染的粗放型发展方式，经济发展的可持续性和发展质量面临挑战和制约。新质生产力聚焦粗放型发展方式问题，着力推动经济社会发展转型。具体地说，新质生产力要求通过提高技术进步和管理能力在增长结构中的占比，从而在不增加要素投入的前提下提高经济产出的效率，引导实现发展的质量变革、效率变革、动力变革。力求以更少的资源投入创造出更多价值和使用价值，不断提高发展水平，推动高质量发展。上述描绘，正是新质生产力作为“先进”生产力的重要体现。

相对范畴的角度，对把握新质生产力的本质内涵提出重要启发。那就是，应当正确认识新兴产业和传统产业之间的关系。习近平总书记指出，“新质生产力由技术革命性突破、生产要素创新性配置、产业深度转型升级而催生”。技术革命性突破是新质生产力的直接牵引，是产生新质生产力的根本源泉。生产要素创新性配置是新质生产力的主要作用方式，是新质生产力发挥生产效能的主要路径。产业深度转型升级是新质生产力发展的最终应用和结果，也是发展新质生产力的直接目的。从表述看，新质生产力聚焦产业转型升级，这既包括传统产业的转型升级，也包括新兴产业的培育和发展。换言之，新质生产力不等同于新兴产业。新质生产力是发展方式层面的范畴，聚焦摆脱传统生产方式，而非舍弃传统产业本身。相反，通过科技创新赋能传统产业，推动传统产业转型升级，正是新质生产力的题中应有之义。针对新质生产力和传统产业之间的关系，习近平总书记指出，“传统产业改造升级，也能发展新质生产力”。应根据本地的资源禀赋、产业基础、科研条件等，因地制宜用新技术改造提升传统产业，积极促进产业高端化、智能化、绿色化，有选择地推动新产业、新模式、新动能发展。总结来说，新质生产力以革命性技术突破为引领，聚焦改变生产方式，并不与特定产业挂钩。

比如，当下发展实践中，钢铁、能源、化工等行业作为重要的传统产业，往往具有高能耗、重污染、低附加值等特征。然而，借助新质生产力，实现传统产业的升级改造，推动传统产业转型升级，能够有效激发传统产业发展活力。一是传统产业的数字化改造。在大数据决策和人工智能技术支持下，传统产业实现高度自动化，生产线“少人化”“无人化”，出现“黑灯工厂”等生产模式，极大提高工作效率和作业准确性。依托工业互联网平台，生产数据不断传输、汇总、分析，进一步提高合格率、减少人工，降本增效。二是传统产业智能化改造。通过引入车间机器人、智能仓储、信息采集、集成互联等技术和设备支持，降低人为操作带来的不可控因素，大幅提高行动准确性和执行效率。通过智能化改造，管理人员可以直观掌握实时生产信息和企业运营情况，及时作出作业决策。三是传统产业绿色化改造。针对钢铁、有色、石化、化工、电力、建筑等传统行业，通过在关键领域和关键环节使用绿色技术、替换减排零件、替换绿色材料等手段，不断推动传统产业绿色化转型，提高发展质量和效益。在实践中，数字化、智能化、绿色化往往能够协同配合，产生协同效应，进一步提高绿色化水平。

二、从创新主导的角度把握新质生产力的本质

习近平总书记强调，新质生产力是创新起主导作用的先进生产力质态。创新始终是引领发展的第一动力，这不仅是一个理论命题，而且首先是一个实践命题，有深刻的历史逻辑。从人类发展史上看，第一次工业革命以蒸汽机作为动力机被广泛使用为标志，开创了以机器代替手工劳动的时代。蒸汽机的出现实现了动力革命，改变了人力有限、动力不足的状况，极大推动了纺织业、冶金、采煤、农业和铁路运输业的发展，推动欧美各国相继进入工业时代，经济社会快速发展。第二次工业革命以电的发明和电器的广泛应用为引领，并间接催生内燃机的发明和电讯事业的发展，极大解放和发展了生产力，对人类社会的经济、政治、文化、军事、科技产生了深远影响。第三次工业革命以信息技术的突破为引领，并催生原子能技术、电子计算机等成果问世，极大改变了人类社会的发展面貌。人类社会发展的历史经验表明，科学技术的创新是引领人类飞跃式发展的根本动力，科学技术创新是第一生产力。这是唯物史观的基本结论。

（一）创新是新质生产力的核心内涵和根本特征

现代经济增长理论认为，经济增长的源泉包括两个方面。一方面是劳动、资本、能源等要素投入，另一方面包括与要素投入无关，但对提高生产至关重要的，包括技术进步、管理水平改善在内的全要素

生产率改进。经济学理论认为，依靠资本的持续投入驱动增长将导致边际报酬递减，从而使高速增长不可持续。同样地，依靠劳动力投入驱动增长也将不可避免面临人口老龄化的挑战，同样威胁经济的持续发展。而过度依赖能源要素投入拉动增长的增长方式，最终将导致人类社会与生态环境的尖锐矛盾，从而陷入发展不可持续的困境。因此，宏观经济学认为，只有提高产出效率，即与要素投入无关的那部分产出（又称全要素生产率），才能实现经济社会的持续发展。早在2015年的中央经济工作会议上，习近平总书记就指出，“粗放型经济发展方式曾经在我国发挥了很大作用，大兵团作战加快了我国经济发展步伐，但现在再按照过去那种粗放型发展方式来做，不仅国内条件不支持，国际条件也不支持，是不可持续的，不抓紧转变，总有一天会走进死胡同”。而粗放型经济发展方式，就是所谓“传统发展方式”。要从“死胡同”中走出来，必须改变粗放型发展方式，调整经济结构，推动产业升级转型，培育新动能。归根结底，就是要发展新质生产力。而要提高全要素生产率，根本就在创新。新质生产力作为现实生产力，其作用方式主要通过新技术的运用体现。通过研究、开发新技术、新工艺、新材料，优化生产流程、降低生产成本、提高生产效率；或者，通过提出新理念、开发新产品、塑造新的商业模式、形成新产业、新业态，不断推动经济社会向前迈进。

（二）科技、教育、人才一体化是发展新质生产力的实践前提

创新在新质生产力中发挥主导作用，最终体现在科技创新和产业创新的深度融合上，前提是高质量科技供给。人才和智力是产生科技创新的关键。而人才的培养依赖教育事业的发展。因此，发展新质生

产力，关键在人才，基础在教育。没有高质量教育，就很难产生高水平人才，科技创新也只能是空中楼阁。因此，发展新质生产力归根结底靠教育。创新在新质生产力中发挥主导作用，首要的是教育体制的创新。教育、科技、人才，三者有机统一，相辅相成，构成发展新质生产力的基础支撑。其中，人才既是教育的主体和教育活动的主要承担者，又是教育的结果。教育尤其是高等教育是研究前沿科技的重要方式，但科技的发展本身又影响教育事业，如网络、通信技术的发展极大拓展了教育场景，推动教育发展，为培育人才拓展空间和可能。而人才是教育和科技的双重承担者，同时也是联系两者的重要纽带。因此，推动科、教、人一体化，关键是“坚持推动教育科技人才良性循环，统筹实施科教兴国战略、人才强国战略、创新驱动发展战略，一体推进教育发展、科技创新、人才培养”。在实践中，实现良性循环，必须坚持现实需求导向，瞄准世界一流前沿技术需求、我国战略性新兴产业技术需求、未来产业支撑性技术需求和国际竞争激烈的重大战略技术需求，展开探索研究活动。

坚持以科技创新需求为牵引，优化高等学校、科研院所学科设置，推动高校积极主动适应经济社会发展需要，深化学科专业供给侧改革。包括：新设一批适应新技术、新产业、新业态、新模式的学科专业，淘汰不适应经济社会发展的学科专业；强化基础学科拔尖学生培养。尤其是，加强生物制造、商业航天、低空经济及空天海洋、信息网络、生命科学、核技术等领域教育科研，助力我国战略性新兴产业发展。面向国家急需，重点建设高水平公共卫生学科和工程学科。谋划布局未来技术学科、现代产业学科。聚焦未来制造、未来信息、未来材料、未来能源、未来空间、未来健康等六大重点方向，面向人形机器人、脑机接口、超大规模新型智算中心、第三代互联网等未来产业创新标志性领域展开布局、探索。

推动教育体制改革。牢牢牵住职称评审和待遇保障这个“牛鼻子”，破除“唯论文论”，探索聚焦推动经济发展实践尤其是重点领域科技需求和产业需求的激励机制和人才评价体系，多元化职称评价标准。分类建立体现不同职业、不同岗位、不同层次人才特点的评价机制，科学客观公正评价人才。因人施策，建立“菜单式”评价指标体系，从强调论文数量向强调科研成果转化效果、强调实践贡献和理论贡献转型。坚持凭能力、实绩、贡献评价人才。实行差别化评价，鼓励人才在不同领域、不同岗位作出贡献。针对农学、临床医学等实践性较强的学科，更加重视实际贡献和履责绩效，不应过分强调论文发表。针对重要的基础领域和青年科研工作者，适度拉长考核周期，克服评价考核过于频繁的倾向，杜绝“短平快”式投机研究和“一阵风”式追热点研究，鼓励持续研究和长期积累，激励科研工作者聚焦重大基础问题，潜心科研，发扬甘坐“冷板凳”、肯下苦功夫的学风。

问题6 如何深刻理解新质生产力的催生路径

习近平总书记关于加快形成新质生产力的一系列重要论述，明确了当前以新质生产力推动经济高质量发展的关键着力点，是对马克思主义生产力理论的创新与发展，深化了对生产力发展一般规律、社会主义经济建设规律、人类科学技术演进趋势的认识。加快形成新质生产力，是应对新一轮科技与产业革命的先手棋，是构建新发展格局的重要生产力支撑，必须深刻理解新质生产力的催生路径，将理论与现实紧密结合起来。技术革命性突破、生产要素创新性配置、产业深度转型是催生新质生产力的三大要素，分别构成了发展新质生产力的重要牵引、有效途径和核心抓手。

一、技术革命性突破是催生新质生产力的重要牵引

科学技术是第一生产力，新质生产力的首要特征是以科技创新为引领，因此技术革命性突破就成为催生新质生产力的重要牵引和第一要素。

（一）技术革命性突破的重要意义

技术革命性突破是指对生产技术进行根本性的变革，这种变革需

要以重大基础性科学技术创新为基础，通常伴随“从无到有”“从0到1”的开创性、突破性研究成果，并且这类研究成果能够切实应用到产业领域，显著提升全要素生产率和产品质量。与此同时，这些突破性技术在反复应用的过程中能够带动、催生更多分支领域的技术创新迭代，发挥技术乘数效应，从而推动整个社会经济发展形态的迅速更新。蒸汽机、内燃机、发电机、计算机，以及数字经济条件下的各类算法，在对应的时代均属于技术的革命性突破。当前，我国在能源领域、信息通信领域、航天技术领域等都取得了一定程度上的技术突破，例如，2024年7月我国成功构建了全球首个通信与智能融合的6G外场试验网，实现了6G主要场景下通信性能的全面提升，标志着中国在信息通信技术方面开始领跑全球[①]。从总体上看，我国具有比较优势的技术领域较为分散，尚未形成稳固的、不可撼动的国际竞争力，为此，应进一步强化基础研究，激励科研人员攻关面向国家战略、面向世界科技竞争、面向人民群众需求的科技创新。2024年3月6日，习近平总书记在看望参加政协会议的民革科技界环境资源界委员时强调，科技界委员和广大科技工作者要进一步增强科教兴国强国的抱负，担当起科技创新的重任，加强基础研究和应用基础研究，打好关键核心技术攻坚战，培育发展新质生产力的新动能。

（二）形成技术革命性突破的关键着力点

如何才能更多更快形成技术革命性突破？关键是要破解制约技术创新的制度阻碍与要素制约。在生产力系统中，科学技术是第一生产

① 参见《我国成功搭建国际首个通信与智能融合的6G试验网》，新华网，http：//www.news.cn/20240711/e07b5f0370ef44fca5d1c4b09c0ed625/c.html。

力，必须深化科技体制改革，使科学技术的生产力属性得以充分发挥，其关键着力点就在于基础研究这最初一公里。基础研究是为了获取基本原理和新知识而进行的理论与实验研究，是对人类科学体系边界的扩展，虽然看似无法对生产产生直接的应用效能，但一旦研究成熟，获取恰当的转化途径之后就能够以极高的效率迅速转化为生产力。然而基础研究需要耗费研究者极大的时间和精力，需要投入大量的资金和资源，同时具有较高的风险性，并不一定得到预期的研究成果。正因如此，如果缺失有效的制度激励，科研人员会转而投入确定性更强的应用研究中，长此以往就会导致基础研究方面自主创新成果的缺失，从而难以摆脱关键核心技术领域受制于人的境况。

为此，必须着力加强基础研究以实现高水平科技自立自强，为新质生产力提供根本驱动力。首先，要科学布局基础研究的主题与方向，突出基础研究的前瞻性、战略性和系统性。习近平总书记指出，要坚持“四个面向”，坚持目标导向和自由探索“两条腿走路”，把世界科技前沿同国家重大战略需求和经济社会发展目标结合起来，统筹遵循科学发展规律提出的前沿问题和重大应用研究中抽象出的理论问题，凝练基础研究关键科学问题①。只有有效“设问”才能有的放矢，使基础研究为国民经济发展服务。其次，要发挥新型举国体制优势，强化国家战略力量，发挥政府积极有为作用，为基础研究提供平台支撑、资金支撑和资源统筹，推进战略导向的体系化基础研究、前沿导向的探索性基础研究、市场导向的应用性基础研究。切实发挥国家实验室的引领作用、国家科研机构的带头作用，构筑全面支持基础研究的创

① 参见习近平：《加强基础研究实现高水平科技自立自强》，《求是》2023年第15期。

新体系。最后，要深化基础研究体制机制改革，为从事基础研究的科研人员提供有效的物质或非物质激励，建立完善竞争性支持和稳定支持相结合的基础研究投入机制，健全同基础研究长周期相匹配的科技评价激励、成果应用转化、科技人员薪酬等制度。

二、生产要素创新性配置是催生新质生产力的有效途径

生产要素的创新性配置决定了具有牵引性的革命性突破技术以何种方式进入生产函数中，从而最大化技术的应用效能，是催生新质生产力的有效途径。

（一）生产要素创新性配置的内涵

生产要素的创新性配置是指通过创新的方式对劳动、资本、土地、知识、数据等生产要素进行重新排列组合，以激发各类生产要素活力，最大化生产要素的使用价值，以新的生产函数推高全要素生产率，进而推动产业组织形式、产业结构、产业链条的优化升级。经典经济增长理论认为，长期而言人均资本存量的增速等于技术增速，从人类千年经济发展的大历史视角来看，技术是引领发展的决定性变量，然而技术从来不是孤立存在的。

一方面，技术产生于生活生产实践，是在各类生产要素组织形式之下产生的，生产要素的配置方式能够影响技术进步的速度。在传统农业社会，技术进步速度较为缓慢，本质上是因为生产要素组合方式较为单一，劳动力和土地相结合的方式有限。而在工场手工业时代，有组织的生产和专业化的分工为技术突破提供了条件，进而才产生了旨在提高劳动生产率的蒸汽机的出现。

另一方面，一旦技术出现革命性突破，就必然要求改善现有生产要素的组合方式。生产要素的组合，首先属于生产力的范畴，生产要素是构成生产力的重要“原料”，其组合方式关乎各类生产要素的使用效能，更影响技术的实现程度。举例而言，一项技术如果同资本结合，如数字化改造升级后的机器设备，将在全局上提高劳动生产率；反之，如果一项技术同劳动力结合，如一个经过数字技能培训的工人，则将在某一流程上提高劳动生产率。因此，出现突破性技术后，首要考虑的问题是如何使其与现有生产要素结合，从而更有效提高生产力水平。生产要素的组合，也具有生产关系属性，各类生产要素的摆布过程中所形成的人与人之间的关系、所有权的归属、激励约束机制的设计，这些都会影响技术效能的发挥。举例而言，对创新性的企业，严格的科层制管理模式的效果就不如扁平化管理模式有效。因此，无论从生产力的角度，还是生产关系的视野，技术突破必然会带来生产要素配置方式的变革。

（二）生产要素创新性配置的重点

推进生产要素创新性配置须重点把握两方面工作。第一，促使各类先进生产要素围绕革命性技术突破充分聚集，同向发力，形成合力。搭建产学研平台，利用平台汇聚劳动、资本、土地、知识、技术、管理、数据等各类生产要素，当出现技术革命性突破的时候，可以快速将相关生产要素以高效创新的方式组合起来，形成发展新质生产力的重要推动力量。第二，改革制约生产要素创新性配置的制度桎梏，构建高水平社会主义市场经济体制，发挥市场在资源配置中的决定性作用。一是要弘扬企业家精神，激发市场经济条件下，各类市场主体自发承接技术创新、组合生产要素的内在激励，促使企业迅速开发新产品、应用新技术、实现新组合，支持各种所有制企业共同推动新质生产力发展[①]。二是要改革劳动力和人才发展管理体制，完善人才培养、引进、使用、评价、流动的工作机制，打通劳动力自由流动的通道，深入实施人才强国战略，加大对大师、战略科学家、一流科技领军人才和创新团队、青年科技人才、卓越工程师、大国工匠、高技能人才的培养力度。三是要推动建立并完善促进创新投资机制，以政府资金撬动社会资金，加大对于创新领域的资本投入以支持技术的革命性突破，孵化更多颠覆性技术成果。四是要改变土地资源配置方式，使土地配置优先面向新质生产力的发展，优先保障主体产业发展，避免土地使用方面的“规模情结”，而是以效率作为评价土地资源使用的标准。五是要探索建立数据要素产权制度，建立并完善数据确权、数据使用、数据流通、数据交易、隐私保护等方面的基础性制度，使数据成为引领生产要素创新性配置的关键纽带。

三、产业深度转型是催生新质生产力的核心抓手

发展新质生产力，落脚点是产业。离开产业的新质生产力，无法发挥促进经济社会发展的功能，难以应用到实际生活生产，增进社会福利；离开新质生产力的产业，就如同无源之水，难以实现产业体系的现代化，产业发展将停滞不前。因此，产业深度转型是催生新质生产力的核心抓手。

---

① 参见《〈中共中央关于进一步全面深化改革、推进中国式现代化的决定〉辅导读本》，人民出版社2024年版。

（一）产业深度转型的内涵

产业深度转型升级不仅是简单的三次产业结构调整与摆布的问题，更是涉及产业内部劳动者、劳动资料和劳动对象的优化组合的过程，产业之间的链接方式，产业链条的整体性重塑等多方面内容的系统工程。产业深度转型以提升全要素生产率为标志，以发展新质生产力为目标，是提高经济发展质量的具体抓手。当今世界进入科技创新较为密集的时期，以科技创新引领的产业创新成为各国构筑国际竞争新优势的重要赛道，一系列具有革命性突破的技术多点式爆发，在产业领域的快速应用极大改变了现有产业体系的面貌，出现了深度调整的特征。

习近平总书记在2023年的中央经济工作会议上的讲话中强调，要以科技创新引领现代化产业体系建设，要以科技创新推动产业创新，特别是以颠覆性技术和前沿技术催生新产业、新模式、新动能，发展新质生产力[①]。由此可见，产业是发展新质生产力的主赛道，促进产业的深度转型既是新质生产力的客观要求，也是催生新质生产力的重要途径。

产业的深度转型包括以下三个方面的内涵。一是传统产业深度转型。传统产业一般为技术含量低、劳动力密集型的产业，比如我国长期以来占据比较优势的服装产业，或能源资源密集型的产业，比如钢铁、有色金属制造业和煤炭石油加工业等。这些传统产业往往处于产业发展的成熟期，但它们并不天然是“夕阳”产业，如果引入革命性、

① 《中央经济工作会议在北京举行　习近平发表重要讲话》，中国政府网，https：//www.gov.cn/yaowen/liebiao/202312/content_6919834.htm?mc_cid=fe48ea3315&mc_eid=0498420851。

突破性的技术，创新相关生产要素的组合方式，也能够焕发崭新活力，尤其对于地方政府而言，不能将传统产业作为落后产能淘汰了之，而是要在促进传统产业转型升级上下功夫，为传统产业锻造新比较优势。

二是战略性新兴产业的全面培育。战略性新兴产业是以重大前沿技术突破和重大发展需求为基础，对经济社会全局和长远发展具有重大引领带动作用的产业，目前已处于产业发展的成长期。这些产业包括但不限于节能环保、新一代信息技术、生物、高端装备制造、新能源、新材料和新能源汽车等。其特点是知识技术密集、物质资源消耗少、成长潜力大、综合效益好，对国家经济发展具有全局性和长远性的影响。2010年，我国就出台了《国务院关于加快培育和发展战略性新兴产业的决定》，提出坚持创新发展，将战略性新兴产业加快培育为先导产业和支柱产业，现如今我国在信息技术、新能源、新能源汽车等方面已经建立了全球领先的产业体系，但从总体上看，尚未成为支撑国民经济发展的支柱产业。因此，产业的深度转型应着重培育战略性新兴产业，注重最前沿技术同战略性新兴产业的有效融合，加快打造生物制造、商业航天、低空经济等若干战略性新兴产业。

三是未来产业制高点的及时抢占。所谓未来产业，未来产业是由前沿技术驱动，当前处于孕育萌发阶段或产业化初期，具有显著战略性、引领性、颠覆性和不确定性的前瞻性新兴产业。这些产业代表着新一轮科技革命和产业变革的方向，是经济增长的最活跃力量，有望发展成为先导性支柱产业，并对国民经济形成重要支撑和巨大带动作用。“十四五”规划提出了类脑智能、量子信息、基因技术、未来网络、深海空天开发、氢能与储能等未来产业领域，2023年中央经济工作会议列出了量子和生命科学两类未来产业。与战略性新兴产业相比，未来产业更具有前沿性和变革性，而在这些领域，我国与西方发达资本主义国家可以站在同一条起跑线上，因此必须及时抢占、前瞻谋划未来产业增长点，带动产业深度转型升级。

（二）实现产业深度转型的路径

以科技创新引领现代化产业体系建设是发展新质生产力的内在要求，也是实现产业深度转型的重要路径。一是要对传统产业进行改造升级，推动企业数字化改造和绿色化改造。深入实施增强制造业核心竞争力和技术改造专项，鼓励企业应用先进适用技术、加强设备更新和新产品规模化应用①，扩大传统产业技术革新的覆盖范围。二是要培育壮大战略性新兴产业，推动战略性新兴产业融合化、集群化、生态化发展，以新一代信息技术、人工智能、生物技术、新能源、新材料、高端装备、绿色环保等产业为依托，构筑产业体系新支柱，使战略性新兴产业成为经济增长的新引擎、我国参与国际竞争的新优势。同时，把握数字经济时代的发展机遇，促进数字经济和实体经济深度融合，打造具有国际竞争力的数字产业集群。三是要前瞻谋划、多点布局未来产业，组织实施未来产业孵化与加速计划，在有条件的地区，依托当地产业比较优势布局未来产业科研机构，打造未来技术应用场景，建立围绕未来产业的产学研衔接机制，以政府组织的科技力量为牵引，整合未来产业生产要素，在技术上、生产上、应用上全面突破，加快抢占未来产业高地。

---

① 参见《中华人民共和国国民经济和社会发展第十四个五年规划和2035年远景目标纲要》，中国政府网，https://www.gov.cn/xinwen/2021-03/13/content_5592681.htm。

问题 7 如何深刻理解发展新质生产力的关键

发展新质生产力是推动高质量发展的内在要求和重要着力点，其关键在质优。自党的十九大作出我国经济已由高速增长阶段转向高质量发展阶段以来，习近平总书记高度重视高质量发展，不仅提出高质量发展是“十四五”乃至更长时期我国经济社会发展的主题，关系我国社会主义现代化建设全局，更要求始终坚持质量第一、效益优先，大力增强质量意识，视质量为生命，以高质量为追求。与此同时，作为“体现新发展理念的发展”，高质量发展与新发展理念具有价值理念上的一致性；作为“符合新发展理念的先进生产力质态”，新质生产力与新发展理念具有实践路径上的一致性。因此，深刻理解发展新质生产力的关键，需要厘清新质生产力、高质量发展、新发展理念三者之间的内在关系与基本逻辑。

一、质优是推动高质量发展的本质特征

党的十八大以来，我们全面贯彻新发展理念，不断深化对我国经济发展阶段性特征和规律的认识，更加强调发展的高质量，党的十九大报告宣告“我国经济已由高速增长阶段转向高质量发展阶段”，党的二十大报告强调“高质量发展是全面建设社会主义现代化国家的首要

任务”。新时代以来，党中央作出一系列重大决策部署，推动高质量发展成为全党全社会的共识和自觉行动，高质量发展成为主旋律。以新质生产力推动高质量发展，关键是深刻理解质优是推动高质量发展的本质特征。

首先，质优是转变发展方式的必然要求。长期以来，中国经济增长主要依靠外需和投资拉动，不仅造成资源的极大浪费和环境的严重污染，而且极易受到国际市场波动的影响。这就要求我们必须由数量型高速增长转向质量效益型高质量发展①。特别是在工业化持续高增长时期的发展模式和思维惯性难以打破、人力资本和物质资本错配现象仍较严重、农村转移劳动力市场与城市现代部门劳动力市场分割、“科教文卫体”等现代服务部门存在行政性管制和隐形进入门槛、知识产权保护不够、城市现代服务业部门发展不充分等因素影响下②，过去传统的发展方式不仅在供给侧难以为继，而且在需求侧也难以满足人民日益增长的美好生活需要，因此必须要提高发展质量，转变发展方式，形成优质高效多样化的供给体系，提供更多优质产品和服务。而以质优为本质特征的高质量发展，不仅代表了高科技、高效能和高质量的生产力质态，同时也有利于更好满足市场需求，进而形成高效多样化的供给体系，使供求在新的水平上实现均衡。

其次，质优是适应我国社会主要矛盾变化和全面建成社会主义现代化国家的必然要求。我国社会主要矛盾发生了重大变化，我国经济

---

① 参见任保平：《新时代中国经济从高速增长转向高质量发展：理论阐释与实践取向》，《学术月刊》2018年第3期。

② 参见杨耀武、张平：《中国经济高质量发展的逻辑、测度与治理》，《经济研究》2021年第1期。

发展阶段也在发生历史性变化，不平衡不充分的发展就是发展质量不高的表现。解决我国社会的主要矛盾，必须推动高质量发展。我们要重视量的发展，但更要重视解决质的问题，在质的大幅提升中实现量的有效增长。特别是发展作为党执政兴国的第一要务，如果没有坚实的物质技术基础，就不可能全面建成社会主义现代化强国。与“量”所代表的事物存在和发展的规模、程度、速度等概念范畴不同，质是指一事物成为自身并区别于他事物的内部固有的规定性，因此质量是指产品或工作在质和量两方面的优劣程度①。质优不仅体现了中国经济在发展过程中对质量和效益的追求和提升，同时也是科技创新成果及其应用效果的检验，因此质优是高质量发展的重要抓手和着力点。对此，习近平总书记强调，经济发展是一个螺旋式上升的过程，上升不是线性的，量积累到一定阶段，必须转向质的提升。

最后，质优是遵循经济发展规律的必然要求。自20世纪60年代以来，全球一百多个中等收入经济体中只有十几个成功进入高收入经济体。那些取得成功的国家，就是在经历高速增长阶段后实现了经济发展从量的扩张转向质的提高。那些徘徊不前甚至倒退的国家，就是没有实现这种根本性转变。特别是在大国博弈升级的国际环境中，美国通过以技术封锁为主的打压手段遏制其他国家技术追赶，还组建“芯片四方联盟”“美日印澳”“印太经济框架”等“小院高墙”围堵中国半导体产业，未来美国可能还会通过阻止中国新兴企业美股上市、停止与中国技术合作、扩大对华技术断供范围、与盟国一起阻止应用中国

① 参见郑吉伟、初传凯：《准确把握新质生产力的特点、关键和本质》，《思想理论教育导刊》2024年第7期。

原创技术等“放慢中国”系列举措[①]。在此情况下，必须转变发展方式，必须将产业政策资源配置更多转向科技创新和攻克关键核心技术，提升技术范式颠覆能力，开辟新领域新赛道，培育壮大新产业，为新质生产力发展奠定产业基础。

二、质优是体现新发展理念的实践载体

我们党领导人民治国理政，很重要的一个方面就是要回答好实现什么样的发展、怎样实现发展这个重大问题。习近平总书记指出，理念是行动的先导，一定的发展实践都是由一定的发展理念来引领的。发展理念是否对头，从根本上决定着发展成效乃至成败。实践告诉我们，发展是一个不断变化的进程，发展环境不会一成不变，发展条件不会一成不变，发展理念自然也不会一成不变。党的十八大以来，我们党对经济形势进行科学判断，对发展理念和思路作出及时调整，提出了创新、协调、绿色、开放、共享的新发展理念，强调创新发展注重的是解决发展动力问题，协调发展注重的是解决发展不平衡问题，绿色发展注重的是解决人与自然和谐问题，开放发展注重的是解决发展内外联动问题，共享发展注重的是解决社会公平正义问题，强调坚持新发展理念是关系我国发展全局的一场深刻变革。

第一，质优要求以科技创新为载体。随着科技进步和产业变革，人类社会已迈进由数字技术引领生产力变革的新时代，科技创新对生产力的推动作用越来越明显，日益成为生产力跃迁的核心驱动，也已成为先进生产力的突出标志。因此，质优的本质内涵是把创新作为引

① 参见郑世林、黄晴、陈劲祥：《大国博弈下加快发展新质生产力的建议》,《学习与探索》2024年第6期。

领发展的第一动力，把人才作为支撑发展的第一资源，把创新摆在国家发展全局的核心位置，使新质生产力成为以科技创新为核心承载的生产力。

第二，质优要求实现平衡充分发展。区域之间、城乡之间、生产力和生产关系之间的不协调，会影响经济的可持续。发展中的不协调问题，关键要靠更好更快的发展来解决。发展新质生产力实现更高水平的发展，从而更好解决发展中的不平衡问题。特别是新质生产力要发挥牵动全部质态生产力都向先进生产力靠齐，从而促进资源要素合理流动，解决过去生产力分配不均造成的市场分割和区域差距，完成生产力的系统性飞跃。

第三，质优要求实现可持续发展。新质生产力需要处理好生产力和自然的关系，是在保护中发展、在发展中保护的生产力。绿色循环低碳发展，是当今时代科技革命和产业变革的方向，是最有前途的发展领域，而且绿色也是新质生产力的底色。为此，我们必须坚持节约资源和保护环境的基本国策，坚定走生产发展、生活富裕、生态良好的文明发展道路，加快建设资源节约型、环境友好型社会，推进美丽中国建设，为全球生态安全作出新贡献。

第四，质优要求新质生产力在更大范围发展。当前，国际经济合作和竞争局面正在发生深刻变化，全球经济治理体系和规则正在面临重大调整，引进来、走出去在深度、广度、节奏上都是过去所不可比拟的，应对外部经济风险、维护国家经济安全的压力也是过去所不能比拟的。因此，坚持开放发展，利用国内国际两种市场、两种资源，才能在更大的范围内更好发展生产力，开放发展也是新质生产力的应有之义。

第五，质优要求推动共享新质生产力的成果。生产力先进性最本质的表现就是对共同富裕的追求，实现共同富裕是先进生产力最终的价值诉求。这就要求新质生产力要具有先进性，必须符合共享发展理念的要求，成为体现社会主义本质要求的生产力。

三、质优要结合实际情况、因地制宜

党的二十届三中全会审议通过的《中共中央关于进一步全面深化改革、推进中国式现代化的决定》指出，要“健全因地制宜发展新质生产力体制机制”，强调“健全相关规则和政策，加快形成同新质生产力更相适应的生产关系，促进各类先进生产要素向发展新质生产力集聚，大幅提升全要素生产率”。一方面，因地制宜发展新质生产力强调各地要根据其生产力发展状况，在深入调查研究的基础上大胆创新，勇于探索适合本地区发展的新路子；另一方面，发展新质生产力必须立足特定时空条件，在时间性和空间性的有机统一中把握其内在本质规定和外在形态表现，遵循生产力发展的客观规律。

首先，要加快建设全国统一大市场，让各类先进优质生产要素向发展新质生产力顺畅流动。新质生产力由技术革命性突破、生产要素创新性配置、产业深度转型升级催生，而全国统一大市场建设有助于从根本上推动技术实现革命性突破、生产要素实现创新性配置、产业实现深度转型升级，进而催生新质生产力。要着力强化市场基础制度建设，建立公平规范高效的市场监管体系，打通生产、分配、流通、消费经济循环过程中出现的堵点、断点，发挥大国经济内部循环优势。要着力破除各种形式的地方保护和市场分割，全面落实公平竞争审查制度，消除各种市场壁垒，使各类资本机会平等、公平进入、有序竞争，促进创新要素自主有序流动、高效配置。

其次，要处理好新兴产业与传统产业、统一标准与因地制宜、生产发展与制度改革之间的关系。新质生产力，强调的是质态，而非简单的业态。因地制宜发展新质生产力，需要统筹产业发展，既要追“新”也要提“旧”，使新兴产业与传统产业相互促进、相得益彰。通过科技赋能对传统产业进行升级改造，让新兴产业与传统产业良性互动，形成新质生产力发展的合力。各地要坚持从实际出发，先立后破、因地制宜、分类指导，根据本地的资源禀赋、产业基础、科研条件等，有选择地推动新产业、新模式、新动能发展，用新技术改造提升传统产业，积极促进产业高端化、智能化、绿色化。要防止一哄而上、泡沫化，也不要搞一种模式。

最后，要坚持久久为功、稳中求进发展新质生产力。发展新质生产力，不可能一蹴而就，而是涉及方方面面的系统工程，更是需要久久为功的长期任务。一方面，要处理好政府和市场的关系，基于政府和市场在推进科技创新方面的不同作用和特点，加快形成新质生产力需要实现政府和市场有机结合、协同发力。另一方面，要加快建设现代化产业体系，培育壮大战略性新兴产业。特别是要通过传统产业的高端化、智能化、绿色化升级夯实现代化产业体系的基底，提升当前生产力的发展水平，推动新质生产力的形成。此外，要加快构建与新质生产力更相适应的新型生产关系，完善收入分配机制，深化要素市场化配置体制改革，加强教育、科技、人才体制的“联动改革”，加强知识产权法治建设，加快推进高水平制度型开放。

问题 8 如何深刻理解新质生产力的核心标志

2023年9月7日，习近平总书记在新时代推动东北全面振兴座谈会上强调，积极培育新能源、新材料、先进制造、电子信息等战略性新兴产业，积极培育未来产业，加快形成新质生产力，增强发展新动能。新质生产力标志着中国在新时代对生产力理论的又一次重要创新和发展。新质生产力不仅是中国特色社会主义政治经济学的重要组成部分，更是实现高质量发展和中国式现代化的关键物质技术基础。作为新时代中国特色社会主义政治经济学的重要概念，新质生产力是习近平总书记在深刻总结中国生产力发展实践经验基础上提出的理论创新。这一概念的提出，不仅丰富和发展了马克思主义政治经济学，也为我国在新发展阶段实现高质量发展提供了重要理论支撑。新质生产力的核心标志之一在其能够显著提升全要素生产率。数据要素和企业创新能够间接影响企业全要素生产率，并通过数字化变革实现生产力的提升。

一、新质生产力的概念与特征

新质生产力是新质劳动者、劳动资料、劳动对象及新质生产要素的组合，是高水平的现代化生产力。是指在新时代背景下，通过科技创新、要素优化、产业融合等手段，形成的一种具有更高质量、更高效率、更加绿色、更加协调的生产力形态。这一概念是对传统生产力的超越和升级，体现了生产力发展的时代性和先进性。它以科技创新为主导，以高质量、高效能为基本要求，以数字化、网络化、智能化、绿色化为基本特征，以实现创新性、融合性、可持续性为基本目标。这一理论是马克思主义中国化时代化的重要成果，体现了中国特色社会主义政治经济学的自主知识体系。

从经济学视角剖析，新质生产力引领生产力的进化轨迹，其“新”之精髓，可归结为三大维度：首先，在劳动者素质的全面跃升。作为生产力核心要素，劳动者在新质生产力体系中被赋予了前所未有的重要性。新质生产力所代表的人才能够驾驭高科技生产工具，在复杂多变的生产环境中发挥关键作用，推动生产力迈向更高层次。其次，新质生产力显著体现在生产工具的高科技转型上。随着新一代科技革命的浪潮，如智能技术、先进制造技术、新型材料技术等高科技元素深度融合，孕育出智能化、高效能、绿色低碳的新型生产工具。这些工具不仅极大地拓宽了生产工具的应用范畴，更为生产力的飞跃式发展铺设了坚实的物质基础。最后，劳动对象的广泛性扩展也是新质生产力的重要特征。随着科技创新的不断深入，劳动对象的范畴得到了前所未有的拓展。从传统的物质形态资源到高端智能设备，再到数据等新型生产要素，劳动对象的多样性和复杂性显著增加，为生产活动提供了更加丰富多样的选择，也促进了生产力的多元化发展[①]。

新质生产力以高质量发展为目标，强调在经济增长的同时，注重提高经济发展的质量和效益。这种高质量性体现在多个方面：一是产

① 参见高帆：《系统集成：发展新质生产力的基本方法论》，《改革》2024年第7期。

品质量的提升，通过科技创新和工艺改进，提高产品的技术含量和附加值；二是生产效率的提高，通过优化生产流程和资源配置，降低生产成本，提高生产效率；三是经济效益的增强，通过提高产品竞争力和市场占有率，实现企业的可持续发展。

此外，新质生产力具有高效性的特征。发展新质生产力需要注重系统集成的方法论，通过优化目标、载体、主体和机制之间的嵌套关系，实现生产力的高效发展。这种高效性不仅体现在生产过程中的智能化和自动化水平上，还体现在资源配置的精准性和有效性上。通过数字化、网络化和智能化等手段，实现生产过程的全面优化和高效协同，提高生产效率和经济效益。

二、新质生产力的核心标志

（一）科技创新作为核心要素

科技创新，作为新质生产力的核心要素，不仅是推动生产力实现质的飞跃与升级的关键驱动力，更是全要素生产率显著提升的基石。它深入生产体系的每个角落，通过不断突破关键核心技术，不仅优化了生产流程，提高了产品的附加值与竞争力，还极大地促进了生产效率和产品质量的双重飞跃。这一过程中，科技创新引领着产业结构的深度调整与转型升级，推动经济发展模式从依赖传统要素投入向创新驱动转变，实现了经济增长质量的根本性提升。具体而言，数字技术的广泛应用与深度整合[①]，为新质生产力的形成与发展提供了强有力的

① 参见何萍：《何谓新质生产力——马克思的生产力理论新解》，《武汉大学学报（哲学社会科学版）》2024年第5期。

技术支撑。数字技术如同一根无形的纽带，将生产、流通、服务、消费等各个环节紧密相连，形成了高效协同的生产生态系统。通过线上线下的深度融合，企业得以在更广泛的空间内配置资源，优化生产布局，有效降低了生产成本，提升了整体运营效率。此外，数字技术与金融领域的深度融合，更是为金融资源的优化配置开辟了新的路径，不仅降低了企业的融资成本，还激发了企业创新的活力，为新质生产力的持续发展注入了不竭动力。因此，科技创新及其带来的生产力变革，不仅是新质生产力区别于传统生产力的显著标志，更是其推动经济社会高质量发展的核心引擎。

（二）全要素生产率显著提升

全要素生产率的显著提升，是新质生产力最为显著的核心标志之一，它不仅标志着经济发展质量与效率的双重飞跃，还深刻体现了新质生产力在推动经济社会全面进步中的关键作用。全要素生产率，作为一个综合性的衡量指标，不仅涵盖了技术进步所带来的生产前沿面的扩展，还包含了管理创新、制度创新、规模效应等多维度的贡献，全面反映了生产系统整体效率的提升。在新质生产力的驱动下，科技创新与制度创新成为提升全要素生产率的双引擎[①]。科技创新通过不断突破关键核心技术，实现生产技术的迭代升级，提高生产效率和产品质量，为经济发展注入新的动力源泉。同时，制度创新则通过优化生产关系、完善市场机制、强化政策引导等手段，为生产要素的优化配置和高效利用提供坚实的制度保障。这种科技创新与制度创新的协同

① 参见刘伟：《科学认识与切实发展新质生产力》，《经济研究》2024年第3期。

作用，共同推动了全要素生产率的显著提升，促进了经济的高质量发展。新质生产力的发展过程，实质上就是生产要素不断升级换代与优化配置的过程。随着时代的变迁，生产力要素的质量或技术含量不断提高，新的生产要素不断涌现并与传统要素产生新的组合，推动了生产力的快速发展。新质生产力强调通过提高劳动力素质、优化资本配置、提升技术水平等手段，实现生产要素的高效利用和合理配置。这不仅有助于提升生产效率，还能够促进产业结构优化升级，推动经济向更加高级、更加绿色的形态转变。

（三）数字化、网络化、智能化转型

数字化、网络化、智能化是新质生产力的基本特征，也是其核心标志之一。新质生产力通过广泛应用数字技术、网络技术和智能技术，实现生产过程的自动化、智能化和精准化。这种转型不仅提高了生产效率，还推动了产业结构的优化升级，形成了新的经济增长点。新质生产力是通过革命性技术突破、生产要素创新配置和深度产业融合协同生成的先进生产力。产业融合能够打破传统产业的界限，促进不同产业之间的交叉渗透和协同发展，形成新的产业形态和经济增长点，从而推动新质生产力的快速发展。新质生产力的发展需要遵循协调发展的原则，实现经济、社会、文化、生态等各方面的相互促进和共同发展[①]。这种协调性体现在多个方面：一是区域协调发展，通过优化区域布局和资源配置，实现不同区域之间的协调发展；二是城乡协调发展，通过推进城乡一体化发展，缩小城乡差距；三是经济与社会协调

① 参见蔡湘杰、贺正楚：《新质生产力何以影响全要素生产率：科技创新效应的机理与检验》，《当代经济管理》2024年第10期。

发展，通过提高社会保障水平、促进教育公平等手段，实现经济与社会的协调发展。

（四）绿色低碳可持续

绿色低碳可持续是新质生产力的内在要求，也是其核心标志之一。新质生产力强调在生产过程中注重生态环境保护，推广绿色低碳技术，实现经济发展与环境保护的良性循环。这种发展模式符合全球可持续发展的趋势，也是中国实现人与自然和谐共生的必然选择。新质生产力强调绿色发展，注重在经济发展的同时保护生态环境。新质生产力的发展需要遵循绿色发展的内在属性，实现人与自然的和谐共生。这种绿色性体现在多个方面：一是生产方式的绿色化，通过采用清洁生产技术、节能减排技术等手段，降低生产过程中的资源消耗和环境污染；二是产品的绿色化，通过研发和生产环保型产品，满足消费者对绿色产品的需求；三是产业链的绿色化，通过构建绿色供应链和绿色产业体系，实现整个产业链的绿色发展。

三、新质生产力发展的实践路径

（一）加快提升科技自立自强水平

要加快提升科技自立自强水平，推动关键核心技术的自主研发和创新。通过加大科研投入，培育高水平科研人才，建立健全创新体系，提高科技创新能力和成果转化效率。科技创新是新质生产力的核心引擎。科技创新是推动生产力质态跃升的关键因素。从第一次科技革命到信息技术革命，每一次科技革命都带来了生产力的巨大飞跃。当前，以人工智能、物联网、云计算等为代表的“超级技术”正在与物理和生物领域技术深度融合，催生新的产业革命。因此，要加快科技创新步伐，特别是原创性、颠覆性科技创新，以科技突破引领新质生产力的发展。此外，为了有效推动科技创新，需要整合各类科技创新资源。这包括加强科研机构、高校、企业之间的合作，形成产学研用深度融合的创新体系。同时，要加大对科技创新的投入，提高科研人员的待遇，激发他们的创新活力。此外，还要加强知识产权保护，为科技创新提供有力保障。深化科技体制改革是激发科技创新活力的重要保障。要完善科技创新的体制机制，优化科技资源配置，提高科技创新效率。同时，要加强科技人才队伍建设，培养一批具有国际视野和创新能力的高层次人才。此外，还要加强国际科技合作与交流，引进国外先进科技成果和人才资源。

（二）大力发展战略性新兴产业和未来产业

大力发展战略性新兴产业和未来产业，推动产业结构优化升级。通过政策引导和市场机制，加大对新兴产业和未来产业的支持力度，培育新的经济增长点和竞争优势。构建现代化产业体系是新质生产力发展的重要载体。要加快传统产业转型升级，推动战略性新兴产业和未来产业发展。通过技术改造、设备更新、管理创新等手段，提升传统产业的生产效率和产品质量。同时，要加大对战略性新兴产业和未来产业的支持力度，培育新的经济增长点。产业融合是推动新质生产力发展的重要途径。随着信息技术的快速发展，不同产业之间的界限越来越模糊，产业融合成为必然趋势。要推动制造业与服务业、农业与工业等产业的深度融合，形成新的产业链和价值链。通过产业融合，可以实现资源共享、优势互补，提升整体产业竞争力。

（三）促进产业转型升级与数字经济发展

促进传统产业转型升级，推动数字经济与实体经济深度融合。通过数字化转型，提升传统产业的生产效率和产品质量，推动其向高端化、智能化、绿色化方向发展。同时，加快数字经济发展，培育数字经济新业态新模式，为经济高质量发展提供新动力。要加强国际合作与交流，积极参与全球科技治理体系建设。要推动构建人类命运共同体理念下的全球科技创新合作机制，加强在科技研发、人才培养、成果转化等方面的合作与交流。要引进国际先进科技成果和人才资源，提升我国科技创新能力和水平。要加强与国际科技组织和机构的合作与交流，推动科技成果的跨国转移和转化。要完善市场机制，促进先进优质生产要素的顺畅流动。要加强市场体系建设，完善市场规则和监管机制。同时，要加强知识产权保护和市场监管力度，维护公平竞争的市场秩序。要激发市场活力，鼓励企业加大研发投入和技术创新力度。要优化营商环境，降低企业创新成本和风险。同时，要加强政策支持和引导力度，鼓励企业开展技术创新和产业升级活动。

（四）积极培育高素质劳动者和企业家队伍

积极培育高素质劳动者和企业家队伍，为新质生产力的发展提供人才支撑。通过加强教育和培训，提高劳动者的技能和素质；通过优化营商环境，激发企业家的创新精神和创业活力，推动新质生产力的持续发展和创新。教育是培养科技创新人才的重要基地。要深化教育体制改革，加强素质教育和创新能力培养。要优化教育资源配置，提高教育质量和水平。同时，要加强职业教育和技能培训，培养一批适应产业发展需要的高素质技能人才。人才是科技创新的第一资源。要深化人才体制改革，完善人才评价和激励机制。要打破束缚人才发展的体制机制障碍，营造有利于人才成长和创新的良好环境。同时，要加强人才引进和培养工作，吸引更多优秀人才投身科技创新事业。

新质生产力是新时代中国特色社会主义政治经济学的重要理论成果，是实现高质量发展和中国式现代化的关键物质技术基础。科技创新作为新质生产力的核心要素，推动全要素生产率的显著提升；数字化、网络化、智能化转型和绿色低碳可持续的发展模式构成了新质生产力的核心标志。通过加快科技自立自强、发展战略性新兴产业、促进产业转型升级与数字经济发展，以及积极培育高素质劳动者和企业家队伍等实践路径，可以推动新质生产力的不断发展和创新，为经济高质量发展提供有力支撑。

问题 9 如何深刻理解发展新质生产力的方法论

习近平总书记强调，要牢牢把握高质量发展这个首要任务，因地制宜发展新质生产力。面对新一轮科技革命和产业变革，我们必须抢抓机遇，加大创新力度，培育壮大新兴产业，超前布局建设未来产业，完善现代化产业体系。发展新质生产力不是忽视、放弃传统产业，要防止一哄而上、泡沫化，也不要搞一种模式。各地要坚持从实际出发，先立后破、因地制宜、分类指导，根据本地的资源禀赋、产业基础、科研条件等，有选择地推动新产业、新模式、新动能发展，用新技术改造提升传统产业，积极促进产业高端化、智能化、绿色化。上述论断和要求，不仅从方法论层面明确了发展新质生产力的指导思想和总体规划，同时对发展新质生产力的主要原则、制度保障、实现路径进行了具体说明，是深刻理解发展新质生产力方法论的根本遵循。其中，体现出清晰的马克思主义辩证法思想和实事求是的实践品格。

一、“因地制宜”是发展新质生产力总的方法论

习近平总书记强调，各地发展新质生产力要因地制宜，不能一哄而上、泡沫化，也不要搞一种模式，指明了发展新质生产力的重要原则和方法论。所谓因地制宜，指“根据不同环境的实际情况制定相应

的妥善办法”。这里的“因地”，指基于相应的地区或根据相应的情况。“制宜”指制定相应的、与“本地”相适宜的方法和方案。可以说，在习近平总书记的观点中，“因地制宜”和实事求是具有相近的内涵。所谓实事求是，指按照实际情况办事。“实事”指现实情况，或实际、实践。“求”指探求或探索、分析和获得结果的过程。“是”指观点、结论。实事求是就是要基于现实情况制定相应的对策。从语义看，因地制宜体现着实事求是的科学要求。实事求是在实践层面，就是“因地制宜”。

从理论逻辑的角度看，因地制宜是马克思主义的基本要求。我们党是马克思主义政党，以唯物史观作为认识世界的世界观，以辩证法作为改造世界的方法论。马克思主义认为，万事万物均存在矛盾，矛盾是事物得以运动发展的根本原因。事物内部存在多种矛盾。其中，居于主要地位、主导事物发展的矛盾叫作主要矛盾，其他矛盾叫作次要矛盾。事物内部的主要矛盾和次要矛盾的发展、演变，共同作用，推动事物的运动、发展。在事物变化中，主要矛盾发挥主要作用，次要矛盾发挥次要和从属作用。事物的发展方向往往由主要矛盾决定。主要矛盾和次要矛盾的变化、转化，往往决定事物发展的方向。因此，马克思主义认为，内因是事物发展的根本原因，也是事物存在的根本原因。矛盾观点，即抓问题的主要矛盾和矛盾的主要方面，从而推动客观事物向主观意愿运动，使主、客观向合，是实践的重要目的。

总之，矛盾观点是马克思主义的基本观点，也是分析问题、解决问题的基本方法论。

矛盾具有普遍性和特殊性。矛盾的普遍性是指，万事万物均有矛盾，不仅事物内部存在矛盾，事物与事物之间同样存在矛盾。而且，因事物间普遍联系的特征，事物内部、事物之间往往存在多种矛盾。既包括主要矛盾，也包括次要矛盾。世界的普遍联系和永恒发展，往往以变化着的矛盾的形式体现。与矛盾的普遍性相对，矛盾的特殊性指，不同事物的内在矛盾都是不一样的。不同的事物存在不同的内部矛盾，从而存在不同的发展和演变方式。主要矛盾既是识别事物的根本标志，也是事物变化的根本原因——随着事物内部矛盾的变化，事物将发生变化，变为另一事物。可以这样认为：矛盾的普遍性是事物共性，而矛盾的特殊性是事物个性。共性寓于个性之中，没有不体现共性的个性；个性也必然在共性的基础上体现，没有不体现个性的共性。我们在生产实践中面临的问题，往往是具体而非抽象的。因此，抓住矛盾的特殊性更具实践意义。通过厘清主要矛盾和矛盾的主要方面，就能够因地施策，推动事物发展。因地制宜，就是利用矛盾特殊性的重要体现，是发展新质生产力的总体方法论和各地区发展新质生产力的主要原则。

二、因地制宜发展新质生产力的具体策略：东部沿海地区

从地理位置看，东部沿海地区自然条件优异、地理位置优越。浙江、广东、福建等沿海省份具有天然深水港，水运便利，对外开放和对外贸易有天然优势，自古就是繁华的商业中心。同境外各国的商品、技术互通有无自古有之，新质生产力的需求和应用场景丰富。从发展禀赋看，东部沿海地区分布着大量高水平大学和研究机构，人才和智力资源丰富，是我国重要的高科技孵化地。拥有发展新质生产力的必要科研条件。这里集中了我国最大数量的上市公司。因此，东部沿海地区是我国经济发展水平最高和现代化水平最高的地区。这里是中国

经济活动最为活跃的地区，是推动高质量发展、实现中国式现代化的先行区。国家“十四五”规划强调，要“发挥创新要素集聚优势，加快在创新引领上实现突破，推动东部地区率先实现高质量发展。加快培育世界级先进制造业集群，引领新兴产业和现代服务业发展，提升要素产出效率，率先实现产业升级。更高层次参与国际经济合作和竞争，打造对外开放新优势，率先建立全方位开放型经济体系。”基于资源禀赋现状，东部沿海地区因地制宜发展新质生产力，应充分发挥其创新资源富集、产业基础好、创新能力强等独特优势，重点做好以下几个方面工作。

一是做好重大科技创新萌发地，不断推动科技创新取得新突破。东部沿海地区尤其是长三角、珠三角是我国重要的科技创新区域。这些地区应充分发挥自身创新资源富集优势，瞄准国家战略性新兴产业和国际激烈竞争的前沿领域，大力推进颠覆性技术和前沿技术突破。尤其是确保在信息技术、高端装备制造、新材料、生物、新能源汽车、新能源、节能环保、航空航天、海洋装备等产业领域不断实现重大科学和技术攻关，推动部分核心技术和“卡脖子”技术实现“从无到有”“从0到1”的原创性突破，使东部沿海省份成为我国高新技术和新质生产力的重要萌发地，引领全国新质生产力发展，为全国新质生产力的发展提供技术和智力支撑。

二是做好新质生产力辐射源。新质生产力的发展，要求科技创新和产业创新深度融合，以科技赋能产业，推动高质量发展。发展实践中，我国各地区发展水平不一，产业结构不同。在全国统一大市场下，通过分工实现总体收益最大化，是推动区域协调发展的重要目标，也是主要手段。通过赋能和改善传统产业发展质量和效率，同样是发展新质生产力的重要内容。东部地区有丰富的科技创新资源和发展新质生产力的禀赋。而中、西部地区的众多传统产业则为东部地区的创新成果应用和产业转化提供了重要的实践基础。通过东部地区科研成果落地转化为实践生产力，从而实现对东部科研资源的反哺，不仅是实现我国区域协调发展、高质量发展的重要路径，也是增强我国总体科技水平、促进新质生产力发展的内在要求。此外，还要通过教育等手段，充分发挥东部地区创新能力强、创新资源富集等优势，不断培养出掌握高新技术的科研人才，为全国提供源源不断的技术支持。通过科技人才跨区域流动，更多人才到相对落后地区安家落户、置业兴业，不断推动相对落后地区高质量发展。

三是做好对外开放前沿地。新质生产力的发展，离不开全球创新资源的汇聚，离不开对外开放。目前，我国在科技创新各领域已经取得不少突破。总体已经实现从跟跑向并跑的转化，并在部分领域实现领跑。然而，在诸多领域，我国技术水平依然落后于外国。外资公司，尤其是外资跨国公司往往拥有雄厚的科研实力和技术储备。通过引进外资，建立与其业务联系，供应链环节的上下游往往能够实现技术溢出，为我国技术溢出和突破提供启发，或为技术的引进和购买创造更好的环境。同时，在合作中，外资与我方非正式沟通中也将产生管理理念、管理方法的交流，提高中资的管理水平。通过高水平对外开放推动新质生产力发展，东部地区应首先在制度型开放方面当好排头兵。制度型开放，就是通过调整对外开放的制度设计，提高对外开放的容量和效率。一方面，要推动国际制度国内化，积极对接国际通行经贸规则，改变我国不合理经贸法规，以对外开放倒逼对内改革，通过改革的手段降低对外开放的制度性交易成本。另一方面，要推动国内制度国际化。积极参与全球经贸规则制定，向全球提供制度型公共品，降低我国同贸易国之间的贸易制度差异，不断推动高水平对外开放。

三、因地制宜发展新质生产力的具体策略：中西部地区

中西部地区是我国重要粮食生产基地、能源原材料基地、现代装备制造及高技术产业基地和综合交通运输枢纽，在全国具有举足轻重的地位。中部地区拥有发展新质生产力的重要基础。从地理区位看，中部地区承接东、西，是重要的流通枢纽。从市场体量看，中部地区市场潜力巨大，总人口约占全国四分之一。从经济循环角度看，中、西部地区是我国重要粮食生产基地、能源原材料基地、现代装备制造及高技术产业基地。然而，中、西部地区发展新质生产力，依然有不少短板。比如，中、西部地区高水平顶尖研究型大学和科研院所整体偏少，创新要素仍然不足，创新能力有待提高。又如，尽管中西部各省市场容量巨大，但各省市场化水平仍然偏低，构建全国统一大市场任重道远，市场发挥促进竞争、优化分工等效率仍受到约束。再如，作为重要的制造业基地和产业区域，中西部地区在高水平对外开放方面仍落后于沿海地区，参与构建双循环新发展格局仍存在提高空间。因此，中西部地区发展新质生产力，应放在全国“一盘棋”的视野下思考，尤其是在东、中、西协调发展的角度下思考，同时应针对当下中部地区发展现状针对性地提出对策。

一是要做好承接产业梯度转移。从区域角度看，东部地区具有全国最为深厚的科技创新实力和水平。然而，科技创新要转化为新质生产力，必须与产业创新深度融合。但东部地区在土地、自然资源、能源、劳动力等方面存在相对短板。而中西部地区毗邻东部沿海省份，

自然资源相对丰富，且拥有丰富的劳动力要素，拥有承接东部产业转移的良好基础。同时，东部地区拥有良好的交通基础设施。高速铁路、高速公路、航空等交通优势明显。通过承接技术和产业转移，中西部地区优化产业调整，汽车制造、电子信息、装备制造等产业快速发展并形成集群，为构建现代化产业体系作出重要探索。在承接、构建产业体系时，中西部地区同时引进东部发达地区科技创新，并使之充分结合，推动中部地区产业数字化、绿色化转型与新质生产力落地生长。

二是进一步推进全国统一大市场建设。市场是配置资源最有效率的手段。通过价格的信号作用，趋利的市场主体作出市场决策并在有限的市场容量中相互竞争，从而优胜劣汰，将资源配置到市场竞争力最强的主体手中，从而实现生产效率最大化。因此，要素的流通尤其是跨区域流通，是市场配置资源的方式。当下，因各种原因，各地区存在不同程度的市场保护和分割。这使市场效率和要素流通受到制约。要实现区域协调、发展新质生产力，必须推进建设全国统一大市场。要实现上述目标，根本的是通过设置合理的激励机制，激励各地区放弃地方保护等分割市场的动机。比如，优化对地方的考核机制，纠正“唯GDP论”的思想，将生产效率、市场建设、绿色发展、民生维护等发展质量维度的指标纳入对地方的绩效考核中，作为干部升迁资格的重要依据。以此弱化地方政府间的经济竞争，并激励其合作，以建设全国统一大市场，为市场在资源配置中发挥决定性作用创造条件。

三是推动中西部地区高水平对外开放。一方面，中部地区应通过不断畅通开放通道、优化营商环境、打造开放平台等手段打造对外开放的内陆新高地。另一方面，要用好用足“中欧班列”“空中丝路”等重要开放通道，不断提质、升级、扩容，推动“走出去”“引进来”并举。西部地区则应抓住沿边开放新机遇，充分发挥西部陆海新通道发展优势，推动沿线地区开发开放，深度融入共建“一带一路”。通过加强与周边国家和地区的深度融合互通，西部内陆腹地逐渐成为对外开放的前沿和桥头堡。通过建设高标准自贸试验区，充分发挥自贸试验区自主创新“试验田”作用，探索高水平对外开放的新路子、新措施，为扎实推动科技创新和产业转型升级提供国际交流的平台，推动新质生产力跃升发展。要抓住“东数西算”工程重要契机，加快在西部地区布局大数据中心、云计算平台等信息基础设施建设，为西部地区发展数字经济打下坚实的技术基础，助力西部地区产业数字化转型和数字产业发展。

3

第三部分

实 践 论

问题 1

如何全面把握我国高质量发展具有的显著优势

高质量发展是全面建设社会主义现代化国家的首要任务。改革开放以来，我国依靠劳动力资源优势发展外向型经济，充分运用国内国际两个市场、两种资源，融入了以发达国家为主导的产业链、价值链、创新链和供应链。然而，随着大国博弈的深入，美国坚持以“政治正确”及意识形态划分多边合作，并不惜以“负和博弈”的脱钩断链来遏制中国。以美国为首的发达国家采取逆全球化行为，导致了全球治理体系碎片化。在世界面临百年未有之大变局的国际形势下，如何全面把握我国高质量发展具有的显著优势，对加强道路自信、理论自信和制度自信具有十分重要的意义。总体看，我国高质量发展具有的显著优势主要体现在综合性比较优势方面，综合性比较优势具体包括高水平社会主义市场经济体制优势、超大规模市场优势、完善的产业体系和服务配套优势、大量高素质劳动者和企业家的人才优势、稳定的政治环境和良好的营商环境优势、创新潜力和科技优势、高水平对外开放优势、现代流通体系优势、区域协调发展的优势及资本相对充足的优势等十个方面的内容。

一、高水平社会主义市场经济体制优势

高水平社会主义市场经济体制是我国高质量发展的显著优势之一。它解决了“放得活”和“管得住”的问题，厘清了政府和市场的有效边界，破解了经济运行“放—乱—收”怪圈，释放了各种市场主体的活力并促进了共同富裕。

市场在资源配置中的决定性作用是提高经济效率。当前，高水平的社会主义市场经济体制在建设全国统一大市场，促进规则和制度的透明度方面成效显著。新时代，我国在市场准入、产权保护、公平竞争、监管体制等市场规则制度及高标准联通的市场基础设施等方面进行了全面而深入的改革、建设[①]。这十分有利于发挥竞争机制、价格机制、供求机制及风险机制等市场机制的作用，并提高资源配置效率和经济效率。

政府有计划地宏观调控防止市场调节的无序性。市场具有盲目性。单纯市场配置资源可能导致“市场失灵”。为弥补市场天然的缺陷，需要政府有计划地宏观调控。新时代，我国理顺了党、政府和市场三者之间的边界，加强了政府的宏观调控，弥补了市场调节的无序性，保证了市场经济的健康发展。比如，在收入分配方面，党领导的社会主义公有制更能保证人民实现共同富裕，这弥补了市场机制下按资分配的缺陷。

二、超大规模市场优势

我国是大国。大国经济具有多元性、规模性等特点。超大规模市

① 参见张金萍、袁嘉奕：《全国统一大市场与高水平对外开放协同联动研究》，《新疆社会科学》2023年第4期。

场具有应用场景优势、对外黏合优势和经济稳定性优势。

超大规模市场的应用场景优势。我国有4亿多中等收入人群，是全球第二大消费市场，拥有大量消费偏好各异的消费者。这为各类新技术、新产品及新模式提供了规模庞大的需求侧应用场景。超大规模市场也可以快速推动新技术、新产品及新模式走向产业化、规模化，并稀释创新成本。

超大规模市场的对外黏合优势。超大规模市场是稀缺资源。发达国家的跨国企业不得不到中国投资，周边发展中国家也需要向中国超大规模市场出口初级产品。2023年，我国吸引外资稳居全球第二，达到1632亿美元，新设外商投资企业达到53766家，高新技术企业使用外资同比增长6.5%[①]。中国是一些跨国公司主要的营收和利润来源地，这体现了跨国公司对中国市场的依赖。周边一些发展中国家，如越南、阿富汗等，需要向中国出口橡胶、手机、水产品、农产品等。周边国家已深度融入中国主导的亚洲区域分工体系，并依赖中国超大规模市场。

超大规模市场的经济稳定性优势。相比小国经济，大国超大规模市场在抗击外部冲击方面具有更强的经济稳定性优势，这在亚洲金融危机和抗击疫情中表现得十分明显。面对外部冲击，超大规模市场能将成本和损失化大为小。

三、完善的产业体系和服务配套优势

现代产业体系包括产业链、供应链等内容。完善的产业体系和供

---

① 参见《2023年我国吸收外资1.1万亿元》，中国政府网，https：//www.gov.cn/zhengce/jiedu/tujie/202401/content_6927167.htm。

应链体系是我国融入经济全球化，参与国际产业分工并促进高质量发展的基石。

世界最完整的工业体系优势。我国是世界上唯一一个联合国认可的产业门类最齐全的国家。我国有41个工业大类、207个工业中类和666个工业小类。在长期的“去工业化”后，美国也只拥有联合国产业门类的94%。在全球的500种主要工业产品中，我国位居全球产量第一的占据40%以上。我国制造业连续14年居于全球首位，占世界制造业份额达到30%以上。我国新能源车占全球64%，智能手机占全球50%，光伏制造占全球超过80%。工业和信息化部公布的45个国家先进制造产业集群中，新一代信息技术、高端装备、新材料、生物医药及高端医疗器械、消费品及新能源及智能网联汽车各占13个、13个、7个、5个、4个及3个。

完善的服务配套体系优势。良好的产业配套体系是发挥最完整工业体系优势的保障。良好的产业配套体系也对提高供应链效率及产业创新能力起重要作用。在信息服务方面，我国实现了县县通5G，80%的家庭安装了千兆光网。2024年1—4月，我国企业承接服务外包合同额7814.3亿元。内蒙古、甘肃、宁夏、长三角、京津冀等八大“东数西算”工程枢纽节点构建了全国一体化的大数据中心。

四、大量高素质劳动者和企业家的人才优势

在高质量发展过程中，起决定性的因素是人。大量掌握职业技能的技术工人及富有冒险精神的企业家是助推高质量发展的核心优势。

《中国科技人才发展报告（2022）》显示：2022年中国理工科人才年产出量达到635.4万人，这个数量稳居全球第一。预计到2025年，中

国理工科博士数量将达到美国的两倍。每年我国理工农医类毕业生超过250万人。从2014年到2022年，我国高被引用顶尖科学家数量从原来的111人次增长到1169人次。越来越多的青年科技人才已在科技研发中担任主要职务。我国中高职业教育每年培养人才1000万以上，全国职业教育开设了1200个专业和10多万个专业点。人社部累计已遴选3.3万家职业技能培训和认证机构，年均给予1200万人职业资格和职业技能等级证书。仅“十三五”期间，我国就累计培训了农民工4000万人次、企业职工3000万人次、贫困劳动力900万人次。《2023胡润全球富豪榜》显示，我国有969位十亿美金企业家。2024年，我国民营企业的数量超过5000万户，这个数量是2012年的四倍。

五、稳定的政治环境和良好的营商环境优势

中国的问题，压倒一切的是需要稳定。高质量发展是建立在安全发展的基础上。稳定的政治环境为我国高质量发展提供连续可靠的内部环境。良好的营商环境为投资者提供可预期的收益。

稳定的政治环境优势。我们国家要改革，要改革就一定要有稳定的政治环境，离开这一点，什么都搞不成。党政军民学，东西南北中，党是领导一切的。在中国共产党的坚强领导下，可以有效避免“颜色革命”等政治动荡，从而为高质量发展提供连续可靠的内部环境。同时，中国共产党能科学处理党、政府和市场三者之间的关系。政府对市场充分的“还权赋能”为市场在资源配置中的决定性作用提供了权力空间。稳定的政治环境也保证了政策的连续性，减少了政策不连续导致的“不确定性”预期。

良好的营商环境优势。“证照分离”改革已覆盖全国，这推动了开

办公司的规范化和便利化。根据《2022联合国电子政务调查报告（中文版）》，我国电子政务运用水平2012年到2022年的排名快速从第78位上升到第43位。尤其是电子税务系统，极大地方便了纳税者。在市场准入方面，我国全面实行了负面清单制度，即除清单上禁止的，其他一切经济活动都是合法的。在知识产权保护方面，我国建立了4个地方知识产权法院和27个地方法院知识产权法庭。2022年，我国营商环境排名升至全球第31位。

六、创新潜力和科技优势

科学技术是第一生产力。创新是推动我国高质量发展的核心要义。

科技创新基础扎实的优势。《国家重大科技基础设施建设“十三五”规划》确定了四大综合性国家科学中心，即北京怀柔、上海张江、大湾区（深圳）、安徽合肥。我国拥有超过230家全国重点实验室，即深部煤炭安全开采与环境保护全国重点实验室、跨媒体通用人工智能全国重点实验室等。《国际科技创新中心指数2023》显示，北京、上海等6个中国城市是全球科学策源地[①]。

多元化创新体系的优势。城市群、跨国公司、高校、研创产业园区及中小微企业等多元创新体系逐步形成。城市群凭借其庞大的产业和人口规模，正成为科技创新的重要载体。我国的科技创新中心主要集中在19个城市群[②]。长三角已形成以上海、杭州、南京等城市组团的

① 参见《北京蝉联国际科技创新中心全球第三、科研城市全球第一》，中华人民共和国科技部官网，https：//www.most.gov.cn/dfkj/bj/zxdt/202312/t20231208_189048.html。

② 参见《全球科技创新中心百强发布：中国23城位列前100，北京、上海稳居前10》，华东师范大学全球创新与发展研究院网，https：//iss.ecnu.edu.cn/8d/21/c18658a560417/page.htm。

科技创新“雁阵模型”。中国社会科学院工业经济研究所发布的《创新型产业集群韧性研究》显示，我国已形成192个创新型产业集群。到目前为止，我国拥有178家国家级高新技术开发区。同时，《中国独角兽企业发展报告（2024年）》显示，我国拥有369家独角兽企业。

七、高水平对外开放优势

加入WTO后，我国采取了边境开放策略，从而迅速成为“世界工厂”和商品与要素贸易大国。为进一步深度融入全球供应链，我国采取了以打造自由贸易区为代表的制度型开放策略。以制度型开放为特征的高水平对外开放是我国高质量发展具有的显著优势之一。

制度型开放的优势。制度型开放使我国从边境开放走向境内开放。制度型开放的本质是国内经贸规则、规制、管理、标准等与国际标准深度对接。其具体内容已经超越传统的汇率、货币等内容，涉及知识产权保护、监管方式改变、竞争中立、合同执行效率、劳工和环境政策、产业政策等国内经济政策。以自由贸易区对接全球最高经贸准则，以开放促发展，可以加快建设国际化、法治化、透明化的国际营商环境，从而为我国高质量发展提供开放型制度保障。

深度融入全球供应链的优势。我国与世界各国建立了多边、双边及诸边贸易体系。到目前为止，我国已经加入RCEP，完成《中欧全面投资协定》谈判，与全球29个国家和地区达成22个自由贸易协定。从亚洲范围看，已形成中国主导亚洲区域经济一体化的供应链及服务链网络体系。我国在境外已建立诸如中白工业园、特变电工印度产业园等193家境外产业园。

八、现代流通体系优势

流通连接生产和消费，高质量的流通体系对我国高质量发展起着关键作用。

庞大的现代流通体系的优势。我国已经形成“五纵三横”格局的铁路网络体系，截至2020年底，全国铁路营业里程达到15.9万公里，其中高铁达到4.5万公里。全国公路总里程达到544万公里，境内机场达到259个。“十四五”时期，我国共规划100个交通枢纽城市，其中国际性综合交通枢纽城市20个，全国性综合交通枢纽城市80个。西部陆海新通道物流网络可通达全球123个国家及514个港口。我国在海外有经营权[①]的港口包括缅甸皎漂港、巴基斯坦瓜达尔港、斯里兰卡汉班托特港、东非吉布提港等十几个。

新型流通模式的优势。2022年，我国多式联运规模达到38.19亿吨。2023年，我国网络销售额达到15.42万亿元，其中跨境电子商务规模达到2.38万亿元。我国有海外仓2500个，有跨境电商主体10万家。临空经济区、电子商务、海外仓、中欧班列等新型流通载体的快速发展改变了传统“投资—生产—贸易”的经济合作方式，并开创了新型陆地运输物流贸易方式。

九、区域协调发展的优势

协调发展是高质量发展的重要内容。当前，我国区域协调发展趋于收敛，区域协调发展的平台也更加健全，区域协调发展具有的显著

---

① 裴长洪、刘洪愧：《习近平新时代对外开放思想的经济学分析》，《经济研究》2018年第2期。

优势显现。

区域协调发展趋于收敛。当前，我国区域协调发展已进入库兹涅茨倒“U”形曲线的拐点。改革开放后，在“效率”导向下，我国东西部差距呈不断扩大的趋势。但在西部大开发、黄河战略及东西部协作等战略及平台作用下，我国区域差距不断收敛。

多元化区域协调发展平台的优势。随着东部产业向西部转移及财政转移支付的加大，西部人口、资金、产业等资源不断集聚。西部地区在经济带、城市群等大尺度层面出现了“大集聚”趋势，在县域小尺度层面出现了“小集聚”趋势。随着集聚的深入，我国形成了19大城市群，并形成了以城市群分工为基础的全国区域分工格局。同时，西部成渝城市群、兰西城市群及天山北坡城市群和成都、兰州、西宁、乌鲁木齐、喀什等区域性中心城市及大量工业园区、物流园区、边境产业园等多元化载体成为协调区域发展的重要平台。

十、资本相对充足的优势

长期出口导向战略让我国不断吸引外资并引进欧美国家制造业。虽然这导致我国长期的低端锁定，但快速的经济发展也为我国积累了相对充足的资金。

资本富余的优势。根据《2023年中国财富报告》，我国社会总财富达到790万亿元。其中国资360万亿元，私人财富430万亿元。《2023胡润财富报告》显示，中国千万资产家庭达208万户；中国亿万资产家庭达13.3万户。这促使我国高质量发展的比较优势从劳动力资源丰富的优势转换到资本富余的优势。

私募等直接融资规模扩大的优势。根据中国基金业协会数据，截至2024年5月，我国有152001只私募基金，其资金规模达到19.89万亿元。《中国风险投资发展年度报告（2023）》显示，到2022年末，中国风险投资基金数量达到1.94万只，可使用资金规模达到2.9万亿元。天使投资、风险投资、私募资金等直接融资方式支持的企业数量和使用资金的规模越来越大。

问题 2 如何优化重大生产力布局，加强国家战略腹地建设

党的二十大报告提出，“优化重大生产力布局，构建优势互补、高质量发展的区域经济布局和国土空间体系”。2023年底召开的中央经济工作会议要求“优化重大生产力布局，加强国家战略腹地建设”。习近平总书记在四川、广西考察时强调要建设好战略腹地，体现出党中央对“战略腹地”的聚焦和重视。当前，我国发展环境正面临复杂深刻的变化，面对百年未有之大变局，在以中国式现代化全面推进强国建设、民族复兴伟业的新征程上，不可避免地会出现各种风险和挑战，必须统筹发展与安全，优化重大生产力布局，加强国家战略腹地建设正是应对风险挑战、推进中国式现代化建设的重要载体和有效途径。

一、优化重大生产力布局，加强国家战略腹地建设是新时期统筹发展与安全的重大举措

腹地通常指一个国家、地区或城市的内陆区域，远离海岸线或边境地带。腹地通常是一个相对安全和稳定的区域，与边境地区相比，腹地更少受到外部冲突、战争或其他不稳定因素的影响，在国家或地区的发展和安全中起重要作用，特别是在危机时期，其自身发展和对

前沿地区的支撑作用尤为明显。我国的战略腹地，主要是指中西部内陆地区的相关省市区，尤其是中西部地区中在地理和交通区位、经济发展水平、资源禀赋、人口等方面突出的节点地区。当前，面临百年未有之大变局，我国构建新发展格局，必须统筹发展与安全，优化重大生产力布局，加强国家战略腹地建设。

有助于持续优化我国重大生产力布局。新中国成立以来，在不同的历史发展时期和背景下，我国生产力布局经过了几次大的调整和发展演变，对我国的经济社会发展都产生了积极影响。改革开放以来、特别是党的十八大以来，我国生产力布局在取得显著成就的同时，在当前国际国内环境下，也存在一些问题，主要包括以下方面：一是产业链协同不足。部分重大产业在区域间的协同发展不够紧密，产业链供应链上下游衔接不畅，影响了产业整体竞争力。二是产业同构现象突出。区域间产业结构缺乏特色和差异化，形成资源浪费和恶性竞争。三是区域发展不平衡。东西部、沿海和内陆之间产业发展水平、创新能力、基础设施等方面还存在较大差距，生产力布局尚不均衡。四是创新能力分布不均。高端创新资源和创新能力主要集中在少数发达地区和沿海地区，其他地区创新能力相对较弱，影响了产业升级和技术进步。五是资源环境约束问题。一些地区在生产力布局时，对资源和环境的承载能力考虑不足，导致资源短缺和环境污染等问题。同时，这一阶段的生产力布局，更多的是在全球化背景、国际形势总体和平稳定的情况下形成的，当前，逆全球化趋势，产业链供应链的区域化与国内化，国际地缘政治的复杂化，对国家经济发展和安全都形成了较大影响，在新发展时期，要适应新发展形势要求，必须进一步优化和协调生产力布局，特别是重大生产力布局，建设国家战略腹地。

有助于提升国家的综合实力和竞争力。优化重大生产力布局，加强国家战略腹地建设是推进经济高质量发展的新的增长点，可以为我国经济发展提供新的动力源。主要体现在以下几方面：一是可以加快促进国内有效的产业转移。对东部沿海地区而言，部分产业的迁出可以优化产业结构，加速实现产业高端化，提高国际竞争力；对中西部地区而言，通过国家战略腹地建设以提高产业转移的承接能力，充分利用劳动力、土地等要素资源丰富的优势，可以加快发展步伐，完善和提升产业体系，提高经济发展水平。二是国家战略腹地建设把国家重要工业产业建设及备份作为重要内容，突出考量产业链供应链安全和稳定，有利于应对突发状况，保持国家和地区经济发展的韧性。同时，国家战略腹地建设特别强化科技支撑，推动资源配置和体制机制优化，这有助于内陆地区因地制宜加快形成新质生产力。这些都将进一步促进要素资源在空间上的优化配置，促进我国经济的高质量发展，提升国家的综合实力和竞争力。

有助于加速形成新发展格局。优化重大生产力布局，加强国家战略腹地建设对新发展格局的形成起到重要的促进作用。一是抵御外部冲击，成为高水平安全的稳定器。通过产业体系的相对完整、产业链供应链的区域多元化增强产业发展的韧性与安全性，在应对外部冲击时，能为市场主体提供有效的替代选择。二是增强中西部地区对国内大循环的重要支撑能力，战略腹地的建设将改善中西部地区的经济地理区位条件，提升中西部地区对国内外资金、技术、人才等要素的吸引力，降低企业生产成本，更加吸引国内外投资和企业在当地发展，同时将增加当地居民的就业机会，提高居民收入水平，扩大国内市场的有效需求。三是中西部地区是“一带一路”的重要枢纽，以及新亚欧大陆桥和西部陆海新通道的关键枢纽和节点，应当成为新时期我国高水平开放的重要着力点，通过以大开放促改革与发展，成为连接内外循环的内陆开放高地。

二、优化重大生产力布局，加强国家战略腹地建设的重点内容

优化重大生产力布局，加强国家战略腹地建设，必须突出重大生产力的新特点和内涵，根据国家战略腹地的发展条件、资源禀赋、发展现状，特别是国家对其的发展要求、问题与目标导向，对其系统布局，才能实现发展目标，发挥重要作用。

优化重大生产力布局，构建战略性的现代化产业体系。进入新发展阶段，我国重大生产力布局的优化，不仅包括能源、冶金、化工、装备制造等国民经济发展的基础性经济部门，还包括保障国家战略竞争安全的高科技产业和保障国家民生安全的相关产业，形成战略性的现代化产业体系。加快建设国家战略腹地现代化产业体系建设，重点应推进以下工作：一是积极推动产业转移，增强东部沿海地区产业转移的动力和中西部地区战略腹地承接产业转移的能力，顺应经济发展规律、完善市场分工体系、促进区域协调发展。二是在中西部地区战略腹地有基础的地区推动建设具有国际竞争力的创新综合体，成为战略性产业策源地和集聚地。推动中西部地区发展战略性新兴产业集群，积极培育未来产业集群。三是从国家战略角度，把国家重要工业产业建设和备份建设布局作为重要内容，突出考虑产业链供应链安全建设。同时，战略腹地建设，还应当高度重视国家战略性物资储备和战略性资源建设。

加强科技创新能力布局，因地制宜积极培育新质生产力。增强中西部地区科技创新能力，是建设具有战略性现代产业体系、发挥国家战略腹地作用的关键。重点应推动以下工作：一是支持建设创新平台，科学布局大科学装置、国家实验室、新型研发机构等创新平台与创新基础设施，支持打造各类创新园区。二是推动国家战略腹地与先进发达地区及其他地区的创新合作，实现优势互补和协同发展。三是积极培育创新主体，既要扶持大型企业的创新发展，更要支持中小型企业的创新发展。四是加强产学研合作，促进高校、科研院所与企业之间的深度合作，推动科研成果的转化和产业化应用。五是支持建设和优化创新服务体系，大力发展技术咨询、知识产权服务、市场推广等方面的全方位创新服务，降低创新成本和风险。构建多元化的金融支持体系。搭建全国性的人才公共服务平台。建设优良的科技创新生态体系，为战略腹地因地制宜发展新质生产力创造好的环境和土壤。

推动开放合作，建设内陆开放高地。推动处于中西部地区的国家战略腹地成为内陆开放高地，应当成为新时期我国构建新发展格局、推动高水平开放的重要着力点。重点应推动以下工作：一是大力推进“一带一路”及西部陆海新通道等基础交通网络建设，着力打造国际物流和跨境产业合作网络。通过增强枢纽功能，推动沿线地区开发开放。积极打造对外开放平台和载体，完善沿边地区产业园区、经济合作区、跨境经济合作区布局，推动内陆地区自由贸易试验区高质量发展。二是提升战略腹地改革开放能级，进一步提高开放水平，提供发展动力。推动制度性开放，优化营商环境。推动贸易便利化，加强与沿海沿边地区的通关合作，提高通关效率。发展跨境电商等新业态，拓展贸易新渠道。

改善软硬发展环境，成为发展要素集聚地。要优化重大基础设施布局、结构和功能，加强现代化基础设施体系支撑。深化改革开放，建设一流营商环境。在硬环境打造方面，一是完善国际国内双循环的基础设施支撑体系。打造具有国际竞争力的综合交通枢纽体系，布局建设重大国际物流中心枢纽，畅通国际大循环。加强国内东西、南北发展主轴骨干通道建设，进一步将东部沿海地区和中西部内陆地区连接贯通，增强中西部地区交通网络化连接，服务国内大循环。二是加快能源基础设施体系现代化建设。适应能源生产清洁化、低碳化、智能化发展趋势，构建新型电力系统。继续加强煤炭、电力、油气跨省市区输送通道建设，完善能源基础设施互联互通。三是完善水利设施空间布局，加快构建国家水网主骨架和大动脉，加快建设国家水资源配置工程。四是加快形成支撑区域创新发展的新型基础设施体系。既要继续加强优化沿海前沿地区新型基础设施建设，增强创新引领，同时，更要大力加强战略腹地新型基础设施建设，增强科技创新和产业创新的支撑。在软环境建设方面，一是以大开放促进大发展，充分利用中西部地区在“一带一路”、新亚欧大陆桥、西部陆海新通道的区位优势，进一步扩大开放，深化国际交流合作。二是持续深化改革，完善产权保护、市场准入、公平竞争和社会信用等制度建设，营造市场化、法治化、国际化的营商环境。三是加大对战略腹地地区在社会建设、公共服务方面的支持力度，促进人才向战略腹地流动。

三、优化重大生产力布局，加强国家战略腹地建设的政策建议

优化重大生产力布局，加强国家战略腹地建设是一项系统工程，

既要充分发挥市场的基础作用，又要充分发挥政府的组织指导作用，需要通过组织、规划、财政、金融、土地、生态、公共社会保障等多元手段和方法才能保障目标得以实现。

加强组织规划指导，实施积极产业促进政策。优化重大生产力布局，加强国家战略腹地建设作为一项战略性工程，既要充分发挥市场的积极性，也要发挥政府的指导和支持作用。一是加强组织领导，由国家层面牵头成立领导小组，由有关部委、腹地所在省市区作为成员，统筹制定国家战略腹地建设专项发展规划，同时，注意与五年发展规划、有关专项规划、区域发展规划的有机衔接。相关省市区也要以上位规划为指导，落实到自身发展的各项规划中。二是制定产业促进政策，制定产业发展规划，重点布局战略性产业、战略性企业，引导和扶持优势产业、备份产业的发展。提供税收优惠、财政补贴、贷款支持等政策，吸引企业入驻和投资。出台有关金融政策，支持多元化的金融服务体系建设，提供信贷、保险、证券等金融产品和服务，积极扶持腹地区域企业上市，满足企业和项目的融资需求。出台土地支持政策，合理规划土地利用，保障战略腹地建设项目的土地供应，提高土地利用效率。同时，在发展中注重生态环境保护，出台相关政策，推动绿色产业发展、可持续发展。

集合国家战略系统施策，发挥综合效应。承担国家战略腹地建设的有关省市区都承载多项国家重大战略任务，必须加强对地方政府的指导，提高其对国家重大战略的理解和执行能力，将各项重大战略进行系统整合和统筹安排，发挥综合效应。一是明确有关省市区在国家战略中的定位和分工，确保战略实施方向一致性和协同性。二是推动政策协同，对各项战略的相关政策进行梳理和整合，消除政策之间的冲突和矛盾。制定配套的区域政策，形成政策合力，为战略实施提供有力支持。三是促进区域资源优化配置。统筹调配有关战略资源，根据区域的实际需要和发展重点合理配置。鼓励建立战略资源共享机制，提高资源利用效率。四是建立健全战略实施的综合监督评估机制，跟踪监测各项战略在区域内的推进情况，根据评估结果及时调整有关政策和措施，确保战略实施取得实效。

促进战略腹地区域联动，形成发展合力。优化重大生产力布局，加强国家战略腹地建设是有关省市区面临的重大历史机遇，相关省市区都在积极行动，既要鼓励和发挥积极性，又要注意加强区域联动，避免恶性竞争，形成发展合力。一是建立健全协调机制。建议由国家牵头设立专门的协调机构，负责区域合作的组织、协调和监督。建立常规的沟通协商机制，及时解决合作中出现的问题。二是鼓励区域之间开展合作项目，共同推进重大战略的实施。建立区域间的利益共享和补偿机制，激发合作积极性。三是完善腹地区域间基础设施的互联互通。加大对交通、通信、能源及新型基础设施的投资，构建便捷高效的交通网络和信息通信，促进区域间物流、人流、信息流的顺畅流通。四是出台促进产业协同发展政策。促进产业链上下游的合作，形成产业集群和协同创新。引导合理布局产业转移和承接，鼓励各地区根据自身优势发展特色产业，形成合理的产业分工和布局。

问题 3

如何推动形成同新质生产力更相适应的生产关系

2024年1月31日，习近平总书记在主持中共中央政治局第十一次集体学习时指出："生产关系必须与生产力发展要求相适应。发展新质生产力，必须进一步全面深化改革，形成与之相适应的新型生产关系。"[①]生产力和生产关系是辩证统一的，二者之间的矛盾运动是社会发展的根本推动力。与生产力相适应的生产关系有助于生产效率的提高，而当生产关系不能适应生产力的发展时，就会激化社会矛盾，并在矛盾的演进中推动社会变革。可以说，整个社会发展的历史就是生产力与生产关系不断相互作用、相互适应、互为支撑、螺旋上升的历史。因此，发展新质生产力必然要求形成与之适应的新型生产关系。如何形成与新质生产力相适应的新型生产关系，可以拆解为两个基本问题，即什么是新型生产关系、如何建构新型生产关系。

一、新型生产关系的内涵与特征

新型生产关系是适应新质生产力发展的生产关系，既具有生产关系的本源性、一般性特征，又具有鲜明的时代特色。

① 《习近平在中共中央政治局第十一次集体学习时强调：加快发展新质生产力　扎实推进高质量发展》，中国政府网，https：//www.gov.cn/yaowen/liebiao/202402/content_6929446.htm。

（一）新型生产关系的内涵

1845年，马克思和恩格斯在《德意志意识形态》中首次提出作为独立概念而存在的生产关系，并将其界定为“生产中的交往形式”或“生产的社会关系”，直到1857年左右，马克思才开始真正跳出交换关系来理解生产关系，从生产的社会性质出发，剖析生产关系的内涵[①]。在《〈政治经济学批判〉序言》中，马克思明确指出了生产关系的含义，即“人们在自己生活的物质生产中发生一定的、必然的、不以他们的意志为转移的关系，即同他们的物质生产力的一定发展阶段相适应的生产关系”[②]。这意味着生产关系的客观性得以确立，成为一个产生于物质生产力，却又不依附于物质生产力的独立范畴，成为贯穿马克思政治经济学理论体系的基础性概念。

具体而言，生产关系是指在一定的生产力水平下，人和人之间在物质资料生产过程中形成的相互关系。这些关系包括人们在生产活动中的分工与协作方式，以及与生产资料（如土地、工厂、机器等）的所有权和控制权相关的社会关系。生产关系是生产力的物质形式，是社会经济结构的基础，它决定了社会成员之间的经济利益分配和社会地位，这种利益分配格局又会决定不同社会成员的行为激励和选择，进而反作用于社会的物质生产力。“社会的物质生产力发展到一定阶段，便同它们一直在其中运动的现存生产关系或财产关系（这只是生产关系的法律用语）发生矛盾。于是这些关系便由生产力的发展形式变成生产力的桎梏。那时社会革命的时代就到来了。随着经济基础的变更，

① 参见唐正东：《马克思生产关系概念的内涵演变及其哲学意义》，《哲学研究》2011年第6期。

② 《马克思恩格斯文集》第2卷，人民出版社2009年版，第591页。

全部庞大的上层建筑也或慢或快地发生变革。”[①]因此，生产力的发展必然要求改革落后的生产关系，对国家经济、政治、文化、生态、安全等各方面顶层设计和上层建筑作出调整。生产关系的适度变革有助于催生新质生产力，发展新质生产力呼唤新型生产关系。

新型生产关系是与新质生产力对应的概念范畴。新质生产力这一概念的提出是中国共产党对马克思主义生产力理论的最新发展，它是“由技术革命性突破、生产要素创新性配置、产业深度转型升级而催生，以劳动者、劳动资料、劳动对象及其优化组合的跃升为基本内涵”[②]。虽然新质生产力在现实中已经展现出对高质量发展的强劲推动力和支撑力，但是与新质生产力相适应的新型生产关系尚未完全建立起来，难以进一步催生新质生产力。当前，中国的科技创新与产业发展已步入以跟踪为主转向跟踪和并跑、领跑并存的新阶段，原有以引进、消化、吸收为特征的体制机制难以适应新质生产力的发展[③]。因此，所谓新型生产关系，就是有助于新质生产力发展的一系列体制机制安排。只有在各项体制机制真正能够驱动创新发展的前提下，新质生产力才能够得以快速发展。

（二）新型生产关系的特征

在理解新型生产关系内涵的基础上，需要进一步深入把握新型生产关系的基本特征，以将其同一般意义上的生产关系进行区分，并明

---

① 《马克思恩格斯文集》第2卷，人民出版社2009年版，第591—592页。

② 《习近平在中共中央政治局第十一次集体学习时强调：加快发展新质生产力　扎实推进高质量发展》，中国政府网，https：//www.gov.cn/yaowen/liebiao/202402/content_6929446.htm。

③ 乔晓楠、王奕：《构建适应新质生产力发展的新型生产关系——全面深化改革着力点的政治经济学分析》，《财经科学》2024年第8期。

确建立新型生产关系的规律、范围和方式。

从生产力和生产关系矛盾运动的历史与现实中把握新型生产关系的建构规律。人类历史进程中的四次工业革命推动社会生产力发生系统性变革，在变革中，形成了基于技术进步和科技创新的、属于本时代的“新质生产力”。引领第一次工业革命的颠覆性技术是蒸汽机，动力和能源的创新使煤炭工业、钢铁、铁路运输等产业得以迅速发展，而与之对应，机器大工业下的生产关系也发生了变革，工业资产阶级和工人阶级登上历史舞台，资本主义制度得以确立。第二次工业革命以发电机、内燃机为“新质生产力”，带领人类社会进入电气时代，以资本密集型的重化工业为主导，机器效率的提升使生产过程去技能化趋势愈发明显，生产的社会化大大加强，资本主义进入垄断阶段。第三次工业革命以信息技术为引领，以电子计算机为“新质生产力”，这极大地提高了生产自动化和管理现代化水平，突破了传统生产函数和生产要素组合方式。与之对应，生产关系也出现了新变化，一方面，经过工人阶级的持续抗争，发达国家劳资关系相对稳定，工人组织并加入工会的权利得以保障[①]。另一方面，资本主义经济经历的“滞胀”、国际金融危机等几乎从未停止，越来越陷入马克思所揭示的危机之中。第四次工业革命以物联网、大数据、人工智能等为引领，促使人类社会加速进入到“数字时代”，算力、算法和数据成为核心生产力。本次工业革命的特征在于技术创新与迭代速度极快，这就要求生产关系作出相应变革以适应生产力的颠覆性发展。现实中，世界各国都在数字浪潮中着力调整生产关系，构建教育、科技、人才为支撑的国家创新

① 参见乔晓楠、王奕：《构建适应新质生产力发展的新型生产关系——全面深化改革着力点的政治经济学分析》，《财经科学》2024年第8期。

体系，为新质生产力汇聚更多优质生产要素、提供更丰富的应用场景。能否快速建立有效支撑数字时代新质生产力发展的新型生产关系是决定第四次工业革命背景下国际竞争力的关键。从以上分析可见，新型生产关系的建立遵循一般性演进规律，应在充分洞悉历次工业革命中生产力和生产关系变革规律的基础之上谋划新型生产关系的建构范围和建构方式。

从局部性和全局性相互转化的视角把握新型生产关系的建构范围。构建与新质生产力相适应的新型生产关系，需要把握重点领域和核心任务。从以往三次工业革命的经验上看，旧生产关系的瓦解和新生产关系的确立是一个相对漫长的过程，不同于生产力的发展主要靠关键核心技术引领，生产关系的变革遵循从局部到整体、从表层到深层的规律。从所有权关系来看，数字时代，参与社会剩余分配的生产要素逐渐多样化，从以往劳动、资本、土地等传统生产要素，扩大到知识、技术、管理、信息、数字等新兴生产要素，这就要求给予新型生产要素一定的剩余索取权。因此，新型生产关系的局部性在所有权领域就表现为各类“软性”生产要素的占有与使用。从分配关系来看，数字经济时代下新质生产力的发展依托于算力支撑，而算力需要建立在超级计算机等硬件设施基础之上，这类数字基础设施投入大，属于技术和资本密集型产品，因此算力具有集中少数资本的趋势。因此可推之，产权和利润将难以突破由少数人掌握的格局，社会财富的分配将会趋于不平等[①]。以上分析是基于局部性的视角，探讨新型生产关系的范围和特征，主要是集中于数字技术的应用场景和具体行业。然而，随着

① 参见刘志彪：《新质生产力驱动下的新型生产关系：趋势、挑战与对策》，《财贸经济》2024年第9期。

智能化技术对社会生产链条的全面改造，以及对人们生活生产方式的深入渗透，数据、知识等个别生产要素的确权分配、个别领域收入分配差距拉大等议题将逐渐具备全局性，整个社会经济体制需要对此作出系统性的回应。例如，平台资本依托技术优势、信息优势在双边市场中尽可能获得更多的分配剩余，本来是数字资本的运作规律。然而，一旦平台成为人们生活的“必需品”，渗透到衣食住行各个方面之后，平台所攫取的将是整个社会的总剩余，拉大整个社会的贫富差距。

从问题导向和目标导向相结合的视域把握新型生产关系的建构方式。党的二十届三中全会《决定》指出，要“健全相关规则和政策，加快形成同新质生产力更相适应的生产关系，促进各类先进生产要素向发展新质生产力集聚，大幅提升全要素生产率”。这为建构新型生产关系提出了明确的目标，即新型生产关系应以集聚优质生产要素、提升全要素生产率为关键指向，根本任务是解放束缚新质生产力发展的体制机制障碍，从根本上形成催生新质生产力的长效机制。目标是行为的先导，只有明确目标才能够统一思想、有的放矢，切实有效地抓好新型生产关系的构建工作。与此同时，新型生产关系的建构也具备明确的问题导向和改革意识，应锚定当前制约新质生产力发展的制度梗阻，坚定不移深化改革。正如党的二十届三中全会所指出的，要构建支持全面创新体制机制，坚持系统集成，深入实施科教兴国战略、人才强国战略、创新驱动发展战略，统筹推进教育科技人才体制机制一体改革，通过健全新型举国体制，为新质生产力发展提供制度支撑，而这一系列制度统合起来就是我们期望构建的新型生产关系。

二、新型生产关系的建构方式

党的二十届三中全会对进一步全面深化改革、推进中国式现代化提出了众多改革措施，其中很多内容对构建新型生产关系都具有重要的推动作用，主要包括以构建高水平社会主义市场经济体制为制度保障，以健全因地制宜发展新质生产力体制机制为直接驱动力，以构建支持全面创新体制机制为核心工作。

（一）制度保障：构建高水平社会主义市场经济体制

高水平社会主义市场经济体制是中国式现代化的重要保障，也是发展新质生产力、构建新型生产关系，推动实现高质量发展的制度保障。社会主义市场经济体制是中国共产党领导经济建设的重要制度创造，充分发挥了社会主义制度的优越性。构建高水平社会主义市场经济体制的着力点主要包括以下方面。

在所有制方面，要坚持和落实“两个毫不动摇”，毫不动摇巩固和发展公有制经济，毫不动摇鼓励、支持、引导非公有制经济发展，保证各种所有制经济依法平等使用生产要素、公平参与市场竞争、同等受到法律保护，促进各种所有制经济优势互补、共同发展。要为非公有制经济参与市场竞争创造友好的营商环境和舆论环境，尊重企业创新主体地位，呵护企业投资创新领域的热情。

在政府与市场关系方面，要坚持使市场在资源配置中发挥决定性作用，同时更好发挥政府作用，把有效市场和有为政府两大优势结合起来，创造更加公平、更有活力的市场环境，实现资源配置效率最优化和效益最大化，既“放得活”又“管得住”，更好维护市场秩序、弥补市场失灵，畅通国民经济循环，激发全社会内生动力和创新活力。

在分配关系上，要进一步完善收入分配制度。构建初次分配、再分配、第三次分配协调配套的制度体系，提高居民收入在国民收入分配中的比重，提高劳动报酬在初次分配中的比重。完善劳动者工资决定、合理增长、支付保障机制，健全按要素分配政策制度；完善税收、社会保障、转移支付等再分配调节机制，防范数字经济发展带来的收入差距拉大现象。通过合理的社会收入分配激发社会各界创新创业的积极性，使有助于催生新质生产力的各类要素充分涌流，发挥出系统集成效能。

（二）直接驱动力：健全因地制宜发展新质生产力体制机制

新型生产关系集中体现为因地制宜发展新质生产力的体制机制，要形成一套面向政府各部门、各地方，面向企业，面向整个社会的激励机制，使全国上下形成发展新质生产力的共识。具体有以下要求。

一是要着力创新劳动者、劳动资料、劳动对象的组合方式，配合新质生产力的发展特征构建差异化的科研人员、企业人员管理机制，改善科研创新激励，降低科技创新与成果转化过程中的交易成本，以新的管理方式、新的要素组合、新的生产函数作为发展新质生产力的重要支撑。

二是要加强技术创新和新领域新赛道制度供给，建立未来产业投入增长机制，推动战略性新兴产业合理有序发展。为未来产业提供充分的资金支持和人才支持，引导社会资本、国有资本向有关新质生产力的领域有效配置。同时要注重保持新质生产力空间布局的合理性，防止各地不顾实际情况“一窝蜂”发展所谓的新质生产力而忽视放弃传统产业的优化升级，让各地方结合本地实际和比较优势发挥特色的新质生产力。

（三）核心工作：构建支持全面创新体制机制

构建支持全面创新体制机制囊括了教育、科技、人才重点领域，在教育方面，要深化教育综合改革，建立科技发展、国家战略需求牵引的学科设置调整机制和人才培养模式，加强基础学科、新兴学科、交叉学科建设和拔尖人才培养，着力加强创新能力培养。要完善高校科技创新机制，形成以企业为主导的科技成果转化机制，提升成果转化效能。

在科技体制改革方面，要推动科技创新力量、要素配置、人才队伍体系化、建制化、协同化。加强国家战略科技力量建设，切实发挥国家实验室效能。进一步改进科技管理体制，强化基础研究领域、交叉前沿领域、重点领域前瞻性、引领性布局，强化企业科技创新主体地位，深化科技成果转化机制，允许科技人员在科技成果转化收益分配上拥有更大的自主权。

在人才方面，要深化人才发展体制改革，加快建设国家战略人才力量，着力培养造就战略科学家、一流科技领军人才和创新团队，着力培养造就卓越工程师、大国工匠、高技能人才，提高各类人才素质。这些改革措施的落地将充分调动科研人员和企业的创新原动力，达到通过改革生产关系推动新质生产力发展的目的。

问题4 如何更好推动原始创新

原始创新是催生新质生产力、引领高质量发展的核心抓手。党的十八大以来，以习近平同志为核心的党中央始终把创新摆在国家发展全局的核心位置，并特别强调，要“加强基础研究，注重原始创新”[①]。当前世界主要国家围绕科技创新策源地和制高点的竞争日趋激烈，中国在进入创新型国家行列基础上建设世界科技强国，亟须大力推动原始创新。

一、正确认识和把握原始创新

科技是国家强盛之基，创新是民族进步之魂。科技史证明，那些率先发现基础科学规律、开发应用基础前沿技术和原创引领技术的国家，能率先形成原创性、引领性、带动性强的战略性产品和战略性产业，进而形成更强的综合竞争力，掌握巨大的经济优势与持久的领先优势。习近平总书记曾在科学家座谈会上强调：“我们必须走出适合国情的创新路子，特别是要把原始创新能力提升摆在更加突出的位置，努力实现更多‘从0到1’的突破。”[②] 原始创新之于发展、民族和国家的重要性不言而喻。

① 《十九大以来重要文献选编》(中)，中央文献出版社2021年版，第793页。

② 习近平：《在科学家座谈会上的讲话》，人民出版社2020年版，第4页。

正确认识原始创新，首先要厘清原始创新与创新的关系。创新是指在认识世界和改造世界的过程中获得或创造的前所未有的、对人类生存和发展有用的理论、方法、技术、策略等活动过程。创新可以是“从0到1”的过程，即原始创新，也可以在已有基础上进一步深化、发展和进步，即“1到N”的过程，如集成创新、开放创新。总的来说，创新体系是一个多主体参与、多要素投入的多元价值创造及实现过程，是创新链、产业链、供应链、价值链、资金链、教育链、人才链、数据链、政策链等多链条、多环节的深度融合，是国内国际创新要素、创新活动、创新产出相互交织的系统工程。而原始创新是创新的一种形式，表现为前所未有的重大科学发现、创造前所未有的重大技术发明等源头创新、一次创新或零次创新。从性质看，原始创新是“无中生有”的质变、“从0到1”的首创；从过程看，原始创新具有探索性和不确定性，是不连续、小概率事件；从成效看，原始创新具有前瞻性、突破性和颠覆性。原始创新往往标志着获得开辟前所未有的产业新方向、实现发展理念的新跨越，是创新体系的基石。

其次，要以系统性和开放性思维把握原始创新。党的十八届五中全会指出，要“加强基础研究，强化原始创新、集成创新和引进消化吸收再创新”[①]，这对加快提升我国的创新能力、解决制约发展的关键和瓶颈问题、为经济社会发展提供更加坚实的知识基础和更加强劲的发展动力，具有重大而深远的意义。当前，基础研究、应用研究、试验开发和产业发展的内在关联日益增强，宏观微观的深入交叉、融合汇聚不断加速，各领域各环节存在大量的原始创新、集成创新、开放创

① 《全面建成小康社会重要文献选编》（下），人民出版社、新华出版社2022年版，第851页。

新机会。因此，原始创新不足、基础研究积累不够，会在一定程度上制约集成创新和引进消化吸收再创新能力的进一步提升，这就要求我们从系统全局出发对创新领域、行业进行战略布局。同时要注意的是，原始创新与基础理论的发展并不是简单的线性关系。中国的指南针、莱特兄弟发明飞机、Hinton的人工神经网络等技术科学、工程科学领域，都是原始创新早于科学理论。这就需要我们摒弃只有基础研究上去了才能发展原始创新的线性思维，秉承更加开放的态度去看待原始创新。在此基础上，把握物有本末、事有终始、知所先后的理念，促进原始创新与基础研究的良性发展，进而形成以基础研究和原始创新引领带动集成创新和引进消化吸收再创新的创新格局。

二、破解制约原始创新的发展瓶颈

近代以来，世界经济发展动力对科技和创新的依赖度显著增高，特别是具有基础性、源头性、体系性、累积性和衍生性等特点的基础研究和原始创新。早在"要素驱动""效率驱动"发展阶段时，依托综合成本优势和超大规模市场优势，我国维持了较长时期的强劲增长，建立了较为完善的科技创新体系、产业体系和人才教育培训体系，取得了一批重要科学发现和重大原创技术，但主要创新模式是技术跟踪模仿、商业模式创新，研发投入主要集中在试验开发方面，基础研究和应用研究投入占研发投入比例偏低，缺乏科学与技术方面"从0到1"的突破。从整体来看，科技创新总体水平与发达国家差距较大。从原始创新的必备要件及发展环境出发，剖析制约我国原始创新的发展瓶颈，主要有以下几点。

第一，科研人员队伍结构欠佳。原始创新和基础研究是一流人才的事业，我国科技由“大”变“强”，关键在于科研人员队伍。当前我国科研人员队伍规模大，但强势专业领域有限。当前，中国已建成全球规模最宏大的科技人才队伍，专业技术人才接近7840万人，中国在量子信息、5G通信、高速铁路、民用无人机等领域处于领先地位，但在信息、生命科学等领域的大部分基础技术和关键共性技术方面，仍处于跟跑地位。我国科研人员区域分布不均，科技人才主要集中在东部地区，而东北和西部部分欠发达地区人才流失加剧。我国科研队伍性别比例仍需改善，根据《性别视角下的中国科研人员画像》报告，女性在生命科学和医学领域表现出色，但2019年女性科研人员占比为27.7%，仍有改善空间。因此，延揽世界一流人才、培育一流人才、优化人才队伍结构并让其充分发挥作用，是我国科技界的当务之急和头等大事。

第二，原始创新成果评价标准有待完善。现行评价标准存在评价体系单一化、同行评议局限性、评价标准功利化、评价机制行政化及缺乏长期和多元化的评价标准等问题。传统的评价体系往往过于依赖量化指标，如论文数量、影响因子、专利数量等，而忽视了成果的创新性、实际应用价值和社会影响。这种“四唯”（唯论文、唯职称、唯学历、唯奖项）的评价方式可能导致科研人员追求短期量化成果，而非真正的原始创新。同行评议是科研评价中的常用方法，但其主观性和可能存在的利益冲突可能导致原始创新成果难以得到公正评价。特别是对那些挑战现有理论和技术的突破性成果，同行评议可能因为守旧和不理解而未能给予应有的认可。在一些情况下，评价标准可能过于强调短期效益和应用成果，而忽视了基础研究和长期研究的价值。基础科研和原始创新是面对未知的研究，是有偶然性的，用阶段性的明确目标考核来考核原始创新，是缘木求鱼。与此同时，评价结果可能与科研人员的职称晋升、经费申请等物质利益过度关联，导致科研人员在研究工作中产生急功近利的心态，不利于原始创新的孕育和成长。

第三，组织设计应当与原始创新相配套。原始创新和基础研究需要尊重科学、尊重人才的自由环境。世界科技史表明，科技体制机制与管理方式的演变是向服务型组织发展。其组织原则是如何为学者做好服务，原始创新研究的科研组织更应如此。组织设计与工作分析是人力资源管理活动的首要环节，对组织实现战略目标至关重要。在项目管理上，项目计划不清晰、工作进度无法及时掌控等问题会影响科研效率和质量。在项目资源分配上，必须警惕“官大学问大、权大经费多”现象的出现，对“管理者通吃”说不。科研管理体制尤其是经费资源分配过度行政化，会导致官本位意识泛滥，滋长投机意识，造成学术氛围不良、科研水平低下等负面影响。在组织模式上，传统的科研组织模式与当前科学研究的综合性和复杂性不适配，需要创新科研组织模式。在某些领域，采用扁平化团队结构相比层级化团队更能产生创新性研究成果。

第四，缺乏原始创新的社会价值导向。从社会价值导向来看，学而优则仕的传统思维影响部分知识分子对科研事业的终身追求。从知识产权保护力度来看，知识产权的惩罚机制不健全，仿冒更容易利益最大化，原始创新的利益无法保障，低风险、高收益的仿冒行为破坏了社会风气，也不利于鼓励科研人员进行原始创新。从社会资金偏好来看，目前欠缺成熟健全的科技—产业—金融体系，风险投资机构的投资理念对原始创新不友好，利益导向与原始投资前期投资大、风险高、成功概率小的特点不匹配，进而资金规模相对有限的民营企业在原始创新领域的动力不强。

三、构建有利于推动原始创新的发展格局

教育、科技、人才是中国式现代化的基础性、战略性支撑。当前科技创新已成为国际战略博弈的主要战场，围绕科技制高点的竞争空前激烈。中国式现代化关键就在于科技现代化。因此，党的二十届三中全会强调，必须深入实施科教兴国战略、人才强国战略、创新驱动发展战略，统筹推进教育科技人才体制机制一体改革，健全新型举国体制，提升国家创新体系整体效能。构建支持全面创新的体制机制，为破解制约原始创新的发展瓶颈，一体推进原始创新、集成创新、开放创新，加快打造原始创新策源地和加快突破关键核心技术指明了方向。

第一，激发各类人才创新活力，建设全球人才高地。改革创新，关键在人。世界科技强国必须在全球范围内吸引人才、留住人才、用好人才。我国要实现高水平科技自立自强，归根结底要靠高水平创新人才。培养创新型人才是国家、民族长远发展的大计。创新不问出身，英雄不论出处。要改革重大科技项目立项和组织管理方式，实行“揭榜挂帅”“赛马”等制度。要研究真问题，形成真榜、实榜。要真研究问题，让那些想干事、能干事、干成事的科技领军人才挂帅出征，推行技术总师负责制、经费包干制、信用承诺制，做到不论资历、不设门槛，让有真才实学的科技人员英雄有用武之地。构筑集聚全球优秀人才的科研创新高地，完善高端人才、专业人才来华工作、科研、交流的政策。健全国有企业推进原始创新制度安排，支持国有企业更大

范围、更高层次融入国家创新体系，积极承担国家研发计划、重大科技项目，牵头或参与国家科技攻关任务，强化项目基地、人才、资金一体化配置，促进创新要素向企业集聚，推动国有企业真正成为原创技术决策、研发投入、科研组织、成果转化的重要平台。

第二，遵循创新规律，完善原始创新评价制度。广大科技工作者要把握创新特点，树立敢于创造的雄心壮志，敢于提出新理论、开辟新领域、探索新路径，围绕攻克关键核心技术加大基础研究力度，努力实现前瞻性基础研究、引领性原创成果重大突破。原创性成果评价应坚持质量、绩效、贡献为核心的评价导向，全面准确反映成果创新水平、转化应用绩效和对经济社会发展的实际贡献。在项目评价上，要建立健全符合科研活动规律的评价制度，完善自由探索型和任务导向型科技项目分类评价制度，建立非共识科技项目的评价机制。在人才评价上，要“破四唯”和“立新标”并举，加快建立以创新价值、能力、贡献为导向的科技人才评价体系。甄选前沿学者，替代“唯帽子”“唯头衔”。创新开放评价机制，弥补同行评议的缺点，及时识别半成名、未成名的一流人才。

第三，统筹推进科技体制改革，形成支持全面创新、重视原始创新的基础制度。要健全社会主义市场经济条件下新型举国体制，充分发挥国家作为重大科技创新组织者的作用，支持周期长、风险大、难度高、前景好的战略性科学计划和科学工程，抓系统布局、系统组织、跨界集成，把政府、市场、社会等各方面力量拧成一股绳，形成未来的整体优势。要支持科研事业单位探索试行更灵活的薪酬制度，稳定并强化从事基础性、前沿性、公益性研究的科研人员队伍，为其安心科研提供保障。科技管理改革不能只做加法，要善于做减法。要拿出更大勇气推动科技管理职能转变，按照抓战略、抓改革、抓规划、抓服务的定位，转变作风，提升能力，减少分钱、分物、定项目等直接干预，强化规划政策引导，给予科研单位更多自主权，赋予科学家更大技术路线决定权和经费使用权，让科研单位和科研人员从繁琐、不必要的束缚中解放出来。科技创新离不开科技人员持久的时间投入，1961年，中央曾提出“保证科技人员每周有5天时间搞科研工作”。保障时间就是保护创新能力，要建立让科研人员把主要精力放在科研上的保障机制，让科技人员把主要精力投入科技创新和研发活动。

第四，营造尊重劳动、尊重知识、尊重人才、尊重创造的环境，形成崇尚科学的风尚。科学技术具有世界性、时代性，是人类共同的财富。“栽下梧桐树，引来金凤凰。”[①]要更加重视人才自主培养，习近平总书记强调，“科技创新特别是原始创新要有创造性思辨的能力、严格求证的方法，不迷信学术权威，不盲从既有学说，敢于大胆质疑，认真实证，不断试验”[②]，要更加重视科学精神、创新能力、批判性思维的培养培育。要更加重视青年人才培养，努力造就一批具有世界影响力的顶尖科技人才，让更多的青少年心怀科学梦想、树立创新志向。大力弘扬科学家精神和企业家精神，稳定支持一批创新团队，培养更多高素质技术技能人才、能工巧匠、大国工匠。要推动有效市场和有为政府更好结合，充分发挥市场在资源配置中的决定性作用，通过市场需求引导创新资源有效配置，形成推进原始创新的强大合力。

---

① 《习近平谈治国理政》第4卷，外文出版社2022年版，第202页。

② 习近平：《论把握新发展阶段、贯彻新发展理念、构建新发展格局》，中央文献出版社2021年版，第396页。

问题5 如何以科技创新引领产业创新

回溯历史，每一次科技革命都会引发深刻的产业变革，带来生产力的阶梯式跃升。当今世界百年未有之大变局加速演进，新一轮科技革命和产业变革突飞猛进，科技创新愈发成为推动全球产业格局变化和产业链重构的主导力量。2024年3月20日，习近平总书记在主持召开新时代推动中部地区崛起座谈会时强调“要以科技创新引领产业创新，积极培育和发展新质生产力”。这一重要论述深刻揭示了科技创新与产业创新的互动规律和内在逻辑，也为加快推进高水平科技自立自强、建设现代化产业体系提供了根本遵循。然而，在实践过程中我国仍存在原始创新不足、成果转化不畅、政策支撑不强、生态融合不够等一系列问题，严重制约着科技创新在产业创新中引领作用的发挥。当前正处于新质生产力孕育和形成的战略机遇期，迫切需要围绕科技创新功能定位和产业创新发展需求，紧扣科技与产业“两张皮”问题，探寻科技创新引领产业创新的科学路径，塑造新质生产力发展新动能新优势。

一、增加高质量科技供给，激发产业创新源动力

高质量科技供给是科技创新引领产业创新的前提和基础。科技供给的质与量，直接决定了产业创新的数量、水平与效益。发挥科技创

新在产业创新中的引领作用，必须把高质量科技供给放在更加突出的位置，从源头供给、技术供给、资源供给、政策供给四方面持续发力，着力支撑现代化产业体系建设。

（一）加强基础研究原始创新

基础研究处于从研究到应用、再到生产的链条开端，是从源头发挥科技创新引领作用的关键。第一，持续加大基础研究投入力度，优化基础研究投入结构，提高基础研究投入占财政科技支出的比例，引导社会科技资源向科技供给的源头端集聚。第二，坚持产业发展需求导向，着力强化开发应用型基础研究和产业化应用，提升科技创新的产出效率，加快科技成果转换，让优质科技创新资源与市场创新需求之间有效衔接。第三，强化基础研究重点学科、重点项目、重点平台布局，加强“卡脖子”技术攻关研究，创造更多“从0到1”的原创性、颠覆性、引领性突破。第四，深化基础研究体制机制改革，提升基础研究组织化程度，激发基础研究活力，从源头和底层解决关键技术问题。

（二）深化核心前沿技术攻关

增加高质量科技供给，必须聚焦产业发展中的“卡脖子”难题，发挥产业底蕴和科技优势，推进关键核心技术突破，部署前沿引领技术攻关。一方面，摒弃纯粹的技术依赖模式，改变关键性技术来源与供给的方式，强化技术的自主创新，探索自主创新的中国路径，保障重点产业的创新链供应链自主可控，掌握关键核心技术供给的主动权。另一方面，瞄准未来科技和产业发展制高点，加强前瞻谋划部署，加快推进人工智能、先进计算、能源电子、生物制造、未来网络、元宇宙等前沿领域开展技术攻关，开发典型应用场景，探索建设高附加值、强带动性的未来产业先导区，做好科技创新和产业创新深度融合这篇大文章，为加快发展新质生产力持续注入新动能。

（三）引导创新资源优化配置

合理分配科技资源是提升科技供给能力和投入产出效率的重要保障。资源只有在组织地区间有效地流动共享，才能发挥科技创新的最大效益。一是强化市场在资源配置中的决定性作用，通过技术评估和需求分析，对创新资源进行准确定位和配置。根据不同的技术特点和发展需求，合理匹配相应的资源，提高资源利用效率和创新成果转化效率。二是强化国家决策在战略性科技项目和重大工程中的主导地位，政府通过对法律法规、行政指令、财税政策的综合运用，有效化解市场失灵和无序竞争导致的资源配置结构失衡，引导和优化科技创新资源的配置。三是加强完善产学研相结合的资源配置方式，通过建立产学研联盟和创新平台等机制，促进科技创新资源的共享和流动，发挥资源集聚和溢出效应，实现创新资源的集约化、高效化利用。

（四）强化科技产业制度保障

科技创新引领产业创新，需要有效的制度供给来保障。政府应充分发挥制度的激励与约束两大功能，最大限度解放和激发科技作为第一生产力所蕴藏的巨大潜能。第一，要尊重产业发展规律，基于未来产业的发展阶段、市场规模、技术阶段和技术的正负外部性，做好体系化政策谋划布局，支持不同技术路线、技术架构的研发，掌握未来技术竞争新赛场的规则制定权和主导权。第二，优化产业相关投资基金运作和监管机制，以确保资金投向符合国家战略要求和长远发展需要，打好科技政策、产业政策、财政政策的“组合拳”，运用市场机制开拓新领域新赛道，发展壮大新动能新优势。第三，完善对科技创新引领产业创新的全过程绩效评价和监督，实现绩效评价的正向激励作用，在发现问题的基础上建立责任机制。

二、推动高效率成果转化，释放产业创新新动能

推动更多原创性和颠覆性科技成果从科研院校走进企业、从实验室走向生产线、由“书架”走上“货架”，是推动科技创新引领产业创新的“关键一跃”。要将转化路径走通走实，需着重解决“不愿转、不敢转、不能转、不会转”科技成果转化难题，推动各项改革举措同向发力、形成合力，持续让创新链的好技术变成产业链的新应用。

（一）破解成果转化机制障碍

推动科技成果向新质生产力转化的首要任务是破除束缚成果转化的体制机制障碍。一是在顶层设计层面搭建高质量科技成果转化的“四梁八柱”，畅通科技到产业转化的制度通道，推出精准有效的配套政策。二是坚持用好科技评价指挥棒，健全完善科技成果评价、激励和容错纠错机制，引导企业从“被创新”向“要创新”转变，高校从“重论文”向“重应用”转变，调动科技人员成果转化积极性，解决“不想转”问题。三是加大工作统筹力度，建立科技部门统筹协调、职能部门齐抓共管、监督部门协作沟通的跨部门协同工作模式，推动科技成果转化政策落地。

（二）提升成果转化服务质效

为解决“不会转”问题，要立足产业发展需求，紧紧围绕科技成果转化目标，提供全方位的科技成果转化服务，打通从原理性样机到工程化样机再到产品的“最后一公里”。一是构建“全链条”科技成果转化服务体系。打造以科技领军企业为主体、高校和科研机构为依托、市场为纽带的专业化综合服务体系，实现产业集群内的资源整合和服务共享。二是提供“全周期”科技成果转化服务项目。在前端实施高价值专利培育行动，在中端建成成果孵化转化的市场化专业机构和中试平台，在后端建立成果放大平台，面向企业、市场推动成果落地和产业化。三是激活“全类型”科技成果转化关键环节服务。全面提升科技成果转化能力，尤其是信息共享、人才支持、资金保障支持等关键环节的服务质效，助力企业用最优服务跑出科技成果转化“加速度”。

（三）加快成果转化平台共建

提升高能级科创平台建设质效是一项系统工程，要以多元主体共建共享的平台组建模式为抓手多点发力。在实践中，要立足主导产业和科技资源禀赋，加强科技创新平台统筹规划和科学布局，推动平台建设与产业需求相对接，建设一批功能齐全、覆盖广泛、开放共享的中试基地，实现从基础研究到成果产业化的全过程无缝衔接，加快输出新技术、新产品、新业态。同时，注重平台内涵建设，避免交叉重复，整合优化现有的平台资源，引导各类科技创新平台差异化发展，突出支持高能级创新平台建设，优化重组重点实验室，增强创新创业平台扶持力度，构建各具特色、重点突出、协同发展、开放融合的多层次科技创新平台体系。

（四）突出成果转化应用价值

科技成果转化的目的在于产业化应用，要实现更高水平的科技成果转化，必须有效对接市场，解决“不能转”问题。要充分运用市场作为引导创新要素流动的关键力量和企业作为配置创新要素的核心载体作用，通过价值链延展技术链和创新链，形成企业、高校和科研院所资源互补、收益共享、风险共担的协同创新模式。通过研发合作、技术转让、技术许可、作价投资等多种形式，实现科技成果市场价值。探索建立灵活有效的科研和产业沟通对接渠道，促进科研机构和科研人员走向市场、熟悉市场，敏锐把握产业动向和趋势，为科研成果找到应用化的市场空间。

三、聚焦高效能企业引领，塑造创新生态新优势

企业既是原创技术的策源地，也是推动创新创造的生力军。发挥科技创新在产业创新中的引领作用，关键在进一步强化企业在科技创新决策、研发投入、科研组织和成果转化中的主体地位，提升企业在创新引领中的参与度和话语权。

（一）激发企业创新内生动力

企业基于其内生需求开展的科技创新活动，有助于带动产业研发效率的整体提升。发挥企业在科技创新中的主体地位，激发企业内生动力是关键。第一，进一步优化营商环境，深化科技领域“放管服”

改革，赋予企业创新更大自主权，充分激发企业创新潜能，不断增强企业核心竞争力。第二，完善以创新能力、质量、实效、贡献为导向的企业科技评价体系，用好股权、分红、科技成果转化收益分享等激励工具，鼓励企业加大科技创新和研发投入。第三，加强知识产权保护和核心技术人员权利保护力度，推动企业加大卓越工程师、高水平创新团队引育力度，根据行业需求柔性引才用才。第四，正确处理容错免责与追责问责的关系，健全科技创新容错机制，激发企业开展科技创新活动的积极性。

（二）推进产学研用深度融合

以企业为核心构建科技和产业之间互融互通的桥梁纽带，需强化科技创新与产业创新有效衔接、创新链与产业链精准对接，加快形成产学研深度融合格局。一是加快技术驱动型产学研融合向需求驱动型产学研深度融合模式转型，发挥企业产学研主导作用，促进科技成果更好由企业使用。二是探索多元化产学研融合新范式，支持企业联合高校、科研院所等组建创新联合体，承担国家重大技术攻关任务，参与国家级创新平台建设，加快科技成果向现实生产力转化。三是完善利益共享和风险共担机制，平衡企业、高校和科研院所各方利益诉求，明确科技成果的产权归属与收益分配制度，确保利益分配公平合理。

（三）塑造企业协同创新格局

充分发挥企业市场主体和产业主体作用，明确科技型骨干企业的主导地位，推动大中小微企业发挥能动作用，打造梯度培育体系，塑造大中小企业融通创新格局。一是发挥科技型骨干企业引领支撑作用，建设高水平研发机构和平台，超前布局产业前沿技术和颠覆性技术，主动承担国家重大科技任务和关键核心技术攻关，加快建设世界一流企业。二是推动科技型中小微企业成为创新重要生力军，瞄准所属细分领域，加大项目和人才投入，健全准入规则和退出机制，加强产权保护，激发涌现更多聚焦主业、精耕细作的专精特新的创新主体。三是推动产业链上中下游、大中小微企业融通创新。培育大中小微企业融通创新平台和基地，促进产业链上中下游对接和大中小微企业之间的业务协作、资源共享和系统集成，构建创新协同、产能共享、供应链互通的新型产业创新生态。

（四）提升创新要素集聚能力

强化企业创新主体地位，要促进各类创新要素向企业集聚，形成以企业为主体、市场为导向、产学研用深度融合的技术创新体系。一是推动创新要素配置方式变革，发挥市场在资源配置中的决定性作用，畅通要素流通渠道，提升企业的吸引力、凝聚力和容纳力，促进各类创新要素向企业集聚。二是推动创新要素加速流动和精准匹配，通过突破创新主体间的壁垒，充分释放人才、资本、信息、技术等要素活力，引领全链贯通和全要素融合创新。三是推动新型创新要素不断涌现，改变传统要素的属性及组合方式，要加快构建更加完善的要素市场化配置体制机制，引导各类要素协同向先进生产力集聚。

四、营造高标准创新生态，打造统筹协作新格局

习近平总书记强调，生产关系必须与生产力发展要求相适应。发展新质生产力，必须进一步全面深化改革，形成与之相适应的新型生

产关系。以科技创新引领产业创新，必然要求营造良好的科技创新生态，从而以科技创新催生新发展动能，加速现代化产业体系建设进程。

（一）营造多链融合创新生态

科技链、产业链对接协作是科技创新引领产业创新的关键支撑，要进一步营造多链融合的创新生态。一是从差异化产业发展需求出发，围绕产业中的关键技术进行协同攻关，改造提升传统产业，发展战略性新兴产业，促进产业升级和集聚，加快实现由科技创新到产业创新的单向推进向双向互促转变。二是围绕产业链布局创新链，强化产业分工合作，打造融知识产出、科技创新、技术运用、产品销售等环节为一体的全产业链，充分发挥创新溢出作用。三是把维护产业链安全和韧性作为高水平科技自立自强的目标之一，加强未来产业领域高层次人才引育，强化产业链科技创新备份手段、备份技术研究，加强科技创新信息和产业信息安全保护。

（二）营造多元主体协同生态

企业是产业形成发展的基础单元和核心要素。构建现代化产业体系，不仅要依托区域企业创新主体，还要积极探索跨界合作，整合人力、技术、信息、资本等创新资源要素，为供需双方提供技术研发、产品创新的交互对接场景和工具，开展跨区域、跨行业、跨产业组织协调，实现创新资源融合共享，引领打造共创共赢的创新生态。发挥高校院所作为前沿性、基础性研究的主力军优势，协同企业创新主体、联动投融资主体、发展技术转移服务主体，构建多元化协同式立体创新体系，满足产业创新全方位、系统化的需求。

（三）营造开放包容创新生态

让科技成果“走出去”开拓市场、“融进去”布局发展，是以科技创新引领产业创新的重要一步，对营造开放包容创新生态具有重要意义。第一，搭建多元化国际科技合作平台，支持以企业为主导的国际产学研合作，强化资源共享与优势互补，打造多领域合作体系、多层次合作格局。第二，实施更加开放包容、互惠共享的国际科技合作战略，营造促进国际科技合作的良好环境，健全定期评估和反馈机制，确保国际科技合作战略框架有效实施。第三，加大国家重大科技基础设施开放共享力度，加强国际科技人才培养和交流，支持中外学者联合开展原始创新活动。第四，支持外资企业融入国内创新链，开发和创造高复杂性应用场景，率先开拓高附加值产业环节，探索未来产业的深度应用。

问题6 如何推动各类先进生产要素向发展新质生产力集聚

新质生产力的发展高度依赖先进生产要素的集聚与有效运用。先进生产要素，如科技创新、人力资本、金融资本、数据要素与制度创新，是新质生产力提升的核心支撑。科技创新提供了生产函数跃迁的动力源泉，人力资本通过知识积累与技能升级推动生产效率和技术水平提升，金融资本确保了资源在高效领域的流动性与供给侧改革的深化，数据要素是现代经济社会中的一种重要生产要素，在数字经济时代扮演着越来越关键的角色，制度创新则通过优化资源配置、激励机制与市场规则，创造有利于先进要素集聚的外部环境。先进生产要素的有效整合与利用，是推动新质生产力持续发展的前提与关键。

一、先进生产要素有哪些、有何特点

科技创新是发展新质生产力的核心驱动力。科技创新通过推动生产方式的变革、提升生产效率、优化资源配置等手段，实现了经济发展从量的扩展向质的提升转变。它不仅推动了传统产业的升级，还催生了新兴产业，成为经济高质量发展的关键力量。

科技创新往往具有颠覆性，能够带来产业变革和社会进步。科技创新高度依赖知识的积累与应用，尤其是在基础研究和应用研究领域。

科技创新的发展往往需要强大的科研能力和知识储备，以确保在技术和理论上领先。科技创新不是一蹴而就的，而是一个持续积累和迭代的过程。每一次创新都在前期科技积累的基础上进行，一旦技术突破，便会推动新一轮的生产力提升和产业变革。科技创新通常伴随着较大的不确定性和风险，特别是在基础研究和前沿技术领域。然而，一旦成功，其带来的回报也往往是巨大的，不仅能改变单个企业的命运，还能带动整个行业甚至全球经济的发展。科技创新具有明显的外部性，其应用不仅能够提升企业的竞争力，还能通过技术扩散和知识共享，促进整个社会的进步。

人才资源在发展新质生产力中起着不可替代的作用，尤其是在当今的知识经济和创新驱动型时代，人才资源不仅是技术创新的主要推动力，也是新质生产力提升的核心要素之一。

人才资源具有高度的知识密集性，他们通过知识的积累与应用，直接推动生产力的提升。人才资源的最大特点是其创新性，相较于传统生产要素，人才具有创造新知识、开发新技术的能力，并能够灵活应对市场和技术的变化，不断推动产业变革。人才具有较强的流动性，特别是在全球化和数字化背景下，人才资源可以跨越地域限制在全球范围内自由流动。因此，各国和地区为吸引高端人才展开了激烈的竞争，人才的流动性成为提升新质生产力的关键因素。高端人才，尤其是掌握核心技术和技能的人才，具有很强的不可替代性，在一些高新技术领域，人才的独特知识和能力往往是推动企业创新和竞争力提升的关键所在。

金融资本在发展新质生产力中起着至关重要的作用，它不仅为科技创新和产业升级提供了资金支持，还通过资本市场的资源配置功能，优化生产要素的流动性，加速新质生产力的成长。金融资本的有效运用为企业创新、技术研发和新兴产业的孵化提供了重要保障，是推动新质生产力实现质变的重要力量。

金融资本具有高度的流动性，能够迅速在全球范围内跨国转移。资本的高效流动使得资金能够快速进入具有高增长潜力的产业和市场，为科技创新和新质生产力的发展提供了持续的资金支持。金融资本，特别是投向科技创新和新兴产业的资本，通常伴随着较高的风险。这是由于新质生产力领域具有不确定性，如技术研发失败、市场接受度低等。但同时，金融资本也具有高回报性，一旦创新项目成功，其所带来的经济回报和市场份额将是巨大的。金融资本通过杠杆效应放大了资金的使用效率。例如，银行贷款、风险投资和股权融资能够帮助企业以较少的自有资金获得更多的融资，推动企业的技术研发和市场拓展。资本市场的杠杆效应使创新型企业得以快速扩张。金融资本具有强大的资源配置功能。通过资本市场，金融资本能够根据市场需求和投资回报率，迅速配置到最具增长潜力的企业和产业中，优化资源的流动性和使用效率。资本的高效配置有助于新质生产力的发展，实现经济结构的调整和优化。金融资本具有较强的市场敏感性，能够快速反应于市场变化和技术进步。金融市场中的投资者通常会根据市场需求、技术趋势和政策变化调整资本投向，因此，金融资本能够较早识别到新质生产力的发展机会，并进行前瞻性布局。

数据与制度在发展新质生产力中扮演着至关重要的角色。作为现代经济发展的新型生产要素，数据的作用日益显著，而制度作为生产要素有效配置的保障机制，确保了新质生产力的高效发展。这两者共同为新质生产力的提升提供了强大的推动力。

与传统生产要素不同，数据具有高度的可复制性。一次数据的收集和处理可以被多次使用，且数据的边际成本极低。这种可扩展性使得数据能够在更广泛的领域和行业中应用，带来更高的生产效率。数据能够跨越地理、时间和行业的界限，实现快速流动和共享。全球数据网络的建立使数据能够在不同国家和企业之间自由交换，推动技术合作和创新扩展。数据的流动性提高了生产要素在全球范围内的配置效率。数据的收集、处理和分析高度依赖技术支持。没有现代信息技术的支持，数据将无法发挥其应有的作用。数据的价值不仅体现在其本身的数量上，更体现在通过技术挖掘和分析后带来的洞察和决策支持上。尽管数据有极高的经济价值，但其广泛使用也带来了隐私和安全问题。数据的开放性和共享性使得隐私保护和数据安全成为必须面对的挑战。如何在利用数据的同时保护用户隐私，是未来发展的重要议题。

制度作为市场运行的基础，具有稳定性，能够为生产活动提供一个长期可预期的环境。然而，制度也必须具备一定的灵活性，以应对快速变化的科技进步和市场需求，保证新质生产力的动态发展。制度通过设立激励机制，推动企业和个人进行创新和发展。同时，制度也具有约束性，通过法律法规和政策规制，限制不合理的行为，确保市场的公平竞争和规范运行。制度作为经济运行的框架，必须在各类资源的配置中，尤其是在不同生产要素之间的利益冲突中发挥协调作用。制度通过一系列规则来平衡资本、劳动力、技术等要素的利益，保障社会整体生产效率的最大化。制度的有效性依赖其执行和治理能力。一个设计良好的制度如果缺乏执行力，将无法有效发挥作用。因此，制度建设必须伴随着强有力的执行与治理体系，以确保各项规定得以落实。

二、先进生产要素集聚面临的挑战

先进生产要素集聚是推动新质生产力发展的关键，但在实际操作中，科技、人才、资本、数据和制度这五个核心要素的集聚过程各自面临不同的挑战。

科技要素集聚面临的挑战。核心关键技术面临“卡脖子”问题，某些关键核心技术仍被国外掌控，国内企业在高科技领域的自主研发能力不足，导致部分科技成果依赖进口，难以形成自主可控的创新链条。科技成果转化困难，许多高校和科研机构的科技成果难以快速转化为实际生产力。缺乏有效的产业化机制，科研与产业需求脱节，科技创新的市场化应用较为缓慢，影响了科技要素的集聚。研发投入不足，尽管科技创新的重要性日益凸显，但许多企业对科技研发的投入力度不够，特别是在长期、高风险的基础研究领域，资金支持的缺乏影响了科技要素的集聚与突破。

人才要素集聚面临的挑战。高端人才短缺，尤其在高科技和创新型领域，高端科技人才匮乏，难以满足新质生产力发展的需求。虽然我国已经培养出大量的工程师和技术人员，但在原创性科技创新方面的顶尖人才依然稀缺。人才流动不均衡，一线城市和发达地区集聚了大量人才，但中小城市和边缘地区人才流失严重，形成了区域性的不平衡，阻碍了全国范围内生产要素的均衡集聚。人才引进机制的滞后性，当前的引才机制较为复杂和僵化，国际高端人才引进的政策灵活性不够，难以与全球竞争接轨，导致吸引顶尖创新人才的竞争力不足。

资本要素集聚面临的挑战。资本市场支持力度不足，尤其是在科技创新的早期阶段，风险较高的科技项目融资难度大，传统金融机构对科技创新企业的支持意愿较低，资本投入不足，导致许多科技项目无法顺利启动或发展。资本结构不合理，资本过度集中在房地产、传统制造等低风险领域，而在新兴产业、高科技领域的投资偏少。资本配置的效率低下，制约了新兴科技企业的成长空间和竞争力。融资渠道不畅通，特别是中小型科技创新企业，难以获得足够的融资支持。资本市场的门槛较高，企业很难通过债券、股票等方式获得融资，科技金融体系仍不完善。

数据要素集聚面临的挑战。存在“数据孤岛”现象，数据在不同的企业、行业和政府机构之间往往被孤立管理，难以共享和互联。各部门出于隐私保护和利益保护的考量，不愿开放数据，阻碍了数据要素的集聚，降低了利用效率。数据安全与隐私问题，随着数据成为重要的生产要素，数据泄露、数据滥用等问题日益凸显。数据的安全性和用户隐私的保护需求与数据开放共享之间存在矛盾，增加了数据集聚的难度。数据治理体系不完善，数据治理的法律法规、行业标准尚不健全，企业对数据的管理能力不足，导致数据质量参差不齐，难以有效整合和利用。没有统一的数据管理体系，数据要素的流动性和价值释放受限。

配套制度建设面临的挑战。制度创新滞后，现行制度在适应快速变化的科技创新环境方面存在滞后性。科技创新需要灵活、高效的政策支持，而许多制度规定过于保守，难以适应新兴产业的需求，阻碍了创新要素的集聚。

政策执行力度不足，虽然各地政府推出了多项鼓励科技创新和人才引进的政策，但在具体实施过程中，政策的落地效果常常打折扣，实际的扶持力度与企业需求存在差距，制约了制度对生产要素集聚的推动作用。

知识产权保护不完善，尽管我国在知识产权保护方面已取得显著进展，但在部分领域，知识产权侵权行为依然普遍存在，创新企业的成果缺乏有效保护。这不仅打击了企业的创新积极性，还影响了国际先进技术和人才的引进。

三、推动先进生产要素集聚的主要举措

推动先进生产要素的集聚是实现新质生产力发展的关键。通过科技、人才、资本、数据和制度等五大要素的优化集成，可以形成创新驱动发展的强大合力。

推动科技要素集聚的主要举措。一是加大研发投入与科技创新支持。政府和企业应加大对科技研发的资金投入，特别是在基础研究和前沿技术领域，为技术创新提供充足的资金支持。建立国家级和地区级的科研专项资金，支持重点科技项目，尤其是高风险、高回报的创新项目。二是促进科技成果转化机制。改善科技成果的转化机制，建立有效的科技创新成果转化平台，促进科研机构与企业之间的合作。设立孵化器和加速器，帮助科研成果迅速产业化，推动技术创新进入市场化阶段。三是搭建全球技术合作平台。加强国际科技合作，利用全球技术资源，通过技术引进、技术联合研发等方式，吸收国外先进技术，推动国内技术升级和创新能力提升。

推动人才要素集聚的主要举措。一是完善人才引进机制。改革现行人才引进机制，降低高端科技人才进入门槛，尤其是国际顶尖人才的引入，提供签证便利、生活保障和高薪待遇，吸引全球人才来华创

新创业。针对重点产业和创新领域，定向培养高端人才，设立人才专项基金和奖励机制，激励人才向创新领域集聚。二是完善人才培养体系。改善教育体系，加强对创新型人才的培养，特别是在人工智能、数据科学、生命科学等新兴领域，推动教育与产业对接，形成复合型人才梯队。增强职业教育，促进技能型人才与高端科研人才的结合，推动技术技能的普及和人才的全面发展。三是营造良好的人才发展环境。提供良好的工作与生活环境，完善社会保障体系，为人才提供有吸引力的城市居住、医疗、教育等公共服务。打造区域人才集聚高地，通过政策激励和税收优惠，吸引科技、金融等创新型人才向特定创新产业园区和城市集聚。

推动资本要素集聚的主要举措。完善科技金融体系。一是发展科技金融，设立专门支持科技创新的基金、风险投资机构和融资工具，鼓励银行、风投、私募股权基金等资本进入高科技企业和初创公司。加大资本市场对科技创新企业的融资支持力度，特别是中小企业，通过提供低息贷款、创新担保机制等方式，降低融资门槛，增加资金供给。二是鼓励长期资本投资。吸引长期资本如保险资金、主权财富基金等进入科技创新领域，推动创新资本的长期稳定增长，减少资本市场对短期利润的追求，鼓励更多耐心资本投入高风险创新项目。三是加强资本市场监管与创新。改进资本市场的监管框架，保护投资者利益，促进公平竞争，为科技创新企业提供更加稳定的融资环境。鼓励资本市场的创新，通过股权融资、债权融资、可转债等金融工具，满足科技企业多样化的融资需求。

推动数据要素集聚的主要举措。一是促进数据开放与共享。政府应牵头制定数据开放政策，鼓励公共部门与企业开放数据，推动数据共享机制，打破“数据孤岛”，提高数据流动性。建立国家级数据共享平台，鼓励企业在保护隐私的前提下开放大数据资源，为创新企业和科研机构提供数据支持。二是强化数据安全与隐私保护。完善数据安全法律法规，严格执行数据保护措施，以确保数据在使用过程中的安全性和隐私保护，增强公众对数据开放的信任。推动数据加密、区块链等新技术的应用，保障数据流通过程中的安全性，确保数据价值能够得到充分挖掘。三是建立数据治理体系。建立统一的国家数据标准和治理框架，推动企业和政府机构使用统一的数据格式和标准，确保数据质量和互操作性。提高数据管理和使用能力，鼓励数据分析、数据挖掘等技术的广泛应用，推动数据资源的高效利用。

推动制度要素集聚的主要举措。一是完善知识产权保护制度。强化知识产权保护，通过加强执法、提升法律透明度和公平性，确保创新企业的科技成果不被侵权，激励企业加大科技研发投入。设立快速知识产权纠纷解决机制，确保科技创新者的权益得到及时有效保护。二是优化创新激励政策。政府应制定更加灵活和鼓励创新的政策，例如税收减免、研发费用加计扣除、直接补贴等，以降低创新企业的成本负担，增强其市场竞争力。设立专门的创新奖励制度，鼓励企业和科研人员进行原创性科技突破，通过政策引导实现科技资源的集聚。三是建立高效的行政审批制度。简化行政审批流程，尤其是在高科技企业和创新型项目的设立过程中，提供更高效、快捷的审批服务，减少企业创新所需的制度成本。推行试点示范制度，在一些创新产业高地实施特殊的政策激励和监管机制，探索适应创新发展的新制度环境。

推动先进生产要素的集聚，必须通过多层次、多维度的举措，在科技、人才、资本、数据和制度等方面采取针对性措施，才能实现生产要素的高效整合和创新驱动发展。科技创新的资金保障、人才引进与培养、资本市场的支持、数据共享和安全保障及完善的制度设计，都是推动新质生产力实现质变的重要手段。通过这些举措，能够有效促进先进生产要素的集聚，推动经济高质量发展。

问题 7

如何更好促进数字经济和实体经济深度融合

实体经济是一国经济社会发展的根基，数字经济是信息技术高速发展背景下推动经济发展的新型驱动力。实体经济为数字经济提供了坚实的物质基础和应用场景，而数字经济则通过技术创新和数据要素驱动，为实体经济赋能增效，推动其向智能化、网络化、服务化方向转型。在当今全球经济格局中，数字经济与实体经济深度融合已成为推动经济高质量发展的核心动力。党的二十大报告指出，要坚持把发展经济的着力点放在实体经济上，加快发展数字经济，促进数字经济和实体经济深度融合，打造具有国际竞争力的数字产业集群。党的二十届三中全会强调，要健全促进数字经济和实体经济深度融合制度。当前，我国经济发展处于新旧动能转换新阶段，面临需求收缩、供给冲击、预期转弱的三重压力。在此背景下，积极培育数字经济新业态，加快数字经济和实体经济融合进程，是重塑经济结构、推动现代化经济体系建设、构筑国家竞争新优势、实现效率变革的有效路径，也是推进中国式现代化的强大内生动力。

一、数字经济和实体经济融合面临的挑战

（一）数据要素流动不通畅

数据要素是数字经济发展的核心动力。畅通的数据要素流通体系是数字经济和实体经济融合的关键所在。然而，从当前发展实践来看，囿于不同行业、企业间的数据结构、数据规范，以及功能参数等方面尚未形成统一标准，数据要素难以在企业间高效流动，阻碍了数据要素对实体经济赋能作用的有效发挥。

在交易过程方面，数据资产暴露、数据泄露以及人为篡改等风险，均会导致数据要素失真，严重损害企业经营利益，弱化数据要素的价值，降低数据流动效率。在流通载体方面，作为数据流通交易与数据汇集管理的重要基石，数据基础设施是否健全是影响数据要素市场改革进度的重要因素。当前，我国数据基础设施的单位GDP储存容量较低，数据要素在不同结构、不同地域以及不同组别之间的交换流通效率受限。在数据市场建设方面，现有的数据市场交易机制不健全，交易规则和定价机制尚未完善，影响了数据的流通效率。数据市场监管体系也未完全建立，存在数据交易乱象和风险，进一步制约了数据的流通和利用。

（二）数实融合程度不均衡

数字经济深度发展是数字经济和实体经济实现深度融合的前提，而数字经济发展的核心体现是企业数字化转型程度。一方面，我国大部分中小企业尚处于数字化转型起步探索阶段，其数据采集整合能力

与信息技术应用能力欠缺。与大型企业相比，由于中小企业缺乏充足的资金支持与技术保障，其数字化基础较为薄弱，数字技术应用能力提升速度较缓，导致不同规模企业间的数字化转型程度存在差距。另一方面，新一代信息技术企业与传统制造企业对融合的认知存在差异。大部分制造企业虽已实现从单一产品竞争向供应链竞争的转变，但很少有企业能够意识到在制造全生命周期产生的大量数据资源具有提升生产效率、降低成本损耗等战略价值，依然存在重硬件轻软件、重制造轻服务、重规模轻质量的观念，企业间及内部部门间也缺乏数据互通的有效机制，数据价值难以有效挖掘利用。此外，经济欠发达地区的产业数字化、数字产业化、战略性新兴产业投入与发达地区相比仍存在显著差异，竞争新优势尚未激活，其带来的“数字鸿沟”成为阻碍数字经济和实体经济深度融合的短板。

（三）专业技能人才供给不足

数字经济与以制造业为主体的实体经济融合发展在引发诸多组织、业态、模式变革的同时，其数字创新需要依靠创新型数字经济人才的支撑和高科技人才资源的赋能。随着数字化转型的加速推进，形成了大量新兴领域的人才需求，促使高素质人才的结构性短缺成为制约融合发展的关键瓶颈。从人才支持情况来看，数字经济与实体经济融合发展所需的技术研发人才、管理人才、日常操作人才的供需矛盾均较为突出。当前，大多数人才分布在传统的产品研发和运营领域，深入掌握工业大数据采集与分析、先进制造流程及工艺优化、数字化战略管理、制造业全生命周期数据挖掘等领域，专业技能人才的总量相对较少。同时，在互联网、大数据、人工智能等新兴领域，也严重缺乏深入了解传统制造业运作流程与关键环节，能够在细分垂直领域深度应用新一代信息技术进行数字化、网络化、智能化改造的跨界人才。

（四）核心数字技术缺乏自主创新能力

在国家大力培育数字经济产业背景下，数字技术得到广泛应用，共享经济、电子商务等消费型数字产业在我国形成一股风潮，并逐渐向国际传播，开始占据一定份额的国际市场。然而，我国在数字技术创新方面，仍存在科技创新能力不足、高新技术人才稀缺、知识产权保护体系相对薄弱等问题。加上数字技术基于代码的特性，易于被复制、模仿，后来者可以迅速跟进，以较低的成本获取先进技术，使研究开发或创新的收益大打折扣。在此环境下，一些本该积极参与创新过程中的企业，出于自身利益最大化的考虑，往往选择“搭便车”的方式，通过模仿或复制他人成果来获取数字技术的红利，这样造成的结果无疑使创新的道路受阻。不仅如此，目前中国在高级设备、关键工业软件等硬件与软件的“硬”供应上存在短缺，在高级咨询、系统解决策略等“软”服务上也相对薄弱，尚未建立一个健康的数字化变革的技术、商品及服务的生态环境。

二、数字经济和实体经济深度融合的现实路径

（一）强化顶层设计，优化数实融合发展环境

加速构建新一代信息基础设施，融合数字化与智能化技术，以营造一个有利于数字经济发展、促进数字技术人才成长、确保数字信息安全、推动数字经济和实体经济深度融合的体制与政策环境。首先，

构建一个完备的新型基础设施体系，以5G、人工智能、数据中心等为核心，精心规划、加大投资、加速建设，为数字经济的蓬勃发展奠定坚实基础。此外，应发展大数据网络中心、超级计算中心、工业互联网平台等，全面提升实体经济在数据采集、存储、处理和分析方面的能力，并加速传统基础设施的数字化升级改造。其次，致力于构建国际领先的智慧政务服务体系，通过数字技术优化营商环境，提升政务服务水平。积极推进“互联网+政务服务”“5G+数字政府”的建设，实现“一网通办”的新突破。同时，标准化政府服务热线，探索搭建“政务新媒体联盟”平台，以提高政务服务效率和质量，打破数据壁垒，规范服务标准。再次，构建与数字经济相适应的数字监管体系，加快相关立法进程，明确数据产权归属，规范数据使用规则，加强数据安全保护，强化数据产权和隐私权的保护。探索解决“数字鸿沟”、算法歧视、恶性竞争等问题，推动制定人工智能伦理指南，建立“数据治理委员会”，让更多利益相关者参与数据治理。最后，全面推动商务服务领域的数字化转型，不仅提升政府服务的数字化水平，还要加速商贸、物流、金融等服务业的数字化进程，优化管理体系和服务模式，提高服务品质和效益。推动产业互联网的深度应用，以供应链金融、服务型制造等为重点，培育融合发展模式，促进企业在创新链、产业链、供应链、数据链、资金链、服务链、人才链等方面的全面融合，利用数字技术推动产业的协同发展。

（二）加强数字行业基础设施建设，全面布局制造业数字化转型

以数字行业基础设施建设为核心，构建数字技术创新体系，全面

推动制造业的数字化转型，为数字经济与实体经济的深度融合打下坚实基础。数字基础设施如物联网、云计算、大数据等，其普及率和应用水平是衡量数字技术和实体经济融合深度的关键指标。因此，我们应顺应技术发展趋势，加速构建一个广泛覆盖、云网融合、智能敏捷、绿色低碳、安全可控的智能化综合基础设施。对数字基础设施的关键和薄弱环节，应充分利用我国新型举国体制的优势，统筹规划绿色智能数据与计算设施的建设，实现敏捷部署、弹性配置、跨域调度和均衡提升，集中力量攻克“算力、存力、运力”等关键技术瓶颈，提升实体经济的数字化、网络化和智能化水平，为数字经济与实体经济的深度融合提供强有力的支撑。

在数字基础设施稳固的基础上，全面推进先进制造业和传统制造业的数字化转型，已成为推动两者融合的必然要求。制造业作为推动社会主义现代化经济发展的“压舱石”，其数字化转型应以应用为牵引，加强分类指导和分业施策，深入实施智能制造工程，推动工业互联网创新发展，促进互联网、大数据、云计算、区块链等数字技术在研发设计、生产制造、经营管理、市场服务等各环节的应用，加快制造业的数字化、网络化、智能化进程。同时，加快通用大模型在工业领域的部署，推动通用人工智能赋能新型工业化。在此基础上，装备制造和原材料行业应重点推动生产过程的数字化管理，加快设备系统互联互通和工业数据集成共享，推动工艺改进、运行优化、质量管控和安全管理，创建智能制造先行区，完善国家智能制造标准体系，推进装备数字化发展。此外，其他行业领域也应充分发挥数字技术的助推作用，推进产品个性化定制、柔性化生产，积极研发消费品等产品的生产流通信息追溯系统，提升产业链供应链的智慧管理水平和产品质量管控能力。

（三）以数字技术创新驱动产业发展，提升数字产业治理现代化水平

推进数字技术创新作为产业发展的驱动力，同时致力于提升数字产业治理的现代化水平，构成了实现数字经济和实体经济深度融合的关键支撑。首要任务是紧密结合国家发展战略和重大技术突破，充分利用我国庞大的市场规模和新型举国体制的优势，以增强数字产业的自主创新能力和核心竞争力。这包括加强关键核心技术的研发，特别是在集成电路、新型显示技术、关键软件等领域，提升基础软硬件、核心电子元器件、关键基础材料和智能制造装备的供给能力，构建一个安全可控的技术体系。同时，以数字技术与各行业融合应用为方向，优化创新成果的快速转化机制，构建一个安全可靠、系统完备的产业发展生态系统，促进技术的持续迭代和升级。此外，要着力促进重点数字产业的创新发展，强化产业链关键环节的竞争力，培育和壮大云计算、大数据、区块链、虚拟现实、工业软件等数字产业，支持平台企业在引领发展、创造就业、参与国际竞争中发挥更大作用，推动建设高质量的中国软件名城、名园，打造具有全球竞争力的数字经济产业集群。

提升数字产业治理的现代化水平，是实现深度融合的内在要求。一方面，需推动有效市场与有为政府的更好结合，建立和完善制度，保障安全，持续优化管理和服务。同时，还需完善数据资源管理，加快制定数据资产、数据交易、数据标注等市场基础制度的配套政策，加强数据要素的应用场景指引，确保数据要素的规范有序流通，从而

提升数字治理的现代化水平。另一方面，聚焦数据要素的开发、安全和产权保护，不断完善法律和制度规范，出台相关政策，建立数字经济安全风险预警和防控机制，加强监管，保障数据安全和市场公平竞争。此外，应积极深化数字领域的国际交流与合作，积极参与数字技术标准和经贸规则的制定，拓展数字基础设施、数字化转型、网络安全等领域的国际合作，共同营造一个开放、公平、公正、非歧视的发展环境。鼓励数字经济企业“走出去”，提升其国际化运营能力，推动数字空间治理机制的变革，为建设数字强国打下坚实基础。

（四）激发企业融合发展活力，扩大数字化领域的企业人才规模

激发企业在数字化转型中的创新活力和融合动力，是推动实体经济与数字经济深度融合的关键动力源。从宏观层面来看，首要任务是聚焦数字经济和实体经济深度融合的关键领域和新兴领域，打造公平竞争的市场环境，吸引各类要素资源向企业集中。此外，应重点培育具有引领作用的生态主导型企业，鼓励这些企业组织产业链上下游形成创新联合体，建立稳定的产供销和技术开发协作关系，构建具有国际竞争力的“硬件+软件+平台+服务”产业生态系统。同时，行业骨干企业的示范作用也至关重要，应培育一批创新能力强、品牌影响力显著的领军企业，鼓励这些企业基于自身技术和产业优势，发展专业化服务，提供行业系统解决方案。对于中小企业而言，推进其数字化转型至关重要，应实施专项行动，建设公共服务平台，降低中小企业数字化转型的成本。

从微观角度来看，激发数字企业融合发展的核心要素还体现在企

业数字化人才的培养上。加强数字化人才培养，扩大人才规模，是推动数字经济和实体经济融合的必由之路。数字经济的有效运行依赖对关键核心数字技术的掌握，这就要求更多专业人才投身数字关键核心技术的研究。对数据分析师、数据科学家、软件开发人员等专业人才的需求日益增长，需要构建一个重构的数字化人才供给体系，打破专业壁垒，培养交叉学科人才，深化产教融合，形成高校、科研院所和企业的“效益共同体”，打通人才链、创新链与产业链，以适应快速变化的产业组织和商业模式，推动数字经济和实体经济的深度融合。

问题8 如何推动形成绿色生产力

党的二十届三中全会《决定》强调要“聚焦建设美丽中国，加快经济社会发展全面绿色转型”。习近平总书记指出：“绿色发展是高质量发展的底色，新质生产力本身就是绿色生产力。”[①]绿色发展作为高质量发展的必然要求，赋予了新质生产力以绿色底蕴和显著特征，是新质生产力形成和发展的动力源泉。绿色生产力是实现人与自然和谐共生的生产力，是发展与保护相协调的生产力，是驱动绿色发展的生产力，不仅是新质生产力的本质属性和显著特征之一，更是先进生产力的内在要求和发展方向[②]，表明人类对社会生产力和自然规律认识深化与综合运用的能力。因此，要以新型举国体制保障绿色生产力，以新发展理念引领绿色生产力，以绿色技术创新助力绿色生产力，从而更好推动形成绿色生产力。

一、以新型举国体制保障绿色生产力

发挥好新型举国体制优势，坚持党的全面领导，满足人民日益增长的优美生态环境需要，充分发挥社会主义集中力量办大事的优势，

① 《加快发展新质生产力 扎实推进高质量发展》，《人民日报》2024年2月2日。

② 参见张云飞：《推动形成与绿色生产力发展相适应的新型生产关系》，《人民论坛·学术前沿》2024年第9期。

把各种生产要素和创新主体有机地结合起来，促进人力、物力、财力向绿色生产力集聚，从而更好保障绿色生产力发展。

（一）坚持党的全面领导

中国共产党作为中国特色社会主义事业的领导核心，是开创和推动中国式现代化的领导力量，要充分发挥党总揽全局、协调各方的领导核心作用，大力推动各种资源的节约集约利用，推动经济社会发展的全面绿色转型。党的十八大以来，在中国共产党领导下，我国生态环境保护发生了历史性、转折性、全局性变化。当前，中国已成为全球生态文明建设的重要参与者、贡献者和引领者。2018年5月，党中央召开全国生态环境保护大会，正式确立了习近平生态文明思想。习近平生态文明思想是习近平新时代中国特色社会主义思想的重要组成部分，揭示了生态与文明的内在关系，把生态保护的重要性提升到了关系国家和民族命运的高度，提出了“绿水青山就是金山银山”“保护环境就是保护生产力”的新发展观、新民生观，为建设人与自然和谐共生的现代化提供了根本遵循和行动指南。《中国共产党章程》把“中国共产党领导人民建设社会主义生态文明”写入党章，要求“增强绿水青山就是金山银山的意识”，这说明生态文明建设在治国理政中的地位日益凸显。坚持党的集中统一领导是我国国家制度和国家治理体系的显著优势，因此，发展绿色生产力必须坚持党的领导。

（二）满足人民日益增长的优美生态环境需要

我国发展社会主义生产力的目的是满足人民群众的需要。随着我国社会主要矛盾发生变化，人民群众对优美生态环境的需要成为这一矛盾的重要方面，广大人民群众热切期盼蓝天、碧水、净土、绿树。马克思认为，“人靠自然界生活”①，而且“人和自然之间的物质变换即人类生活得以实现的永恒的自然必然性”②，这说明人与自然之间物质变换的最终目的是要实现人与自然的和谐共生。人与自然之间的关系是双向辩证统一的，一方面，人类从自然界获取生存的资源并进行加工，生产出适合人类需要的产品；另一方面，人类通过生产和消费活动将废弃物返还给自然界。只有人与自然之间实现正常的物质变换以及生态和经济协调发展，才能达到人类自身发展与外部生态以及人与人关系的和谐统一。要理解优美生态环境需要的现实、潜力和未来，发展绿色生产力为广大人民群众提供更多优质生态产品，积极探索生态产品价值实现的途径和方式，通过生态产品的价值化和市场化来促进生态产品的生产，将生态产品的外部性问题进行内部化处理。既要创造更多物质财富和精神财富以满足人民日益增长的美好生活需要，也要提供更多优质生态产品以满足人民日益增长的优美生态环境需要。

（三）充分发挥社会主义市场经济的制度优势

面对新一轮科技革命和产业变革，我们应充分发挥新型举国体制的优势，推动绿色生产力发展。新型举国体制蕴含社会主义集中力量办大事的独特政治优势和制度优势，既是中国特色社会主义取得举世瞩目成就的重要原因之一，也是发展绿色生产力的制度支撑保证。企业的积极性、社会的广泛参与，都是绿色生产力的培育与发展的必要条件，也是在发展绿色生产力过程中关乎新型生产关系形成的关键。

① 《马克思恩格斯全集》第42卷，人民出版社1979年版，第95页。

② 《马克思恩格斯全集》第23卷，人民出版社1972年版，第56页。

新型举国体制是在社会主义市场经济体制下形成的，要注重有效市场和有为政府的有机结合，凝聚政府、市场、社会、公众的力量，形成发展绿色生产力的社会合力，更好促进生产要素的流动。政府要有效引导企业承担环境治理责任，通过体制机制创新强化其绿色责任意识，推动企业主体的绿色转型。各级政府、社会，以及公众在加强对企业引导和监督的同时，推行企业间的互评互督，使其从“被动履责”转向“自觉履责”。企业在追求经济利益的同时，要自觉维护社会发展的整体利益，树立企业生产经营绿色化理念，增强生态意识，展现其参与环境治理的主体作用。

二、以新发展理念引领绿色生产力

新时代以来，我国坚决摒弃走“先污染、后治理”的老路，以习近平同志为核心的党中央就推动高质量发展作出一系列重大决策部署，不断增强全党全国贯彻新发展理念的自觉性和主动性，并把生态文明建设摆在全局工作的突出位置，我国绿色生产力发展取得重大进展。[①]党的二十届三中全会《决定》指出，“必须以新发展理念引领改革”，“塑造发展新动能新优势”。发展绿色生产力就是要完整、准确、全面贯彻新发展理念，推动生产方式和生活方式变革，从而实现生态与经济协调发展。

（一）推进生产方式绿色转型

以“碳达峰碳中和”目标为牵引推动绿色转型，加快推动传统产

① 参见孙金龙、黄润秋：《培育发展绿色生产力全面推进美丽中国建设》，《中国生态文明》2024年第3期。

业向生态化、循环化、低碳化的绿色产业转型升级发展。密切联系地方，加快推进绿色生产力发展，把节能减排、降碳增效融入产业转型发展的全过程中，切实解决环境污染问题，推动形成人与自然和谐共生的现代化新格局。深刻把握“新质生产力本身就是绿色生产力”的理念，以新的生产力理论指导实践，构建绿色生产方式，加快推动形成资源节约和保护环境的绿色产业体系，不断地优化支持绿色低碳发展的经济政策工具箱，充分发挥绿色金融的引导作用，打造一大批生态环保的产业集群。在新发展理念的指导下，必须站在顶层设计的高度，改变传统的依赖要素投入和规模扩张的粗放生产方式，转向以绿色要素和新技术为基础的绿色生产方式，适应市场对海量绿色、生态、低碳、无污染产品的需求，发展生态农业、生态工业和生态服务业，构建生态产业融合发展的生态经济体系，以此来加强长期发展的内生动力。通过体制创新、产业联动、产业集聚、市场拓展、技术升级、要素整合等方式，实现资金、技术和绿色资源等要素的跨界集约配置。形成以生态农业为根本点、生态工业为支撑点、生态服务业为增长点的生态经济体系，推动生态产业链向高端化、智能化、绿色化发展。构建绿色低碳循环经济体系，促进产业数字化、智能化和绿色化的深度结合，打造高效生态绿色产业集群，加快提升废弃物循环利用技术水平，持续推进资源全面节约和循环利用。

（二）推进生活方式绿色转型

绿色生产力是新发展理念的日常落实，能够重塑人类的生活方式，深刻影响着人类生活的方方面面。要统筹推进绿色生活方式，健全绿色生活机制，提倡绿色低碳生活，促进绿色消费。坚持以“两山”理念为引领，汲取传统文化中“敬畏自然、尊重自然、顺应自然”的生态观念，挖掘生态文化的潜力，将其与旅游景点和项目进行有效对接，促进自然资源和生态文化的深度结合。在习近平生态文明思想指引下，加强人们对生态道德意识的理性认识和科学把握，使人们的积极性、主动性和创造性得到充分激发，重新塑造人与自然和谐共生的生态价值观念，建立多层次的生态文化体系，使人们自觉养成环保、节约、低碳、健康的意识，从源头上消除生态破坏行为，解决生态环境破坏问题，提高人民的幸福感。牢固树立勤俭节约的消费观，这是推动消费环节绿色转型的重要动力。广泛开展全民绿色行动，反对铺张浪费、不合理消费，大力倡导取之有度、用之有节、简约适度、绿色低碳、文明健康的生活方式。积极回应人民群众关切的突出问题，下大气力切实解决老百姓“家门口”的噪声、油烟、恶臭等问题，持续深入打好污染防治攻坚战，持续改善生态环境质量，不断提升农村人居环境质量，让老百姓实实在在感受到生态环境质量改善。

三、以绿色技术创新助力绿色生产力

绿色技术创新是指遵循生态原理和生态经济规律，节约资源和能源，从而避免、消除或减轻生态环境污染或破坏的技术创新行为[①]，是推进绿色生产力的重要力量。发展绿色生产力，要锚定绿色技术创新，构建绿色技术创新体系，强化绿色技术创新主体间协同合作，完善绿色技术创新成果转化机制，加强绿色技术创新人才培养。

① 参见曹霞、张路蓬：《企业绿色技术创新扩散的演化博弈分析》，《中国人口·资源与环境》2015年第7期。

（一）强化绿色技术创新主体间协同合作

推动绿色技术创新主体间进行多种形式的合作，将政府、企业、科研机构、产业园区、金融机构、社会团体等多种力量有机地结合在一起，形成政府主导、企业和社会各界共同发力的多元支持机制，并且组织较大范围、规模和较高层次的创新活动。培育壮大绿色技术创新主体，增强企业的科技创新主体作用，加强绿色技术创新基地平台建设，加快绿色化与智能化的科技研发步伐，不断完善支持绿色低碳发展的经济政策工具箱。[①]发挥绿色金融的牵引作用，推进“产学研金介”深度融合。通过激励绿色技术创新主体间的资源集成和深度合作，打破创新要素在资金、技术、人才、数据和信息等方面的障碍，推动绿色技术的研究和应用。在政策、资金、人才等方面，政府部门要加大对绿色技术的研究与应用力度，为绿色生产力的发展打下坚实的基础。在政府的引导和推动下，广泛建立科研机构与企业的合作关系，通过技术授权、技术参股、技术指导等多种形式，来促进我国的绿色技术创新，从而促进绿色生产力的发展。对绿色技术创新的合作方式进行创新，促进企业、高校和科研院所之间的利益共享和风险共担，促进各类生产要素如技术、资金和人才的集聚。加快绿色技术创新和推广应用，推动绿色技术创新项目落地。要以绿色技术创新为原动力，推动节能减排降碳技术实现前沿性和颠覆性突破。绿色技术创新是实现碳减排的关键，其结果可以显著地转变成绿色生产力，促进能源的清洁生产和能源结构的转变，并促进工业结构的优化升级，进而实现

① 参见岳奎、曲秀玲：《新质生产力的绿色发展维度》，《当代经济研究》2024年第8期。

节能减排。[①]

（二）完善绿色技术创新成果转化机制

推进以市场为导向的绿色技术创新成果转移转化，完善市场交易体系，提高公共服务层次，健全激励和风险预防机制，强化市场对绿色科技成果转化的作用，加速绿色技术创新及其成果的产业化进程。扶持绿色技术创新项目孵化基地和创新创业基地，打好关键核心技术攻坚战，重点解决核心技术“卡脑子”“卡脖子”“卡嗓子”等难题。健全绿色技术创新的组织方式，推动“产学研金介”深度融合。政府应着力破解瓶颈，通过搭建服务平台、引导成果市场化交易等，促进绿色创新市场健康发展。以节能环保产业链和绿色技术链为重点，组建绿色技术创新联盟，加强对重点行业技术创新的指导。构建绿色技术“双创”空间，依托“双创”空间，引导绿色技术创新的人才、项目和资金聚集，同时，在现有的创业推介和创新论坛等活动中，开辟专门的绿色技术创新通道。利用科技进步的结果和方法，将环境效益和社会效益转变成竞争优势。构建一套可持续发展的绿色技术体系，加速生态环保技术的创新与推广，并在此基础上大力发展和推广现代化的资源节约技术，推行减少环境污染的终端处理和污染防治技术，优化废弃物分离、处置、焚烧等生产体系。加快“三废”综合整治等实用性环保技术的研发，从技术层面进行污染源头治理与污染防治，对环境进行科学管理，严格控制废弃物污染环境，提升绿色技术创新的效率，消除资源浪费、环境污染等“顽疾”，提高企业的运营效率与核心

① 参见郭丰、杨上广、任毅：《数字经济、绿色技术创新与碳排放——来自中国城市层面的经验证据》，《陕西师范大学学报（哲学社会科学版）》2022年第3期。

竞争力。在实施环境信息披露和环境税相关政策时，要注意其对不同规模公司的影响效果是不同的。为此，可以对其进行分类，并采取差异化的政策组合，更好激励企业进行绿色技术创新，从而达到经济和生态的双赢。

（三）加强绿色技术创新人才培养

逐步完善绿色技术创新人才培育机制，强化人才队伍建设和整合力度。政府可以通过产业政策、财政补助等办法，引导企业向劳动力要素倾斜，改善劳动力尤其是高技能劳动者的福利待遇，推动高技能劳动力的区域集聚。鼓励科研工作者积极进行绿色技术创新，建立内部人才交流机制、人才评价机制，充分调动人才的活力。着力提高绿色产业链上相关就业岗位的数量，吸纳更多劳动力。一方面，能够激励高技能劳动力对自身及其子女进行更多的人力资本投入；另一方面，能够通过教育培训和“干中学”等方法，引导低技能劳动力向高技能劳动力转变，既可以提高人力资本的有效供给，又可以促进不同地区、不同行业、不同企业之间的高技能人才的流动，达到资源共享与知识外溢的目的，进而提升劳动力的整体素质，有效提供人力资本储备。为了满足绿色技术创新对人才的需要，政府可以组织开展有关的人才培养计划，强化专业技术人才和管理人才的培养，完善从研发、转化、生产到管理的人才培训体系，体现工匠精神。根据区域的资源禀赋和产业结构特征，加强对绿色技术创新人才的整合培养，并实施与当地发展相适应的人才政策，为推动绿色生产力发展提供高标准的人才保障。

问题9 如何畅通教育、科技、人才的良性循环

2024年1月31日，习近平总书记在主持中央政治局第十一次集体学习时强调，要按照发展新质生产力要求，畅通教育、科技、人才的良性循环，完善人才培养、引进、使用、合理流动的工作机制。党的二十届三中全会《决定》进一步提出："教育、科技、人才是中国式现代化的基础性、战略性支撑。必须深入实施科教兴国战略、人才强国战略、创新驱动发展战略，统筹推进教育科技人才体制机制一体改革，健全新型举国体制，提升国家创新体系整体效能。"这一系列新部署新要求，为进一步畅通教育、科技、人才的良性循环，加快形成新质生产力提供了根本遵循。

一、畅通教育、科技、人才良性循环的重要意义

以发展新质生产力提出的促进新产业、新模式、新动能为目标方向，准确把握建设教育强国、科技强国、人才强国具有内在一致性和相互支撑性的逻辑意蕴。

教育是发展新质生产力的重要基础。教育是"国之大计、党之大计"，在当今时代，教育作为发展新质生产力的重要基础，其作用愈发凸显。新质生产力的发展离不开教育的深度参与，这是因为教育不

仅能够传授专业知识，还能够激发个体的创造潜能，提升整个社会的创新水平。教育通过提供多样化的学习路径，帮助人们掌握先进的技术和理论，这些知识和技能是新质生产力发展的基石。在这个过程中，教育机构尤其是高等教育机构，成为科技创新的孵化器，它们通过科学研究、技术研发和人才培养，直接推动了新质生产力的形成。同时，教育的普及和提高也促进了社会公平，使更多群体能够参与到新质生产力的创造中。从基础教育到高等教育，再到终身教育，教育体系的每一个环节都在为新质生产力的发展提供动力。通过跨学科合作、实践导向的教学模式，教育正在培养出一批批能够适应快速变化的工作环境、具备解决复杂问题能力的新型人才。这些人才的涌现，无疑为新质生产力的持续发展注入了活力。

科技是发展新质生产力的核心要素，它在推动经济增长和社会进步中扮演着至关重要的角色。随着科技的飞速发展，特别是信息化、网络化、智能化的深入融合，新质生产力正以科技创新为引擎，重塑生产方式和经济结构。新技术的广泛应用，如人工智能、大数据、云计算等，为生产过程带来了革命性的变革，实现了生产效率和产品质量的显著提升。这些技术的集成应用，使生产线更加自动化，管理更加精细化，决策更加科学化，从而推动了生产力的跨越式发展。同时，科技创新也在不断优化产业结构，通过改造提升传统产业和培育发展战略性新兴产业，实现了产业升级和经济转型。此外，科技的发展还为全要素生产率的提高提供了强大动力，它通过优化资源配置、降低生产成本、提高能源利用效率等途径，增强了经济的内生增长动力。在可持续发展方面，科技进步同样发挥着关键作用，它推动了绿色生产技术的研发和应用，促进了循环经济的发展，有效缓解了经济发展与资源环境之间的矛盾。科技作为新质生产力的核心，其不断进步和创新，为经济社会发展提供了源源不断的动力。

人才是发展新质生产力的第一资源，他们在推动科技创新、促进产业结构优化、提升生产效率等方面发挥着至关重要的作用。在以信息化、智能化、绿色化为主导的新质生产力时代，人才成为最宝贵的资产。他们凭借专业的知识技能、创新的思维理念，不断推动科学技术的前沿探索，为新技术的研发和应用提供了强大的智力支持。同时，人才的集聚和优化配置，有助于形成创新集群，促进知识交流和技术融合，加速新质生产力的形成与发展。高素质的人才队伍能够快速适应和引领市场变化，提高企业的市场竞争力，推动经济持续增长。因此，构建完善的人才培养体系，创造良好的人才发展环境，是实现新质生产力持续发展的重要保障。通过教育体制改革、职业培训提升、人才激励机制创新等措施，可以充分激发人才的创新潜能和工作活力，为新质生产力的培育注入不竭动力。

二、推进教育、科技、人才三位一体融合发展

党的二十大报告首次将教育、科技、人才作为专章阐述并一体部署，明确要坚持教育优先发展、科技自立自强、人才引领驱动，加快建设教育强国、科技强国、人才强国，坚持为党育人、为国育才。[①]

以现代化教育造就拔尖创新人才，是我国应对未来挑战、推动社会进步的关键。现代化教育强调培养学生的创新意识、批判性思维和终身学习能力。通过创新教学方法和课程内容，教育体系能够激发学

① 习近平：《高举中国特色社会主义伟大旗帜　为全面建设社会主义现代化国家而团结奋斗——在中国共产党第二十次全国代表大会上的报告》,《求是》2022年第21期。

生的创造潜能，培养他们在科技、经济、文化等领域的领导力。同时，现代化教育注重个性化发展，鼓励学生探索兴趣、发挥特长，为其成为某一领域的顶尖人才奠定基础。此外，国际化的教育环境，使学生能够把握全球发展趋势，增强国际竞争力。因此，持续深化教育改革，构建适应新时代要求的现代化教育体系，对我国拔尖创新人才的培养具有重要意义。

以战略型、领军型人才引领创新，对推动科技进步和经济发展具有决定性作用。这类人才具备前瞻性的战略眼光和强大的领导力，能够站在科技创新的前沿，引导团队攻克难关，实现技术突破。他们的存在，不仅能够带动一个领域乃至整个产业链的创新升级，还能激发广大科研人员的创新热情。战略型、领军型人才通过构建高效的创新网络，整合各类资源，推动科技成果的快速转化和应用。培养和吸引这样的人才，是提升国家创新能力和竞争力的关键途径。

以自主式、颠覆式创新驱动发展，是推动社会进步和经济增长的关键动力。自主式创新强调原创性和独立性，通过自主研发核心技术，打破国外技术垄断，提升国家科技实力。颠覆式创新则意味着从根本上改变传统模式，创造全新的产品、服务或商业模式，引领产业变革。这种创新模式能够快速推动产业升级，实现经济发展的跨越。以自主式、颠覆式创新为驱动，企业能够不断拓展市场空间，提升竞争力。国家层面，则需要营造良好的创新环境，鼓励创新思维，为自主式、颠覆式创新提供政策支持和资源保障。

三、教育改革与创新人才培养

发挥科学研究在人才培养中的作用，对提升教育质量、培养创新型人才具有重要意义。科学研究能够锻炼学生的思维能力、创新能力和实践能力，使其在探索未知、解决实际问题的过程中，不断积累知识、提升素质。将科学研究融入教学过程，激发学生的学术兴趣，培养其独立思考、批判性思维的能力。同时，促进教师与学生之间的互动，形成探究式、开放式的教学模式，提高人才培养的质量。因此，高校和科研机构应加强科研与教学的融合，为学生提供更多的科研实践机会，从而培养出更多具备创新精神和实践能力的优秀人才。

破除科技创新向产业创新转化的障碍，是推动经济高质量发展的重要环节。第一，需加强产学研深度融合，搭建平台促进科研成果与产业需求有效对接。第二，优化政策环境，为科技创新提供资金、税收等支持，降低成果转化的成本和风险。第三，改革科研评价体系，激励科研人员关注产业实际问题，提升成果的实用性。第四，强化知识产权保护，保障创新主体的合法权益，增强其成果转化的动力。第五，提升企业创新能力，以“人才链—平台链—创新链”为导向，强化企业的创新主体地位，培育一批能够吸纳和转化科技创新成果的领军企业。[①]通过这些措施，可以打通科技创新与产业创新之间的通道，加速科技成果向现实生产力的转化。

提高人才培养质量，适应新质生产力需求，是教育改革的重要任务。新质生产力以技术创新为驱动，要求人才具备创新精神、实践能力和终身学习的能力。教育体系需紧跟时代步伐，更新教学内容，改革教学方法，强化实践环节，以培养学生的综合素质。同时，应注重个性化教育，发挥学生潜能，培养其独立思考和解决问题的能力。此

① 参见陈劲、陈书洁：《教育、科技、人才一体化加快新质生产力发展：关键问题、现实逻辑与主要路径》,《现代教育技术》2024年第7期。

外，加强师资队伍建设，提升教师教育教学水平，是提高人才培养质量的关键。教育部门还需与企业、科研机构紧密合作，搭建产学研一体化的平台，以确保人才培养与市场需求有效对接，从而为新质生产力的发展提供坚实的人才支撑。

四、体制机制改革与政策协同

统筹推进教育、科技、人才体制机制一体改革，是激发社会创新活力、提升国家竞争力的战略举措。教育改革应聚焦人才培养模式的创新，提升教育质量，培育具备创新精神和实践能力的人才。科技体制改革需优化科研资源配置，激发科研人员的创新动力，促进科技成果转化。人才体制改革则要构建灵活的人才流动机制，完善人才评价体系，激发人才创新潜能。三者相互支撑、相互促进，共同构成国家创新体系的基石，统一于推进和拓展中国式现代化的伟大实践，整体服务于社会主义现代化国家建设。[①]通过一体改革，可以打破教育、科技、人才之间的壁垒，实现资源共享，形成协同效应，为经济社会发展提供强大动力。

深化评价制度改革，构建相互支撑的评价机制，对激发创新活力、促进人才合理流动具有重要意义。一方面，应改革单一的评价标准，实行分类评价，尊重不同领域、不同岗位的特点。另一方面，强化过程评价，关注人才成长轨迹和实际贡献，而非仅仅看重短期成果。同时，构建多元化评价体系，引入同行评价、社会评价等，形成更加全面、客观的评价结果。此外，加强评价结果的反馈与应用，使之成为

① 参见肖贵清、唐奎:《论中国式现代化进程中教育、科技、人才一体化建设》,《山东大学学报（哲学社会科学版）》2024年第1期。

激励人才发展、优化资源配置的重要依据。通过这些措施，可以构建起相互支撑、相互促进的评价机制，为教育、科技、人才等领域的发展提供有力保障。

深化资源配置方式改革，优化教育、科技、人才发展环境，是推动社会全面发展的关键举措。改革旨在打破资源分配的局限性，实现教育、科技、人才资源的优化配置。教育领域应通过改革，提升教育资源的利用效率，促进教育公平，培养具备创新精神的人才。科技领域则需要通过优化资源配置，激发科研活力，推动科技创新。在人才发展方面，应建立更加灵活的流动和激励机制，营造有利于人才成长和创新的环境。构建教育、科技、人才相互促进的发展格局，为社会持续发展注入新的活力。

五、面向未来的战略布局

强化高等教育在科技创新中的主力军作用。高等教育机构通过深化教育教学改革，培育具备创新精神和实践能力的高素质人才，为科技创新提供了坚实的人才基础。同时，高校作为科学研究的重要阵地，应不断推动基础研究和应用研究的深度融合，加速科技成果的转化与应用，为经济发展注入新的活力。此外，高校可以通过构建开放的科研合作平台，促进跨学科、跨领域的交流与合作，激发创新思维的火花。在国际科技舞台上，高等教育机构也在积极发挥作用，通过国际合作与交流，提升我国科技创新的国际影响力，使高等教育成为推动科技创新和社会进步的强大引擎，为国家的长远发展提供源源不断的支持。

优化人才培养模式，满足国家战略需求。面对全球化和新一轮科技革命的挑战，我国高等教育必须紧跟时代步伐，调整人才培养结构，提升人才培养质量。首先，应以国家战略为导向，加强爱国主义教育，培养学生的家国情怀和社会责任感。其次，要深化课程体系和教学方法改革，注重培养学生的创新精神、实践能力和终身学习能力，以适应经济社会发展对复合型人才的需求。同时，高校应强化产学研合作，搭建实践平台，让学生在实际工作中锻炼能力、积累经验。此外，还要关注学生的个性化发展，因材施教，激发学生的潜能和创造力。在国际交流与合作方面，高校应拓宽视野，借鉴世界一流大学的人才培养经验，提升我国人才的国际竞争力。

加强青年科技人才的培养和科研价值观建设，是适应新质生产力发展要求、保障国家科技创新活力的重要策略。这不仅要通过优化教育体系和科研环境，提升青年科技人才的创新能力和技术水平，更要注重塑造他们正确的科研道德观和价值观。这意味着在学术探索中要培育求真务实的精神，在科研实践中树立诚信自律的意识，以及在团队协作中培养责任感和集体主义精神。通过这些综合措施，旨在培养出一批能够把握新质生产力发展脉搏、具有坚定科研信念和高尚道德品质的青年科技人才，使其成为推动我国科技进步和社会发展的关键力量，为促进新质生产力的形成和发展贡献新的智慧和力量。

问题 10

如何统筹推进深层次改革和高水平开放

2023年中央经济工作会议明确提出，统筹推进深层次改革和高水平开放，这一概念首次被提出来作为推进高质量发展的战略任务之一。党的二十届三中全会紧紧围绕推进中国式现代化这一主题谋划进一步全面深化改革战略举措，就深化经济体制改革、完善高水平对外开放等作出重要部署。持续推进中国式现代化，要求深层次改革与高水平开放协调互促，形成系统合力，为推进中国式现代化提供强大动力。

一、为什么要统筹推进深层次改革和高水平开放

在以中国式现代化全面推进强国建设、民族复兴伟业的新征程上，越是面对困难挑战，越要以更大决心和更大力度推进改革和开放，才能适应当今时代背景，满足发展新质生产力的条件，不断推动高质量发展。

当今时代背景的内在要求。在全球化日益加深的今天，各国之间的经济联系与相互依存度更加紧密。同时，国际力量对比发生深刻变化，多极化趋势更加明显。中国作为世界第二大经济体，在诸如人工智能、生物技术等高科技领域和纺织、服装等传统制造业领域均受到来自发达国家和一些发展中国家的竞争压力，必须通过深化改革和扩

大开放，进一步参与国际经济合作与竞争，才能不断提升国家竞争力，更好地融入全球经济体系，推动构建开放型世界经济。此外，当今世界正处于新一轮科技革命和产业变革之中。中国必须通过深化改革和扩大开放，抓住这一历史机遇，通过改革和创新推动产业升级和转型。

发展新质生产力的关键条件。习近平总书记指出："新质生产力是创新起主导作用，摆脱传统经济增长方式、生产力发展路径，具有高科技、高效能、高质量特征，符合新发展理念的先进生产力质态。"[①]新质生产力的核心在于创新驱动。通过深层次改革，可以打破体制机制障碍，激发创新活力，推动科技创新和产业升级。人才是创新的主体和核心支撑，通过高水平开放有助于吸引全球优秀人才，为经济社会发展提供强有力的人才支撑。同时，深层次改革也可以优化人才发展环境，提升人才的创造力和贡献力。发展新质生产力更需要统筹推进深层次改革和高水平开放。

推动高质量发展的必然要求。高质量发展要求提高全要素生产率。深层次改革有助于优化经济结构，推动产业升级和转型，进而推动生产关系适应生产力发展，实现经济效率的提升。高水平开放通过促进技术引进、人才流动、资本积累和国际合作，为全要素生产率的提升创造有利条件。高质量发展需要从要素驱动转向创新驱动。深化改革能够激发创新活力，高水平开放则有助于吸引全球创新资源。推动高质量发展需要深层次改革和高水平开放与之相适应、相配合，统筹推进深层次改革和高水平开放是推动高质量发展的必然要求。

---

① 习近平：《发展新质生产力是推动高质量发展的内在要求和重要着力点》，《求是》2014年第11期。

二、怎样看待深层次改革和高水平开放之间的辩证关系

实践证明，改革和开放相辅相成、不可分割，呈现出系统性、整体性、协同性特征，统一于中国式现代化的伟大实践。习近平总书记指出："以扩大开放促进深化改革，以深化改革促进扩大开放，为经济发展注入新动力、增添新活力、拓展新空间。"[①]这一重要论断深刻阐明了改革与开放的内在统一辩证关系。深层次改革和高水平开放是构建新发展格局的内在要求，也为推进中国式现代化提供动力，两者具有目标一致、相互促进的辩证关系。

深层次改革和高水平开放的目标一致。深层次改革和高水平开放的目标是一致的，旨在构建以国内大循环为主体、国内国际双循环相互促进的新发展格局，推动中国经济实现高质量发展，实现中国式现代化。

深层次改革的目标是破除制约高质量发展的体制机制障碍，这些障碍主要表现为行政体制、财政体制、金融体制、科技体制等方面的不完善，导致资源配置效率低下、创新动力不足、市场竞争不充分等问题。通过深化改革，优化政府职能，减少政府对市场的干预，提高资源配置效率；完善财政体制，增强财政政策的逆周期调节能力，促进经济平稳健康发展；深化金融改革，提高金融服务实体经济的质量和效率，防范化解金融风险；改革科技体制，激发科技创新活力和社会创造力，培育发展新质生产力。

高水平开放的目标是构建开放型经济新体制，推动商品和要素流

---

① 《坚持以扩大开放促进深化改革　坚定不移提高开放型经济水平》，《人民日报》2015年9月16日。

动型开放，包括降低关税壁垒、扩大服务业开放、优化外商投资环境等，以促进贸易和投资自由化便利化。更加注重制度型、结构性安排，加强知识产权保护、推动公平竞争、提高政策透明度等，以提升我国在全球经济治理中的话语权和影响力。积极参与全球经济治理体系改革，推动构建开放、包容、普惠、平衡、共赢的经济全球化，为我国经济发展提供更加广阔的空间。

深层次改革和高水平开放直接相互依赖、相互促进。深层次改革和高水平开放相互促进、相得益彰。深层次改革可以为高水平开放提供更加坚实的制度保障，推动开放型经济新体制的构建；高水平开放可以为深层次改革提供更加广阔的市场空间和资源条件，促进改革目标的实现。

通过深层次改革，可以破除制约对外开放的体制机制障碍，优化营商环境，降低交易成本，增强对外开放的吸引力。通过行政体制改革，减少政府对市场的干预，提高行政效率，为外资企业提供更加便利的经商环境。例如，在自贸区负面清单管理方面，上海自由贸易试验区从2013年首次推出“负面清单”制度，到2023年经过十年间行政体制改革，负面清单大幅压缩，制造业基本放开，服务业和其他领域有序推进开放，从首份清单的190项压缩至2023年的27项①，极大提升了营商环境的便利性。通过财税体制改革，持续完善税费优惠政策，特别是支持科技创新和制造业发展。降低企业税负，增强发展内生动力，提高投资回报率。通过金融体制改革，优化金融服务，提高金融资源配置效率，降低融资成本。比如，取消合格境外机构投资者

① 参见上海市商务委员会：《从190条到27条，来看上海自贸区负面清单的十年“瘦身记”》，https：//sww.sh.gov.cn/swdt/20231008/71c78226f1674a0b99905db2a85b890b.html。

（QF Ⅱ）和人民币合格境外机构投资者（RQF Ⅱ）的投资额度限制，以及银行、证券、基金管理、期货、人身险领域的外资持股比例限制。通过这些改革措施，进一步破除制约对外开放的体制机制障碍，有助于提升我国对外开放水平，吸引更多外资进入，推动高水平对外开放深入发展。

通过高水平开放，可以为深层次改革提供压力和动力。对外开放可以引入国际先进技术、管理经验、人才资源等，推动国内产业升级，促进制度创新，倒逼国内改革。以我国加入世界贸易组织（WTO）为例，加入WTO是我国高水平开放的重要里程碑，也为深层次改革提供了强大动力。加入WTO后，我国对外贸易和投资规模不断扩大，国内市场与国际市场日益融合，这促使我国加快了行政体制、财税体制、金融体制等方面的改革步伐。例如，为了适应WTO规则，我国取消了数千项行政审批事项，简化了行政审批流程，提高了行政效率；实施了增值税转型，降低了企业税负，激发了市场活力；推进了金融市场化改革，提高了金融服务实体经济的能力。这些改革措施有助于提升我国对外开放水平，促进经济高质量发展。在新时代，我国着力推动制度型开放，加强规则对接和规制协调，高质量实施《区域全面经济伙伴关系协定》（RCEP）等区域经贸安排，主动对接《全面与进步跨太平洋伙伴关系协定》（CPTPP）等国际高标准经贸规则。通过在法律法规、政策体系、市场准入等方面与国际接轨，如简化行政审批流程、优化海关程序、建立跨境服务贸易负面清单管理制度等，促使我国不断进行制度改革创新，不仅提高了行政效率，还增强了市场的透明度和可预见性。

三、统筹推进深层次改革和高水平开放的路径有哪些

在当前民族复兴关键期与世界百年未有之大变局的历史交汇背景下，我国正处于全面深化改革和高水平对外开放的关键时期。统筹推进深层次改革和高水平开放，不仅是推动经济高质量发展的必然要求，也是应对国际风云变幻、实现中华民族伟大复兴的战略选择。要从推动全面深化改革、扩大高水平对外开放、改革与开放协同推进等方面统筹推进深层次改革和高水平开放。

（一）推动全面深化改革

统筹推进深层次改革和高水平开放首先有赖全面深化改革，通过加快协同改革与合作步伐、推动市场和政府“两只手”协同发力、坚定不移支持民营经济等，破除体制机制障碍，为高水平开放创造有利条件，提升对外开放的水平，推动我国经济社会持续健康发展。

加快协同改革与合作步伐。在全面深化改革的背景下，全面深化改革需要从国家层面加强顶层设计，明确改革的方向和目标。各地区和部门应紧紧围绕国家改革发展的总体要求，结合自身实际，制定具体的改革方案和措施。在改革过程中，各部门往往存在利益冲突和壁垒，导致改革措施难以落地。因此，各地区和部门需要打破部门壁垒，加强沟通与协作，形成合力。加快协调改革和合作的步伐是推动改革向纵深发展的重要保障。例如，在推动金融体制改革过程中，金融监管部门、金融机构和地方政府应加强合作，通过开展联合攻关、共同推进重大项目等方式，共同推进改革。同时，各地区和部门强化责任担当，确保改革措施落地。各地区和部门应明确改革任务和时间表，

建立改革责任制，确保各项改革措施得到有效执行。加强对改革进展的监督和评估，对改革成效进行科学评价，及时调整改革策略。

推动市场和政府“两只手”协同发力。过去，在我国改革过程中，政府与市场的关系未能完全理顺，导致资源配置效率不高，制约了生产力的发展。如今，我们应通过构建以市场为导向的资源配置机制，促进生产要素的高效流动，使各项改革措施相互促进，以实现高水平的协同效应。以金融体制改革为例，近年来，我国积极推动金融市场化改革，优化金融资源配置，提高金融服务实体经济的能力。通过深化金融改革，降低融资成本，激发企业创新活力，为经济发展提供有力支持。同时，金融改革还助力我国金融市场对外开放，吸引外资金融机构进入，促进国内外金融市场的融合发展。发挥市场在资源配置中的决定性作用，推动市场环境优化，完善市场规则规制，引导社会资本注入到创新和发展的重要领域，进而形成一个公平公正的市场竞争环境，提高资源配置效率。要处理好市场和政府关系这个核心问题，既“放得活”又“管得住”，坚持市场和政府之间有效配合，让“看不见的手”和“看得见的手”协同发力，才能更好激发全社会内生动力和创新活力，提高生产要素配置效率，发展和完善高水平社会主义市场经济体制，为中国式现代化提供重要制度保障。

坚定不移支持民营经济。近年来，我国在支持民营经济发展方面取得了显著成效。2023年，国家发展和改革委员会同相关部门联合印发的《关于实施促进民营经济发展近期若干举措的通知》，提出了28条具体措施，包括压实主体责任、明确落实细节、推出加强举措和落实激励约束等，以优化民营企业发展环境、激发民营经济活力、推动民营经济高质量发展。要坚持“两个毫不动摇”，坚持对国有经济和民营经济的同等重视。要推动国有经济的布局优化和结构调整，持续优化政策体系和市场环境，提供金融和人力资源支持，支持民营经济的发展和壮大，以增强经济的活力和韧性，形成国有经济与民营经济良性互动的格局。

（二）扩大高水平对外开放

高水平对外开放是时代发展的必然要求，以高水平对外开放推动高质量发展，是全面建设社会主义现代化国家的必由之路。扩大高水平对外开放，必须稳步扩大制度型开放，加强贸易投资领域改革，加快建设开放新高地，优化区域开放布局，完善推进高质量共建“一带一路”机制。

稳步扩大制度型开放。制度型开放是我国高水平对外开放的必然要求，是顺应国际经济形势变化、竞争优势转换、国际贸易规则调整的主动选择。要以推动加入《全面与进步跨太平洋伙伴关系协定》（CPTPP）和《数字经济伙伴关系协定》（DEPA）为契机，在产权保护、劳动保护、环境标准、政府采购、电子商务等方面着力提升，实现规则、规制、管理、标准相通相融。要强化外资“准入前国民待遇”，并提升“负面清单”的质量，以实现“准入后国民待遇”。推进中外投资规则的统一化，完善外资基本立法，以营造透明、稳定和可预期的制度环境，从而促进内外资企业之间的公平竞争。总体来说，既要对标国际高标准经贸规则，又要积极参与国际规则制定，更要进一步优化开放合作环境。

加强贸易投资领域改革。对外贸易与投资是高水平对外开放的重要基础，也是促进我国经济增长的关键动力。货物贸易、服务贸易和数字贸易是建设贸易强国的三大支柱。积极推进货物贸易提质增效，优化贸易结构，逐步提升我国货物贸易出口产品的质量和附加值，探索构建全球化生产网络体系，推动与全球产业链和供应链的深度融合，促进贸易和投资的均衡发展。在服务贸易方面，应扩大服务业开放，重点加快医疗、电信、教育和文化等领域的改革与开放，创新服务贸易发展机制，持续推进服务贸易的深层次改革、高水平开放和全方位创新，优化服务进出口结构，加快服务外包的转型升级，推动服务贸易总量的增长、结构的优化和效益的提升。放宽外资市场的准入条件，扩大鼓励外商投资产业目录，合理缩减外资准入负面清单，完善促进和保障外资的体制机制，健全管理服务体系，营造一流的市场化、法治化、国际化营商环境。

加快自贸区等开放新高地建设。开放新高地是高水平对外开放的重要载体，也是制度创新的最新实践成果。作为改革开放发展的排头兵和先行者，自由贸易试验区承担着承上启下、联动内外、辐射全球的重任，要充分发挥自由贸易试验区的示范引领作用。实施自由贸易试验区提升战略，赋予自由贸易试验区更大改革自主权，坚持分类化、差别化探索，形成包括行政管理制度、投资管理体制、贸易便利化、金融服务与法制创新等多个方面的集成式制度创新成果，推动构建更高水平的开放型经济新体制。加快建设海南自由贸易港，以制度集成创新为核心，聚焦贸易投资自由化便利化，改善营商环境，建立完善与高水平自由贸易港相适应的政策法规制度体系，建设具有国际竞争力和世界影响力的海关监管特殊区域，把海南自由贸易港打造成为引领我国新时代对外开放的鲜明旗帜和重要门户。

（三）改革与开放协同推进

以改革促进开放。深化改革是促进开放的重要动力。通过深化改革，优化经济体制，提高市场在资源配置中的决定性作用，吸引外资。完善法治环境，为外资企业提供公平、公正的竞争环境，促进国际贸易和投资。深化金融改革，提高金融市场的开放度，吸引外资金融机构进入，促进金融市场的国际化。创新科技体制，吸引外资研发机构，提升国家的科技水平和国际竞争力，促进对外合作交流，促进经济高质量发展。

以开放倒逼改革。习近平总书记指出，更要依靠扩大开放拓展发展空间、倒逼改革突破。通过扩大开放倒逼改革进程，进一步推进思想解放、观念更新、体制机制创新和打破利益固化藩篱。国际竞争压力加大，促使国内产业与技术不断升级，提升产品质量，推动产业升级，进而拓展经济发展的新空间，帮助我国经济在全球价值链中攀升，实现高质量发展。

统筹开放、改革与安全。面对复杂严峻的国际形势和前所未有的外部风险，需要高质量统筹开放、改革与安全，在开放中谋求自身安全、扩大共同安全。深刻认识扩大开放中面临的新问题和新挑战，处理好扩大开放的力度、速度、程度与风险规模、传播速度、扩散程度之间的关系，以对外开放增强自身实力，以高水平开放防范化解重大风险。建立健全对外开放的安全保障体系和风险预警监测防控体系，提前防范外部因素可能引发的制度危机、贸易冲击，以及网络攻击、数据泄露、粮食能源危机等风险，做好风险预警、防范和化解工作。在扩大对外开放的同时，守好底线红线，维护好国家主权和改革发展利益。

统筹推进深层次改革和高水平开放，是新时代我国高质量发展的必由之路。面向未来，要继续深化改革，扩大开放，以深化改革推动高水平开放，以高水平开放促进深层次改革，统筹推进深层次改革和高水平开放，构建新发展格局，推动形成全面开放新格局，进一步解放和发展社会生产力，进一步解放和增强社会活力，为实现中国式现代化作出新的更大贡献。

问题 11

如何统筹高质量发展和高水平安全

党的二十届三中全会《决定》提出，“实现高质量发展和高水平安全良性互动，切实保障国家长治久安”。高质量发展是全面建设社会主义现代化国家的首要任务，是高水平安全的基础。高水平安全是推动高质量发展的基本前提。当前和今后一个时期是以中国式现代化全面推进强国建设、民族复兴伟业的关键时期，必须更好统筹高质量发展和高水平安全，以高质量发展为高水平安全提供坚实物质基础，以高水平安全为高质量发展保驾护航。

一、统筹高质量发展和高水平安全的重要意义

当前，影响我国发展和安全的内外因素比历史上任何时期都要复杂，这表明我国面临的战略机遇和风险挑战发生着深刻变化。坚持统筹发展和安全两件大事，要深刻认识当代国际形势变化、我国发展所处的历史方位和国家安全所面临的形势任务，深入领会以高质量发展促进高水平安全，以高水平安全保障高质量发展的重大意义。

（一）统筹高质量发展和高水平安全是应对国内外复杂形势和挑战的现实需要

当前，世界百年未有之大变局加速演进，地缘政治冲突加剧，经济全球化面临困境，贸易保护主义、单边主义明显上升，给世界经济发展带来了不确定性，我国发展外部环境更为复杂严峻，风险挑战增多。与此同时，国内发展不平衡不充分问题突出，创新能力不强，人口老龄化加速，传统优势逐渐弱化，生态环境保护治理任重道远。在这种情况下，各种矛盾风险挑战相互交织、错综复杂，一旦防范和化解不力，就会传导、叠加、升级，使小风险演变为大风险、局部风险演变为系统风险、外部风险演变为内部风险，其他领域风险演变为政治风险。因此，统筹高质量发展和高水平安全，就是应对和化解各种风险挑战的现实需要。只有保持定力，集中精力办好自己的事，发挥好国内超大规模市场、产业体系配套完整等自身优势，提升我国发展的独立性、自主性和安全性，正确认识和科学分析外部环境，积极适应形势变化并主动塑造和利用我国发展战略机遇，坚持底线思维，未雨绸缪，统筹好高质量发展和高水平安全，才能有效应对风险，以确保我国在激烈的大国博弈中赢得战略主动。

（二）统筹高质量发展和高水平安全是解决我国社会主要矛盾的关键举措

进入新时代，我国社会主要矛盾已经转化为人民日益增长的美好生活需要和不平衡不充分的发展之间的矛盾。满足人民需要是社会主义生产的根本目的，必须以满足人民对美好生活的需要作为一切工作的出发点和落脚点。一方面，发展是解决一切问题的基础和关键，高质量发展是创造人民美好生活的重要前提，要把发展成果不断转化为生活品质。另一方面，进入新时代，安全在人民对美好生活追求中的分量越来越重，已由传统意义上的生命财产安全需求上升到涉及教育、医疗、就业、环境等各方面。高水平安全是以人民安全为宗旨的，需要更大力度推进粮食安全、环境安全、生产安全等领域不断提高安全水平，加强民生保障和基层治理，更好保障人民群众安全和利益。这就需要统筹好高质量发展和高水平安全，坚定不移推动高质量发展，运用发展成果夯实安全基础，更加积极防范和化解各种安全风险，实现好、维护好、发展好最广大人民根本利益。

（三）统筹高质量发展和高水平安全是推进中国式现代化的内在要求

习近平总书记在党的二十大报告中指出，中国式现代化，是中国共产党领导的社会主义现代化，既有各国现代化的共同特征，更有基于自己国情的中国特色。推进中国式现代化必须处理好发展与安全的辩证关系，以高质量发展促进高水平安全，以高水平安全保障高质量发展。一方面，高质量发展为推进中国式现代化奠定坚实物质基础。进入新时代，我国经济已由高速增长阶段转向高质量发展阶段，不能再盲目追求高增长，而是要摆脱传统经济增长方式，通过加强技术创新、优化产业结构、促进改革开放等方式，最大程度激发内生增长动力，实现量的合理增长和质的有效提升，为中国式现代化构筑强大物质技术基础。另一方面，高水平安全为推进中国式现代化提供支撑和保障。国家安全是中国式现代化行稳致远的重要基础，当前世界进入新的动荡变革期，我国发展过程中各种不确定、难预料因素增多，国家安全面临严峻复杂形势，必须贯彻总体国家安全观，持续推进国家安全体系和能力建设，为推进中国式现代化筑牢国家安全屏障。

二、高质量发展和高水平安全的核心要义

坚持发展和安全并重，是我们党治国理政的重要方略。习近平总书记高度重视高质量发展这个首要任务和国家安全这个头等大事，在2023年中央经济工作会议上明确指出，“必须坚持高质量发展和高水平安全良性互动，以高质量发展促进高水平安全，以高水平安全保障高质量发展，发展和安全要动态平衡、相得益彰”。高质量发展和高水平安全的核心要义在于“统筹”，是既要将安全嵌入发展，也要将发展融入安全，通过高质量发展不断增强维护国家安全能力，同时构建新安全格局，牢牢守住安全发展底线，营造经济社会良性发展的安全环境，使得经济快速发展奇迹和社会长期稳定奇迹更加安全、更可持续。

高质量发展是全面建设社会主义现代化国家的首要任务，是高水平安全的基础条件。发展是我们党执政兴国的第一要务，只有通过发展，持续提升自身综合实力，才能更好抵御各种风险挑战，保障国家安全。当量积累到一定阶段，必然要转向质的提升，这是经济发展的一般规律。经过改革开放四十多年的发展，我国经济已由高速增长阶段转向高质量发展阶段。坚持高质量发展，是要贯彻落实新发展理念，加快转变经济发展方式，推动经济实现质的有效提升和量的合理增长。高质量发展不仅仅是单个经济方面的要求，而是包含经济、社会、生态、文化等方方面面的总要求。新时代新征程，面对国际国内错综复杂的形势变化，只有坚定不移推动高质量发展，不断提高我国硬实力

和综合国力，才能为社会主义现代化强国奠定坚实的物质技术基础，增强发展的安全性和稳定性。

安全是发展的基础，高水平安全是高质量发展的基本前提。习近平总书记指出：“实现中华民族伟大复兴的中国梦，保证人民安居乐业，国家安全是头等大事。”只有国家安全、社会稳定，经济社会才能健康发展。发展质量越高，面临的安全挑战和不确定性就越大，便越需要高水平的安全作保障。当前，影响国家安全的内外因素相互作用，国家安全问题的复杂程度、艰巨程度加深。一方面，国际形势复杂性、不确定性继续上升，来自外部的打压遏制随时可能升级。另一方面，国内改革发展稳定任务依然艰巨，矛盾风险挑战难以预料。在这种背景下，维护国家安全成为一项紧迫的任务，是确保国家长治久安、人民安居乐业的必要条件。因此，在推动高质量发展过程中，要把高水平安全贯穿国家发展各领域和全过程，健全国家安全体系，增强维护国家安全能力，提高公共安全治理水平，完善社会治理体系，防范化解国内外风险挑战，切实保障经济社会长期稳定发展。

高质量发展和高水平安全是一体之两翼，不能厚此薄彼。习近平总书记指出，“安全是发展的基础，稳定是强盛的前提”。发展和安全是辩证统一的关系，高质量发展是新时代的硬道理，是解决一切社会经济问题的基础和关键。安全是发展的基础，没有国家安全和社会稳定，发展便无法进行。统筹高质量发展和高水平安全是坚持系统观念的内在要求。新时代新征程，要更好把握习近平新时代中国特色社会主义思想的世界观和方法论，坚持系统观念，辩证把握发展与安全的关系，防止“两张皮”，既要把坚持高质量发展作为新时代的硬道理，通过发展提高国家安全能力，打造有利于经济社会发展的安全环境，以高质量发展促进高水平安全，也要在发展中更多考虑安全因素，把维护安全稳定贯穿国家发展各方面全过程，持续有效防范化解各类矛盾和风险挑战，以高水平安全保障高质量发展，实现发展和安全动态平衡、相得益彰。

三、统筹高质量发展和高水平安全的实现路径

发展是安全的保障，安全是发展的基础。展望未来，我国发展战略机遇和风险挑战并存，在强国建设、民族复兴伟业新征程上，更要正确把握和处理发展和安全的关系，统筹高质量发展和高水平安全，实现发展和安全动态平衡、相得益彰。

（一）以科学理念统筹高质量发展和高水平安全

理念是行动的先导。统筹发展和安全，要善于从全局上看问题。第一，要坚持发展和安全是有机统一的，互为条件，不可偏废。没有发展，就不可能实现国家安全和社会稳定；没有安全和稳定，一切就无从谈起。只有二者互促共进，才能实现国家长治久安和可持续发展。历史上大国兴衰经验一再证明，能否统筹发展和安全，直接关系国家前途命运。第二，高质量发展和高水平安全要互促共进。要把国家安全与经济发展一同谋划部署，既把安全发展贯穿国家发展各领域和全过程，树立“安全发展”理念，把安全作为可持续发展的前提和基础；又要充分发展，善于运用发展成果，为国家安全奠定坚实物质基础。第三，要实现高质量发展和高水平安全动态平衡，相得益彰。要充分理解发展和安全两者间的对立统一关系，运用系统论优化统筹，增强战略的全局性、前瞻性、稳定性，实现整体性推进。要加强对发展和安全

挑战的动态评估，把握好发展和安全的“度”，寻求发展和安全的均衡点，以确保政策措施与面临的风险挑战、发展机遇相适配，实现发展和安全的动态平衡。

（二）以科技创新统筹高质量发展和高水平安全

科技创新能够催生新产业新模式新动能，是高质量发展的重要驱动力量，也是统筹发展和安全的关键因素。习近平总书记指出：“只有把核心技术掌握在自己手中，才能真正掌握竞争和发展的主动权，才能从根本上保障国家经济安全、国防安全和其他安全。”第一，要坚持把创新作为引领发展的第一动力，加快推动高水平科技自立自强，以科技创新推动新质生产力发展，为高质量发展和高水平安全提供强大科技支撑。第二，要充分发挥新型举国体制优势，加强基础研究和原始创新，不断提升原始创新能力，面向世界科技前沿、面向经济主战场、面向国家重大需求、面向人民生命健康，加强科技创新全领域部署，加快原创性、引领性科技攻关，使颠覆性、标志性的重大科技成果竞相涌现，破解制约国家发展和安全的重大难题，增强国家自主创新能力，提高核心竞争力，使我国在日趋激烈的全球科技竞争中赢得主动、赢得未来。第三，要加强科技人才队伍建设，夯实创新发展基础。要畅通教育、科技、人才循环，围绕基础研究与关键核心技术攻关，加强基础学科和紧缺类学科建设，加快打造一流科技领军人才和创新队伍。营造良好的科技人才发展生态环境，激发科技人才创新活力和动力。

（三）在构建新发展格局中统筹高质量发展和高水平安全

构建以国内大循环为主体、国内国际双循环相互促进的新发展格局，是夯实我国经济发展根基，掌握发展主动权的战略基点，是实现高水平自立自强，维护国家安全稳定的重要支撑。第一，要建“大”建“强”市场，完善社会主义市场经济体制，加快建设全国统一大市场，促进资源要素自由流动，提高国内大循环质量，确保经济循环畅通无阻和社会大局总体稳定。要立足扩大内需这个战略基点，发挥好我国超大规模市场优势，促进形成强大国内市场。第二，要加快科技创新，实现高水平科技自立自强，夯实国家安全根基。要进一步深化科技体制改革，优化科技创新生态体制改革，优化科技创新生态，激发科技创新潜能。要发挥好我国超大规模市场和产业体系配套完整优势，积极推动新技术快速大规模应用和迭代升级，强化科技创新对产业支撑引领作用，建设现代化产业体系。第三，要推动高水平对外开放，以高水平开放统筹发展和安全。要处理好国内国际两个市场、两种资源，通过发挥内需潜力，增强国内国际两个市场、两种资源的联动效应，加快形成具有全球竞争力的开放创新生态。要准确把握高水平对外开放面临的风险挑战，根据具体矛盾风险制定有针对性的防范化解措施，有效应对国际环境的不确定性。

（四）在构建新安全格局中实现高质量发展和高水平安全良性互动

第一，要全面贯彻总体国家安全观。总体国家安全观是新时代国家安全工作的根本遵循与行动指南，其内涵要义中的“五大要素”“五对关系”“十个坚持”“五个统筹”，对于新时代构建新安全格局，保障国家安全和社会稳定，具有重大指导意义。要深入学习贯彻总体国家安全观，切实把总体国家安全观贯穿国家安全工作各方面全过程，筑牢国家安全屏障。第二，要提升防范化解重大风险的能力。要坚持底线思维，增强对风险的预判，强化常态下的风险评估，做好各类风险处置预案。在防范化解重大风险时，要坚持系统观念，政策措施要有轻重缓急，在多重目标中把握动态平衡。要以发展的眼光研判风险，在发展中防范风险，既不能因噎废食，以发展停滞为代价化解风险，也不能一往直前不顾风险。要用好多方面力量，使“政府之手”和“市场之手”形成合力。第三，夯实安全发展的基层基础。基层基础是执政之基，是工作的落脚点。要提高公共安全治理水平，完善公共安全体系，解决好人民群众最关心最现实的安全问题。要坚持社会共治，持续推进社会共建共治共享制度建设，完善和畅通群众参与基层社会治理的渠道，充分调动社会参与积极性，形成社会治理的最大合力，建设人人有责、人人尽责、人人享有的社会治理共同体。

问题12 如何完善推动高质量发展的考核评价体系

在新时代的背景下，我国正处于全面建设社会主义现代化国家的关键阶段，高质量发展成为贯穿经济社会各领域的核心追求。高质量发展考核评价体系的构建与完善，正是响应这一战略要求，旨在通过科学、全面的评价工具，引导干部树立正确政绩观，确保各领域发展符合高质量要求的重要手段，推动我国经济社会向更高质量、更有效率、更加公平、更可持续的方向发展。

一、完善高质量发展考核评价体系的意义

高质量发展作为新时代背景下我国经济社会发展的核心导向，其内涵深刻且多维，深刻反映了国家发展战略的转型与升级。与之相应，高质量发展考核评价体系是适应建设中国式现代化、推动高质量发展的重要工具，旨在通过科学的指标体系和评价机制，引导经济社会向更高层次、更高质量的方向转型。其内涵不仅体现在经济增长的数量上，更加重视发展质量、效率及可持续性。高质量发展考核评价体系内涵丰富，涵盖经济、社会、生态等多个维度。通过科学合理的评价指标体系，能够有效引导经济发展走向高质量、高效率和可持续的轨道，从而促进建设中国式现代化，实现中华民族伟大复兴的中国梦。

完善高质量发展考核评价体系意义深远。高质量发展强调经济结构的优化和转型，考核评价体系能够有效引导各地区、各部门在资源配置和政策执行过程中，聚焦创新驱动、绿色发展和协调发展。通过对经济增长、产业结构、科技创新及生态环境等指标的综合评估，形成科学合理的评价体系，鼓励地方政府和企业调整发展方向，从而推动传统产业的升级与新兴产业的发展。高质量发展不仅关注经济增长的速度，更注重经济增长的质量和可持续性。考核评价体系通过纳入环保、社会责任等维度，能够促进企业在追求利润的同时，兼顾社会效益和环境保护。这种多元化的评估标准，有助于实现经济、社会、环境的协调发展，确保经济发展不以牺牲生态环境和社会福祉为代价，从而推动实现绿色发展目标。高质量发展考核评价体系为推动全面深化改革提供了强有力的工具。通过明确评价指标和标准，可以激发各级政府及相关主体的改革意识和创新动力。在此过程中，各地区可以结合自身实际，探索适合本地的改革路径，形成具有地方特色的高质量发展模式，实现自我突破和跨越发展。构建高质量发展考核评价体系，能够提高政府政策的针对性和有效性。根据考核结果，能够及时发现各地区在经济发展中的短板和不足，进而调整和优化政策措施，确保资源的高效配置。同时，通过对政策效果的定期评估和反馈，能够促使政策制定者更加关注实效，减少政策实施过程中的盲目性和随意性。高质量发展考核评价体系的建立，有助于提高企业和社会组织的社会责任感。通过将社会绩效纳入考核内容，推动企业主动承担社会责任，积极参与社会治理。此外，公众的参与也能够得到更好的激励和体现，考核评价结果能够引导公众监督和参与，从而提升全社会对高质量发展的认同感和参与度。高质量发展考核评价体系还能够促进区域协调发展。在多区域经济一体化的背景下，通过建立统一的评价标准，能够有效比较不同地区在高质量发展中的表现，识别出发展不平衡的问题。这不仅有助于中央对地方的指导和支持，更能够促进地方之间的良性竞争，推动资源的合理流动与优化配置，促进区域经济协同发展。在全球化深入发展的今天，高质量发展考核评价体系的建立不仅是国内经济转型的需要，也是提升国际竞争力的重要途径。通过高质量发展指标的设立，可以使国家在国际市场中树立良好的形象，增强企业的竞争能力，扩大品牌影响力。同时，这种评价体系也为外资企业提供了参考依据，吸引更多优质外资，为国家经济的发展注入新的活力。

二、我国现有考核评价体系的现状及问题

（一）我国现有考核评价体系的现状

考核评价体系作为治理和绩效管理的重要工具，其构建与完善显得尤为重要。经济社会发展考核评价体系不仅是政策执行和管理效果的量化体现，更是促进各级地方政府提高服务效率、增强发展动力的重要手段。我国经济社会发展考核评价体系主要包括经济指标、社会指标、生态环境指标等多个维度。经济指标如GDP增长率、固定资产投资、居民消费等，反映了经济发展的基本情况；社会指标则关注民生改善、就业率、教育水平等，突出社会发展的质量；生态环境指标强调可持续发展，关注资源利用效率及污染治理等方面。这一多维度的框架旨在实现经济增长与社会进步、生态保护的有机结合。近年来，我国在考核评价指标的设置上逐渐趋向科学化与系统化。相关部门和学

术界通过大量的研究，积极探索适合我国国情的发展指标。例如，国家统计局和发展改革委等机构已建立了较为完善的统计数据体系，为考核提供了坚实的数据基础。同时，各地方政府也在根据自身发展特点，灵活调整和细化考核指标，以更好地反映地区经济社会发展的实际情况。此外，考核评价体系的有效性不仅体现在指标的设定，还依赖于考核结果的反馈机制。目前，我国在考核结果的应用上已初步形成了制度化的流程。各级政府考核结果直接影响到干部的任用、提拔等方面，形成了良好的激励机制。这种结果导向的评价模式，有助于推动地方政府在经济社会发展中积极作为，提升治理能力和服务水平。当前的考核评价体系在推动高质量发展方面发挥了基础性作用。

（二）我国现有考核评价体系存在的问题

首先，指标体系的构建往往侧重经济层面，忽视了社会公平与环境可持续性等非经济维度。这种倾向导致了考核结果的片面性和局限性，无法全面反映高质量发展的内涵。如GDP增长率、固定资产投资等更多是反映经济发展水平，而对社会公平、环境可持续性等非经济维度的考量不足，导致考核结果在一定程度上失真，未能全面反映高质量发展的综合性要求。其次，评价方法相对传统。现有的考核评价体系往往依赖传统的统计指标，缺乏对大数据分析和机器学习等先进技术的应用。传统的统计方法虽然在一定程度上反映了经济发展的现状，限制了评价的深度和广度，使评价结果无法捕捉到高质量发展的复杂性与动态性。尤其是在评估创新活动、环境治理效果等方面，传统方法显得力不从心。例如，创新活动的评价需要考虑到潜在的市场空间、技术扩散效应等多维度因素，而这些要素往往难以通过传统统计方法准确衡量。通过大数据分析可以更准确地评估创新活动的影响，而机器学习技术能预测政策干预的长期效果，这些方法的缺位使得评价体系难以提供前瞻性的指导。最后，数据获取与管理方面的挑战也日益凸显。高质量发展考核评价体系的有效运行，需要高质量、高频率的数据支持。然而，当前数据收集渠道有限，数据的不完整、不准确，数据质量参差不齐。跨部门、跨区域的数据共享机制尚不完善，导致评价结果的准确性和可靠性受到影响。此外，数据安全和隐私保护问题也成为制约数据整合与共享的重要因素。

三、高质量发展考核评价体系的优化与实施

（一）明确高质量发展考核评价体系的内容及构建原则

高质量发展不仅意味着追求更高的经济增长率，更重要的是实现经济、社会、文化、生态等领域的全面发展和整体提升，确保发展成果惠及全体人民，实现经济效率、社会公平与环境可持续性的和谐统一。因此，高质量考核评价体系的内容也应全面而多维。第一，传统的经济增长模式往往强调GDP的绝对值。而高质量发展要求在保持经济增长的同时，注重发展质量与效益的提升。这意味着，经济增长必须转向以提高居民生活水平和福利为核心的质量提升。具体而言，考核评价体系应将人均GDP、劳动生产率和经济结构优化等作为重要指标，以反映经济增长的内在质量。此外，应关注新兴产业的发展，如高技术产业和现代服务业，以促进经济的多元化和可持续性。第二，科技创新是高质量发展的核心动力。考核评价体系应充分体现科技创新在推动经济转型中的作用，通过量化研发投入强度、科技成果转化

率、专利申请数量及高新技术企业数量等指标，综合评估一个地区或行业的创新能力及科技成果转化效率。与此同时，鼓励企业加大创新投入，促进产学研结合，以实现更深层次的技术进步和产业升级。第三，在高质量发展的框架下，生态文明建设日益成为重要组成部分。考核评价体系需要将生态环境质量、资源利用效率和可再生能源占比等纳入考核范围。具体来说，应关注水资源、空气质量、土壤污染等环境指标，评价经济活动对生态环境的影响。此外，可以设定碳排放强度、单位GDP能耗等绩效指标，以引导经济向绿色、低碳方向发展，确保生态与经济的良性互动。第四，高质量发展不仅要关注经济指标，还应重视社会公平与民生改善。考核评价体系应考虑收入分配差距、贫困人口比例、教育和医疗资源的公平性等社会发展指标。通过设定这些指标，可以激励地方政府和企业在追求自身发展的同时，更加关注社会责任。此外，提升公共服务质量、增加就业机会、保障基本生活条件等，都是实现高质量发展的必然要求。第五，高质量发展强调区域协调和城乡统筹。考核评价体系应关注区域发展不平衡问题，通过设定不同区域的经济增速、基础设施建设、公共服务均衡程度等指标，促使各地区发挥各自优势，实现互补发展。特别是在当前全球化背景下，强化区域间的合作与交流，不仅能够优化资源配置，还能增强整体竞争力。第六，开放是高质量发展的重要特征之一。考核评价体系应对外贸依存度、外商直接投资、对外经济合作等进行全面评估。在全球经济一体化的背景下，开放型经济不仅能够提升竞争力，还能加速技术与理念的引进。因此，构建一个开放、包容的经济体系，对于实现高质量发展具有重要意义。第七，高质量发展离不开良好的政策环境与制度安排。考核评价体系应包含政策执行效果、制度供给质量、市场准入便利程度等指标，以确保经济活动的规范性和透明度。同时，建立健全法治环境和社会信用体系，能够提升投资信心，增强市场活力，为高质量发展提供强有力的支撑。

在设计高质量发展的考核评价体系时，评价指标的选择与设计是核心环节，直接关系到评价体系的科学性、公正性和有效性。确保评价体系能够全面、准确地反映高质量发展的多维特征。评价指标的选择应遵循一定的原则，以确保其科学性和实用性。目标导向性：指标应直接关联高质量发展的核心目标，如经济效率、社会公平、环境质量等，确保评价体系与国家战略目标相一致。全面性与代表性：指标体系应覆盖高质量发展的多个层面，包括经济、社会、环境等多个维度，同时确保每个维度的关键指标得到体现。可衡量性与可获取性：指标应基于可量化的数据，同时数据的收集应是可行的，保证评价结果的准确性和可靠性。动态性与适应性：考虑到高质量发展的动态变化，指标体系需具备一定的灵活性，能够随时间和社会经济环境的变化进行调整。公平性与透明性：指标的设定应公平合理，避免对特定区域或群体的偏见；同时，评价过程需公开。

（二）强化数据基础设施与能力建设

可靠数据是考核评价体系运行的基础。政府应加大对数据基础设施的投入，包括但不限于建立统一的数据平台，确保数据的标准化、安全性和可访问性。数据收集与分析是构建高质量发展考核评价体系的基石，其方法的科学性与有效性直接关系到评价结果的准确性和可靠性，需进一步提高数据处理能力，利用大数据、人工智能等技术，提升数据的分析效率与深度。同时，为确保考核评价体系的有效实施，对相关工作人员进行培训与能力建设是必要的。通过培训与能力建设，提升工作人员的数据处理与分析技能，为考核评价体系的科学运行奠定坚实基础。培训内容应涵盖数据收集方法、分析工具使用、评价指标理解等，以提升工作人员的专业技能，保证考核评价的科学性和公正性，以确保考核评价体系能够基于严谨的数据分析，全面反映高质量发展的实际情况。

（三）建立跨部门协调机制

在高质量发展考核评价体系中，各部门的职责和目标往往存在差异和交叉。因此，建立一个明确的协调机制，能够有效整合各部门的资源与力量，实现共同目标。具体而言，应通过明确高质量发展的核心指标，制定统一的考核标准，使各部门在关键绩效指标方面形成共识。通过设定清晰、量化的目标，能够增强部门之间的协调性，促进信息共享，减少目标不一致而导致的资源浪费。信息共享是跨部门协调机制的重要基础。高质量发展涉及经济、社会、环境等多个领域，各部门在数据收集、分析及应用上都有独特的优势。然而，由于信息孤岛现象的存在，部门之间往往难以实现有效的信息互动。因此，建立一个信息共享平台至关重要。该平台应当具备集中管理、实时更新、便捷访问等功能，能够实现政策、数据、经验等信息的共享与交流。此外，可以利用现代信息技术手段，如大数据和云计算，提升信息处理能力，以支持决策制定与实施。跨部门协调机制需要强化沟通与合作机制。定期召开跨部门协调会议，建立以高质量发展为主题的专项工作小组，能够促进各部门间的面对面交流，增强彼此间的理解与信任。此外，建立跨部门协作的激励机制，通过设定共同的奖惩措施，鼓励各部门协同工作，共同推进高质量发展目标的实现。例如，针对在跨部门合作中表现突出的部门给予奖励，而在未能有效协作的情况下，予以适当的惩戒，从而增强各部门的责任感与工作积极性。政策协同也是跨部门协调机制的重要内容。在高质量发展考核评价体系中，政策的制定与执行往往需要多部门的参与。为确保政策的一致性与协调性，各部门在政策制定过程中应进行充分的前期调研与论证，特别是在涉及利益相关者的时候，应广泛征求意见，对政策实施过程中的问题进行及时调整与改进，以确保政策在实际操作中的有效性与可行性。

（四）持续提升考核评价的智能化水平

引入智能技术以完善高质量发展考核评价体系，不仅是技术发展的必然选择，更是适应新时代发展需求的重要举措。智能技术的引入，将极大提升考核评价的科学性、精准性和实时性，进而推动高质量发展的有效落实。提升高质量发展考核评价体系的智能化水平必须依赖先进的数据采集技术。借助物联网技术，通过传感器、监测设备等构建实时数据采集网络，能够实现对环境、经济和社会活动的全面监测。结合大数据技术，实现多源数据的整合与共享，确保评价所需信息的全面性和时效性。同时，通过移动互联网应用，鼓励公众参与数据反馈，丰富数据来源，提高数据的真实性和代表性。在数据分析层面，应引入机器学习和深度学习等先进算法，对收集到的大量数据进行高效处理。这些智能算法能够识别数据中的潜在模式，深入挖掘影响高质量发展的关键因素。此外，中心化与去中心化相结合的区块链技术，可以确保数据的透明度和安全性，为决策提供可靠依据。提升智能化水平还应重视公众参与的增强和考核过程的透明化。通过建设开放的数据平台和互动反馈系统，公众能够便捷地获取考核相关信息，同时可以通过在线参与、问卷调查等形式表达意见。这种参与机制不仅提高了公众的参与感，也促使政府在考核过程中更加注重社会需求，从而提升考核评价结果的科学性和公信力。为确保智能技术在高质量发展考核评价体系中的有效性，还需借助真实案例进行分析和验证。通过选取不同地区或领域的成功案例，探讨智能技术在实际操作中的应用效果，及时总结经验，以指导后续实施。针对已经引入智能技术的高质量发展考核项目，进行详尽的案例分析，分析其成功因素和存在的问题，为其他地区或行业提供借鉴。

（五）实施动态反馈与修正机制

高质量发展考核评价体系应具备灵活性与适应性，动态反馈与修正机制能确保考核体系的效能与适应性，促进体系的动态优化和迭代升级，是高质量发展考核评价体系生命力的源泉。应定期对考核指标进行评估与更新，根据经济、社会及环境变化进行动态调整。例如，可以设立年度或季度的评估机制，及时反馈各类指标的达成情况，进而调整政策与措施。此外，应采用数据驱动的方法，通过实时监测与分析，预测潜在风险与问题，确保评价结果的及时性与准确性。同时需对考核评价体系定期进行自我评估，分析体系运行中的问题与不足，及时调整评价指标和评价方法。这一过程需结合经济社会发展新趋势，以及国家政策导向的变化，确保考核体系的适应性和前瞻性。国际上已有诸多关于高质量发展的考核评价体系的案例和经验，通过学习和借鉴，可以为我国的考核体系提供新的视角和解决方案。国际比较分析可以帮助我们识别自身体系中的短板，促进体系的完善与创新。

问题13 如何健全因地制宜发展新质生产力体制机制

党的二十届三中全会《决定》提出，“健全因地制宜发展新质生产力体制机制”。高质量发展是全面建设社会主义现代化国家的首要任务，推动这个首要任务的第一个部署就是“健全因地制宜发展新质生产力体制机制”，可见进一步强化发展新质生产力的制度保障，促进新质生产力的发展，之于高质量发展的重要性，之于全面建设社会主义现代化国家的重要性。我们要提高思想认识，强化制度保障，全面贯彻落实。

一、深刻认识健全因地制宜发展新质生产力体制机制的重大意义

发展新质生产力是对马克思主义生产力理论的创新发展，因地制宜发展新质生产力是推动高质量发展的内在要求和重要着力点。健全因地制宜发展新质生产力体制机制是充分发挥社会主义制度优势，促进加快形成新质生产力的重要举措，具有重大意义。

（一）助力形成与新质生产力相适应的生产关系

根据马克思主义的生产力理论，生产力决定生产关系，生产关系

反作用于生产力。生产力的决定作用体现在它的发展变化会迫使生产关系发生变化，否则，社会的健康运行就会面临各种突出矛盾。生产关系的反作用可以是对生产力的促进作用，也可以是对生产力的阻碍作用。

我国当前的生产力已经发生了巨大变化，出现了新的特征，新质生产力的形成和发展正是生产力发生变化的集中体现。但是生产关系形成过程中出现各种束缚新质生产力发展的堵点卡点，例如：科技创新能力还不强，收入分配差距仍然较大，资源环境约束趋紧，传统生产力和增长模式的局限性等，制约了新质生产力的形成和发展。因此，新质生产力的进一步形成和发展需要形成与之相适应的新的生产关系，而通过体制机制的变革形成新的生产关系来解放和发展生产力，正是我们社会主义制度的突出优势。

因此，因地制宜发展新质生产力体制机制就是通过建立新的体制机制，形成新型生产关系，从根本上解放和发展生产力，激发和增强社会活力，发挥新型生产关系对生产力的反作用，促进生产力迭代升级，实现新质生产力的快速发展。

（二）激发先进优质生产要素顺畅流向新质生产力

根据马克思主义的生产力理论，生产力的发展状况代表着人类改造和利用自然的能力，标志着人类社会的发展水平和文明程度。它是由构成生产的各种要素组成的，各种生产要素优化组合才能形成促进社会发展进步的有效生产力。要使生产力发生质的跃升，需要创新配置各种生产要素，使各种生产要素都发挥出较高的效能；或是形成先进的生产要素，并使先进的生产要素不断向促进生产力质的跃升流动。

新质生产力是由技术革命性突破、生产要素创新性配置、产业深度转型升级而催生出来的，特点是创新。在中国40多年的改革进程中，我们依靠传统生产力取得了巨大成就，但其中包含的科技进步成分不高，大多是模仿性创新，依据这样的创新实现了产业的演进和升级。但是，当前我国的生产要素禀赋发生了巨大变化，尤其是在数字经济、人工智能等领域的部分产业和技术已经实现并跑甚至领跑，取得一定发展优势，萌发了很多先进的生产要素，为培育和发展新质生产力奠定了良好的基础。促进这些先进生产要素向新质生产力集聚，不断优化组合，使其释放更高效能，才能真正促进传统生产力向新质生产力的跃升。当前，这一过程面临诸多体制机制的障碍，例如，数字技术作为先进生产要素如何顺畅赋能传统产业的问题，这本质上是如何优化配置先进生产要素，使先进生产要素在传统产业中充分释放效能，激发传统产业焕发出新的生命力，实现生产力的跃升。又如，激发各方市场主体创新活力的体制机制不畅问题，本质上是如何通过鼓励创新主体的积极性和主动性，不断形成先进的生产要素，实现生产力的跃升。而解决这些问题，就必须完善相应的体制机制。

新质生产力的形成既需要通过市场机制的调节、微观主体的不断创新进而萌发出构成新质生产力的新的生产要素，也需要政府的适时推动、超前规划引导及科学政策的支持，不断促进各类先进优质生产要素向形成新质生产力顺畅流动。健全因地制宜发展新质生产力体制机制就是政府通过适时适度的主动作为，促进各类先进优质的生产要素顺畅流向新质生产力，助力新质生产力的形成和发展。

二、准确把握健全因地制宜发展新质生产力体制机制的基本原则

推动新质生产力加快发展是一项长期任务和系统工程。但是由于我国发展不平衡不充分问题突出，整体的生产力发展水平不均衡，各地生产要素资源禀赋差异较大，所以，健全因地制宜发展新质生产力体制机制是一项复杂工程，必须坚持正确的原则，才能使新质生产力的发展在正确的方向上快速前进。

（一）坚持实事求是原则

健全因地制宜发展新质生产力体制机制需要探索和遵循经济发展规律，坚持一切从实际出发，实事求是，探索符合自身实际的新质生产力发展之路。

一方面，要认清事物发展规律，避免泡沫化。实事求是，是马克思主义的根本观点，是中国共产党人认识世界、改造世界的根本要求。实事求是要求我们党在工作中能够充分认识经济发展和经济工作的基本规律。发展必须是遵循经济规律的科学发展，必须是遵循自然规律的可持续发展，才能确保出台的政策措施符合客观规律，确保建立的体制机制真正与解放和发展生产力相适应。实践和历史多次证明，忽视客观规律的政策举措易带来社会发展的冒进和泡沫化，留下发展隐患。

另一方面，要认清自己在发展新质生产力过程中的优劣势，积极实现赶超。当前，新一轮科技革命和产业变革加速演进，我国作为全球最大的发展中国家，发展面临着机遇也充满了挑战，同时也具备多

方的后发优势。新质生产力已经在实践中形成并展示出对高质量发展的强劲推动力、支撑力，因此，健全因地制宜发展新质生产力体制机制要勇于积极探索、大胆创新，敢于并善于开辟新赛道，避免因循守旧、亦步亦趋。

（二）坚持因地制宜原则

健全因地制宜发展新质生产力体制机制在坚持实事求是原则的基础上，更要坚持因地制宜原则。实事求是要求遵循经济发展规律不冒进、准确把握自身发展优势不因循守旧。因地制宜则是要进一步准确把握我国国情、深刻理解新质生产力的科学内涵。

健全因地制宜发展新质生产力体制机制要坚持因地制宜原则，不可一哄而上。生产力必须是与当地生产关系相适应，各地不可政策一出，就一窝蜂盲目开展，一定要因地制宜，认真分析本地区要素禀赋和所处发展阶段，建立与本地区生产力相适应的体制机制，久久为功。

健全因地制宜发展新质生产力体制机制要坚持因地制宜原则，发挥地区优势，丰富新质生产力内涵。发展新质生产力涉及科技创新、产业升级、组织管理、人才引育等多个层面，各地的资源禀赋、产业基础、科研条件等又存在差异，发展新质生产力的方法也会不尽相同。要根据本地的资源禀赋、产业基础、科研条件等，有选择地推动新产业、新模式、新动能发展。

（三）坚持先立后破原则

加快发展新质生产力是一项关于生产力迭代升级的重大工程。高质量发展需要新质生产力提供强大动力，但生产力的跃升是在现有生产力的基础上实现的，新质生产力也不例外。因此，发展新质生产力，健全因地制宜发展新质生产力体制机制，必须坚持先立后破原则。

健全因地制宜发展新质生产力体制机制，要坚持先立后破原则，确保新质生产力平稳发展。生产力对一个社会的发展进步起决定性作用，生产力的变动牵一发而动全身。我国是一个发展中大国，面临当前世界发展的大变革期，要求稳字当头。因此，在推动新质生产力的发展过程中要充分把握“立”与“破”的关系，坚持先立后破、不立不破，没有“立”之前一定不能“破”，才能保证当前生产力向新质生产力平稳过渡。防止未立先破、快破慢立、只破不立。

健全因地制宜发展新质生产力体制机制，要坚持先立后破原则，确保新质生产力发展有序推进。发展新质生产力是新一轮技术和产业革命生产力发展的方向，是塑造新动能、新优势的重要举措，是推动中国式现代化发展的长久之计，具有强烈的紧迫性和现实性，因此要先立后破，及时谋定后动，勇于打破阻碍新质生产力发展的旧有生产关系，及时优化调整和构建新的体制机制，确保新质生产力有序推进。

三、贯彻落实健全因地制宜发展新质生产力体制机制的重要举措

（一）向质提升：健全传统产业优化升级的体制机制

传统产业优化升级是形成新质生产力的重要支撑和途径。但是我国的传统产业总体上呈现出“大而不强、全而不精”的特征，规模虽然大，但竞争力不强，急需新技术、新标准促进传统产业的优化升级，焕发出新的生产活力。因此，传统产业成为培育新质生产力的重要阵

地。通过促进传统产业“向上”“向优”“向绿”的高级化方向优化升级，进而达到培育和发展新质生产力的目标，不断在传统产业释放新质生产力的效能，这一过程，必须通过深化改革，健全传统产业优化升级的体制机制才能实现。

一是健全企业开展数智技术改造的有效机制。加快发挥数字技术对传统产业的赋能作用，促进传统产业数字化、智能化，是加快传统产业优化升级的技术前提。企业是传统产业进行技术改造升级的微观主体，面临技术升级成本大、执行不易等主观上的困难以及缺乏相关技术和发展模式等客观难题。因此，政府要主动作为，健全企业开展数智技术改造的有效机制，帮助、支持和引导企业积极开展数智技术改造。二是健全用绿色技术改造提升传统产业的体制机制。传统产业节能降耗与绿色低碳转型是高质量发展的必然要求，通过健全相关的体制机制促进企业技术创新、市场机制完善等是促进传统产业绿色转型的关键因素，这些因素形成合力才能加快传统行业绿色低碳转型，培育适合传统产业可持续发展的新质生产力，使其在经济高质量发展进程中持续发挥重要作用。

（二）向新前行：构建支持全面创新的体制机制

回顾人类历史上生产力发生飞跃的重要变革，科技创新都起到了关键作用。因地制宜发展新质生产力是发展创新起主导作用的生产力，核心在于结合地方创新、资源优势，全方位提升科技创新能力。我国科技创新能力在很多领域已经实现了从跟跑逐步向并跑、领跑的转变，但同世界先进水平相比仍有差距，尤其是一些关键核心技术仍然受制于人。因此，必须要建立支持全面创新的体制机制，发挥制度优势，优化配置创新资源，才能加快发展新质生产力。

一是构建有利于基础研究的体制机制。基础研究是科技创新全局工作的一个重要组成部分，是科学体系的源头，是创新实现“从0到1”突破的基础，是在国际竞争中保持优势地位的重要支撑。因此，要构建长效机制，提高基础研究在科技支出中的比重，加强基础研究的基地和平台建设，提升原始创新能力。二是完善科技创新成果的转化机制。科学发现和发明的技术应用具体产业上，才能促进生产力提升，不断创造新价值。我国已经是创新大国，拥有超大规模市场和产业体系化配套优势，依托这些优势，完善科技成果的转化和应用机制，提升科技创新技术的系统化、规模化应用，加快促进科技成果的价值实现，释放科技创新促进新质生产力发展的效能。三是健全关键核心技术攻关体制。关键核心技术受制于人，关系国家发展安全和长远利益，关系生产力的整体飞跃。有效市场和有为政府必须协同发力，建立健全相关体制机制，推进技术攻关、成果应用全链条突围，以自主可控的创新链保障新质生产力的健康发展。

（三）向实发力：健全促进实体经济和数字经济深度融合制度

培育新质生产力与实体经济的发展密切相关。发展新质生产力要依托实体经济实现新的科技突破、孕育未来产业，而新质生产力的形成也推动实体经济向高端化、智能化发展。实现新质生产力与实体经济良性互助的重要媒介是数字经济，数字经济代表了新质生产力的关键生产形式，具备强大的赋能效应。只有促进实体经济和数字经济的深度融合，才能实现实体经济的高端化、智能化，才能进一步推动生产力的跃升，发展新质生产力。因此，必须要健全促进实体经济和数字经济深度融合制度。

一是健全现代化基础设施建设体制机制。实体经济和数字经济的深度融合首先要完成制造业重大技术改造升级和大规模设备更新工程，要适度超前建设5G、算力等信息设施。二是构建实体经济和数字经济融合机制。首先建立行业融合的国家评价标准，指导相关行业的实体经济和数字经济加快融合，并跟进评估融合效果。其次以工业互联网规模化应用为导向，建立深度融合完善智能制造推进机制。系统化开展场景模式探索、标准研制应用和评估评价，以智能制造为主攻方向推动产业技术变革和优化升级。三是完善实体经济和数字经济融合经典案例评选机制。通过建立和完善相关机制，鼓励大中小企业融通创新生态，强化企业科技创新主体地位。围绕推进新型工业化、加快建设制造强国的战略任务，形成实体经济和数字经济融合发展的先进产业集群，打造具有国际竞争力的数字产业集群。

参考文献

[1]习近平：《发展新质生产力是推动高质量发展的内在要求和重要着力点》，《求是》2024年第11期。

[2]习近平：《开创我国高质量发展新局面》，《求是》2024年第12期。

[3]习近平：《论把握新发展阶段、贯彻新发展理念、构建新发展格局》，中央文献出版社2021年版。

[4]《习近平著作选读》（第1卷、第2卷），人民出版社2023年版。

[5]中共中央党史和文献研究院编：《习近平关于中国式现代化论述摘编》，中央文献出版社2023年版。

[6]《加快发展新质生产力　扎实推进高质量发展》，《人民日报》2024年2月2日。

[7]《马克思恩格斯选集》（第2卷），人民出版社2012年版。

[8]《马克思恩格斯全集》（第44卷），人民出版社2001年版。

[9]朱春艳、崔续丹：《论新质生产力的内涵、特征与价值意蕴》，《辽宁大学学报（哲学社会科学版）》2024年第4期。

[10]周文：《新质生产力的本质是先进生产力》，《文汇报》2024年3

月13日。

[11] 王鸿志、龙海平：《新质生产力世界一般特征的三重维度》，《新型工业化理论与实践》2024年第4期。

后　记

习近平总书记关于发展新质生产力的重要论述，深刻阐明了新质生产力的丰富内涵和实践要求，科学回答了“什么是新质生产力、为什么要发展新质生产力、怎样发展新质生产力”等重大理论和实践问题，创新和发展了马克思主义生产力理论，丰富和发展了习近平经济思想，必须从理论与实践的结合上持续深入学习领会、切实抓好贯彻落实。为此，必须遵循历史和逻辑相统一的马克思主义原则，按照价值—内涵—实践体系，全面把握发展新质生产力的历史逻辑、理论逻辑和实践逻辑。这也正是本书的基本旨归。

本书由中共中央党校（国家行政学院）经济学教研部副主任曹立教授组织中共中央党校（国家行政学院）经济学教研部、中共青海省委党校（青海省行政学院）的年轻教师和博士研究生集体完成。其中，中共中央党校（国家行政学院）经济学教研部阎荣舟教授完成全书体系设计、协调分工和组稿统稿等工作；孙生阳副教授完成价值论问题6和内涵论问题7；崔琳副教授完成内涵论问题6和实践论问题3；解晋讲师完成内涵论问题5和问题9；王钺讲师完成价值论问题4和内涵论问题8；李晨讲师完成价值论问题8；陈江滢讲师完成价值论问题5和内涵论问题3；李志斌讲师完成价值论问题3和内涵论问题2；王松讲师完成价值论问题2；王声啸讲师完成价值论问题1和内涵论问题1；易宇讲师完成实践论问题2。中共青海省委党校（青海省行政学院）李娜副教授完成实践论问题12；龙建民副教授完成实践论问题1。中共中央党校（国家行政学院）经济学教研部博士研究生桑熙完成实践论问题6；韦力完成实践论问题10；王慧文完成价值论问题7；薛世斌完成内涵论问题4；王怡娇完成实践论问题4；邱迪完成实践论问题5；侯姝琦完成实践论问题7；徐晓婧完成实践论问题8；魏明振完成实践论问题9；阳扬完成实践论问题11；朱慧芳完成实践论问题13。

本书从策划创意、组织写作到编辑出版得到了中央党校出版集团的大力支持，特别是大有书局出版社为团队提供了坚实保障。在此，向所有参与和帮助本书写作出版的同志们表示衷心感谢！

当前正是以新质生产力为重要着力点推动高质量发展的关键时期，希望本书能为广大读者理解把握新质生产力这一马克思主义政治经济学中国化最新成果有所帮助，书中不足也请广大读者批评指正。